作者简介

海因茨·默恩豪普特（Heinz Mohnhaupt）

1935年生，哥廷根大学法学博士、德国著名法史学家、马普法律史及法律理论研究所研究员。曾任教于法兰克福大学、美因茨大学和耶拿大学。主要研究领域：宪法史、历史比较、法源理论及实践。主要代表作：《宪法古今概念史》《作为认识方法的法律比较》《国家与法领域的历史比较》《16世纪至19世纪哥廷根议事会组织法》等。

迪特·格林（Dieter Grimm）

1937年生，法兰克福大学法学博士、德国著名宪法学家。曾任德国联邦宪法法院法官、柏林高等研究院院长；曾任教于法兰克福大学、特里尔大学、比勒菲尔德大学、柏林洪堡大学。主要研究领域：宪法法与宪法比较、宪法与宪治理论、宪法史、宪法司法审判。主要代表作：《宪法古今概念史》《德国宪法史》《宪法司法审判》《19世纪的宪法与私法》《我是宪法之友》《宪治：过去、现在与未来》《宪法的未来》《宪法与政治》《市民社会的法与国家》等。

译者简介

雷 勇

1972年生，法兰克福大学法学博士、西南政法大学法理学及法史学教授。主要研究领域：法理学、德国公法史、中国近代法政思想。

德国公法译丛

宪法古今概念史

Verfassung
Zur Geschichte des Begriffs von der Antike bis zur Gegenwart

〔德〕海因茨·默恩豪普特 著
　　　迪特·格林
　　　雷　勇　译

Heinz Mohnhaupt und Dieter Grimm
VERFASSUNG
Zur Geschichte des Begriffs von der Antike bis zur Gegenwart
Alle Rechte vorbehalten © 2002 Duncker & Humblot GmbH，Berlin
中译本根据德国柏林东克尔 & 洪布洛特出版社 2002 年版译出

德国公法译丛

编委会

主　　编 雷勇
编委会成员（以姓氏笔画为序）
　　　　马立群　王泽荣　王银宏　田　伟
　　　　李忠夏　何永红　周　育　胡川宁
　　　　娄　宇　段　沁　曾　韬

德国公法译丛
总　序

公法乃立国之基轴,国运长久之关键。其任务既造利维坦以佑苍生,又立民约掣肘以护人权,旨在追问优良国法宪制而达至良好的公共生活。揆诸历史与现实,世界列国强盛之理无不在公法思想之先进,典章制度设计之机巧。我国公法之学历来博采众长,洋为中用,其中德国公法学说及理论流传至我国已有百余年,甚有立国奠基之功。德国公法理论构建及宪制实践自成一体,当属一派,有别于英美法诸国。何以如此?

近世以降,路德离经叛道,千秋帝国礼崩乐坏,诸侯称霸,德人备受帝国分崩离析之苦,而欧陆诸国已开现代民族立国之风,群雄环伺,"德意志身居何处"不断拷问有识之士。学人顺应古典人文主义思潮,孜孜以求,承续亚里士多德政治学、塔西佗历史学等经典之说,继受罗马公法义理与辞章,挖掘日耳曼法礼俗与古制,探究帝国及现代国家究竟为何物,国体、政体及宪制之名有何深义,主权如何安放,帝王治理秘术之于国家理性孰重孰轻,良法善治如何施行,民族统一大业何以实现,宪治理念又将如何践行于繁琐行政事务之中,方法之争何以推动公法之进步,宪制护守与政治决断如何协调,教义诠释学中公法道义根据何在,法治国又何以演义成当下社会福利之国。凡此种种,皆为公法之核心要义。于是,德人世代公法名家辈出,百家争鸣,学派林立,公法体系之说推陈出新,或浪漫保守,或自由激进,或辩证综合,或另辟蹊径,揭橥现代国家构建及法权确立诸多面向。

公法译介,前人之述备矣。然近二十余年我辈后学又相继征诸德国学术,潜心问道公法真义,淬炼哲理思辨,历史及教义方法并举,有志同道合者遂共同擘画"德国公法译丛"。德国公法力作卷帙浩繁,本译丛着眼于宪法、行政法、社会法等诸多公法论题名目。凡涉及哲学理论、训诂考据、学科史略、教义评注、案例缕析等德国公法名著皆可列入其中,所涉语言绝不囿于德文一种。译丛宗旨意图之实现,唯赖诸位学人彼此守望,细心甄别,潜心译述,甘做冰人,襄助公法学术之发展。

是为序。

雷 勇

2022 年 6 月 26 日

中译本序

译介意味着不同知识和历史经验世界间的相遇,并使相遇成为可能。这基本上涉及所有学术——诗词文学亦然——在日益全球化的当今世界还成为相互理解的不二法则。这尤其涉及国家的法律和"宪法"类型。它们的历史向世人敞开了形形色色的发展道路,这些道路对当今诸国林立的国际世界已变得至关重要。这本《宪法古今概念史》起初是作者海因茨·默恩豪普特和迪特·格林为《德国政治社会语言历史辞典》(《历史基本概念》)而写,其重点主要在英国和法国语境下厘清德国宪法的概念发展。本书在2002年再版,在此版本基础上已被译为意大利文、葡萄牙文/巴西文、韩文和如今的中文。

国外对本书的兴趣也让我们作者俩颇感惊喜,这种兴趣无疑表达了"法律移植"的意愿。"法律移植"在当下使学术界进入到知识和学术经验的比较领域。对宪法、其法律规范基础、其秩序任务、其明显不同法律理解等诸多领域而言,它们的历史发展提供了有关其变化过程的理解性帮助,这些变化过程显现在宪法概念及其变体的历史发展中。而宪法概念及其变体还会波及影响到今天的政治行为和政治认知,并使二者能够相互解释。

在此意义上,迻译工作也被证实是在德国及欧洲与中国宪法概念及文化世界之间跨文化的语言和概念比较。我们由衷感谢雷勇博士特别成功的、同心协力的和善于理解的合作。他对德国及欧洲国家和法律领域的历史有深刻领会,其极具实力和细致入微的转译工作也正有赖于此。来自拉丁文学术语言和古德语文本中无数棘手的语词和概念在我们与他多次交流中得以澄清,这也给我们诸多机会重新反思部分概念。当在汉语中没有充足概念可供对译使用时,需要对文本和概念重新解释尤为必要。因此,我们对概念语境中的"国家""宪法"和"国家宪法"常常得重新思考一遍。对译者和我们——尤其对撰写古代到法国大革命这一时间段的海因茨·默恩豪普特——来说,这项工作是极为有趣的新体验,也特具学术认知价值。

因此,作为抛砖引玉之作,本中译文对历史的学术认知和厘清当今众人讨论的现代"宪法"含义兴许有所裨益。

海因茨·默恩豪普特　迪特·格林
法兰克福与柏林,2022 年 6 月

目 录

第二版序言 …………………………………………………………… 1
前言 …………………………………………………………………… 3

上篇　从古代到启蒙时代的宪制、状态、根本法

第一章　导言：现代宪法概念的定义范围 ………………………… 9
第二章　古代 ………………………………………………………… 18
　一　希腊的政制：城邦秩序与政体 ……………………………… 18
　二　罗马："宪典/宪令"与"国家状态" ………………………… 27
第三章　中世纪和近代早期的用词与概念使用 …………………… 36
　一　政体/状态与宪令 …………………………………………… 36
　二　构建与创建 …………………………………………………… 47
　三　起草：约定、拟定、整合 …………………………………… 53
第四章　医学领域和"政治学"文献中的构成和状态概念 ……… 60
　一　身体比喻用法与构成/体质概念 …………………………… 61
　二　医学中的构成/状态概念 …………………………………… 66
　三　政治学文献中的"秩序"概念 ……………………………… 75
第五章　"根本法"与"宪法" …………………………………… 81

一	法国	……………………………………	81
	1. 16世纪的"国家"和对君主的约束	……………	81
	2. 词典层面	…………………………………	86
	3. 国家法文献中的宪法概念	………………	90
二	英国	……………………………………	95

第六章　书面性:"起草"与起草文本 …………………… 105
　一　习惯用语与词典层面 ………………………… 105
　二　莱布尼茨:国家铜表法的"起草" ……………………… 109
第七章　小的组织统一体和国家性质的总联合体 ………… 114
　一　联盟 ……………………………………… 116
　二　帝国大区 ………………………………… 120
　三　"家族"与"家规" ………………………… 124
第八章　"根本法"与"基本法" …………………………… 131
第九章　"状态/状况"概念与帝国政体 ………………… 139
第十章　作为法律状态和非法律状态的双重"宪制"概念:
　　　　国家与统计学 …………………………………… 148
第十一章　领地国家与"邦国宪制" ……………………… 156
第十二章　帝国秩序 ………………………………… 162
　一　"宪制"与帝国的"基本法" ………………… 162
　二　同时代公法学对帝国宪制的褒贬 ……………… 171
第十三章　在词典层面和文献上的定义尝试:组合词的
　　　　多样性与实质差异化 ……………………… 180
第十四章　"宪法"与瓦特尔的"民族"概念 ……………… 186
第十五章　"宪制"与立法 ……………………………… 190

第十六章　私法法典化与"宪法"……………………… 197

下篇　从启蒙时代到当代的宪法、基本法

第一章　发展方向……………………………………… 205
第二章　宪治的开端……………………………………… 207
 一　革命前的术语…………………………………… 207
 二　英国的"宪法"含义……………………………… 209
 三　现代宪治在北美的实施………………………… 212
 四　法国对美国宪法概念的继受…………………… 214
 五　"宪法"在德国的含义变化……………………… 217
 六　"宪法"的防御性使用…………………………… 220
 七　作为自由条件的正规宪法……………………… 223
 八　宪法概念的实质性浓缩………………………… 225
 九　修宪权…………………………………………… 227
 十　溯及契约理论…………………………………… 229
第三章　宪法抗争时代…………………………………… 232
 一　基本立场………………………………………… 232
 二　作为进步原则的宪法…………………………… 234
 三　行政组织法……………………………………… 236
 四　作为自由保障手段的宪法……………………… 239
 五　宪法文件的必要性……………………………… 242
 六　作为历史发展产物的宪法……………………… 245
 七　钦定宪法与协定宪法…………………………… 247

八　从契约宪法论证向制定法宪法论证的自由主义
　　　　转变 ………………………………………………… 249
　　九　保守地走向宪法国家 ………………………………… 251
　　十　实质意义上的与形式意义上的宪法 ………………… 253
第四章　法律性宪法的巩固与危机 …………………………… 256
　　一　告别自然法 …………………………………………… 256
　　二　宪法的实证化 ………………………………………… 259
　　三　作为权力关系表达的宪法 …………………………… 261
　　四　基本秩序或部分秩序 ………………………………… 264
　　五　国家优先于宪法 ……………………………………… 266
　　六　宪法与宪法律同一 …………………………………… 268
　　七　宪法律的程序消解 …………………………………… 270
　　八　宪法律的决断论消解 ………………………………… 272
　　九　规范性的和符合实然的宪法 ………………………… 274
　　十　规范性宪法的终结 …………………………………… 276
第五章　展望 …………………………………………………… 279

参考文献 ………………………………………………………… 281

译后记 …………………………………………………………… 285

第二版序言

宪法的概念与含义经过欧洲的宪法讨论获得了新的现实性。众所周知,超国家语境下的宪法含义不可能等同于民族国家的宪法。但这同时也表明,超国家的政治行为统一体的形成对民族国家的宪法并非毫无影响。此外,在以往社会主义国家和其他新的宪治化国家中只有部分宪法方案如愿以偿,但这使人们敏锐地意识到事实性宪法和规范性宪法之间的内在关联性。与此相关的有些问题其实并不完全是新问题。相反,它们早就被提出过,只不过随着现代宪治在20世纪期间大获全胜而退到幕后罢了。譬如,与民族国家相关的现代宪治在它形成之前的宪法有何意义;再譬如,规范性宪法如何依赖于事实状态与国家权力关系。因此,厘清宪法概念史中所反映的变迁历程,有助于为当今变局指明方向。与此同时,这种厘清还能揭橥宪法概念史所蕴含的观念与所牵涉方面的丰富性。本书在当下兴许有所裨益,正因为如此,我们为了不耽误推出新版,决定不对文本进行全面修订或补充。准确地说,本书与1995年的初版在形式上相同,相对于《历史基本概念》大辞典中的论述有所扩充。

迪特·格林 海因茨·默恩豪普特

柏林与法兰克福,2002年5月

前　　言

宪法的争论、现行宪法的变革和新宪法的创立不断地左右着当今的政治讨论和学术讨论。这根源于变化了的政治关系和社会关系，一如近年来在欧洲、亚洲、南美和南非所出现的那样。新制定的或修改过的宪法文本对已经完成的政治和社会变动应该进行了正当化和规范性的巩固，对尚在意图中的变动也应该进行了约束性的规定和指引。我们在许多地方和各种不同层面都经历了这种发展过程：在以前军事独裁的南美和种族隔离统治的南非、在欧洲的前社会主义国家、在联邦关系下加入联邦德国的新州，以及在瑞士不同的邦州所进行的全新宪法创制；在统一后的德国对现行基本法所进行的改革，在瑞士对联邦宪法重新启动的全面修改；最后在超国家层面上试图把宪法成就移用到欧盟的国家联合体上。

所有这些宪法工作和围绕最优宪法创立的理论探讨并非无条件发生。它们受以下因素的共同决定：导致如今局势和任务的政治进程；以这种方式产生的社会及政治权力关系；国家和邦州所处的文化根基；最后，它们的历史以及法律的和社会的制度与手段传统，而这些制度和手段同样作为组成部分可供宪法变革和宪法颁布使用。恰恰是最后一种因素，即历史重构和对今天——理所当然的那样——被理解为"宪法"的东西的自我确定，在当中扮演着重要角色。许多内容讨论,如在宪法中采纳道德诉求和公民义务、目标预设或成就许诺,这些抑或也是在本质上围绕人们关心的宪法概念的讨论。

本书所呈现的两篇论文不是为上述现实目的而写就的。它们是为奥托·布鲁纳(Otto Brunner)、维尔纳·康策(Werner Conze)和赖因哈特·科泽勒克(Reinhart Koselleck)主编的《德国政治与社会语言历史辞典》(Historische Lexikon zur politisch-sozialen Sprache in Deutschland)而形成的概念史研究。经过对无数材料苦心孤诣的甄选与处理准备,它们于1990年在该辞典第六卷(第831—862页和第863—899页)中得以出版,但其中文本和文献选择部分只是被大大缩减了。尤其是,"上篇"(H. 默恩豪普特著)被收录进该辞典的大约只有一半内容。唯一重要的出版技术原因是受篇幅限制,以致承蒙赖因哈特·科泽勒克的鼓励和科塔(Klett-Cotta)出版社的允许,我们决定出版未被缩减的、部分还被再次修订和补充的版本。我们感谢赖因哈特·科泽勒克和出版社使未被缩减文本的出版成为可能。

从"历史基本概念"这一写作目的可知,本书是关于概念史的研究。"上篇"(H. 默恩豪普特著)包括的时间从古代到启蒙时代;"下篇"(D. 格林著)的时间从启蒙时代延伸到当代。这两大词条因此交叠于启蒙时期。在这一时期——科泽勒克称之为"马鞍时代",而雅斯贝尔斯(Jaspers)称之为"轴心时代"——宪法概念在自古而来的漫长道路上获得了显著的法律内容上的塑形,当然没有取得毋庸置疑的明确性。但是,它主要变成了表达法律内容的一种崭新的和固定的语言工具,而当时在法律内容上的塑造反映了政治观和意识形态观、国家观、法律观和社会观。这自然也是在追踪自古以来的漫长时期中所观察到的,但更准确地说是有选择性的以及具有其他重点和折射的观察。

对国家和社会的不同构想也影响着宪法的概念形成过程。因此,本书对诸如"Konstitution"(宪法)、"Status"(状态)、"Lex fundamentalis"(根本法)和"Grundgesetz"(基本法)这些并行概念和替代概念一并兼顾,也同样顾及这些概念在英国、美国和法国的发展。如果要大致理解被研究词域的结构和内容的活跃变化,那么本书以"宪法"一词为例所探究的概念史同时也意味着词汇史、语言史、社会史、政治史、观念史以及法律和国家的制度史。因此,人们划定了文献查阅的巨大范围,而始终没法明白是否已经发现了至关重要的历史岔路口、历史发掘现场和时间坐标。特别是,近代早期政治文献卷帙浩繁,本书只能选择性查阅,挂一漏万在所难免。哲学文献、政治文献和国家法文献的"伟大"代表们向来也保证不了正确甄选。相反,尽可能地关注权威代表们之外的大量素材,反倒是正经做法。在"宪法"概念中历史地隐藏着什么?"宪法"概念如何获得了在当今占据主流的但又绝非终结的理解?我们依旧希望,我们在丰富的文献中已经为这些问题找到了关键性路标。

海因茨·默恩豪普特　迪特·格林

上 篇

从古代到启蒙时代的宪制、状态、根本法

海因茨·默恩豪普特

第一章 导言:现代宪法概念的定义范围

作为旧宪法概念的"Konstitution"与作为新宪法概念的"Verfassung"联系紧密。* 虽然来源各异,但是它们在很大程度上却是近义词。这两个概念共同的含义范围包括以下——绝非具有同步发生性质的——因素:1. 状态/状况和属性/特性**;2. 秩序;3. 创建或书面形式的拟定和文本起草的化身。如果说"Verfassung"概念属于德国的概念形成,那么"Konstitution"概念则要征诸罗马古代和中世纪的用语。16世纪以降,"根本法"(lex fundamentalis)获得了作为现代"基本法"(Grundgesetz)前身的清晰轮廓。

"Konstitution"和"Verfassung"概念中的"状态/状况"(Zustand)因素让人们注意到医学领域。人在医学上的"Verfassung"(状态)和人体的"Konstitution"(构成)在今天仍意指状态,它取决于人体

---

* 德文中表达宪法含义的有两个词汇即"Verfassung"和"Konstitution"。"Verfassung"是德文自生词,而"Konstitution"是外来词,它与英文或法文中的"constitution"一样都来自于拉丁文"*constitutio*"。由于本书的主旨是揭櫫宪法概念的历史演变,而"Verfassung"和"Konstitution"概念本身复杂多变,所以本中译本在文中经常会附上这两个词的原文,目的是为了让大家能够清楚地意识到它们的具体用法或译法,同时也好更直观地比较它们与其他词汇之间的关联性。——译者

** 本书中与宪法概念关系紧密的词汇,如"politeia""Verfassung""constitution/Konstitution""Zustand/status""Staatsverfassung"等,它们在中文中的具体对译词不止一种,所以本中译本在文中许多地方根据具体语境把最接近的中文对译词都附上,以便更好地理解其中的丰富词义。——译者

组织中的生理力量和心理力量的共同作用。[1] 来自人体与国家有机体相比较的器官学国家观所涉及的语言比喻,体现在国家身体(Staatskörper)、国家首脑(Staatshaupt)、国家器官/国家机关(Staatsorgane)这些组合词中。[2] 但"Zustand"(状态)因素也对应着"status"(状态)概念,这当中揭橥了"Konsitution"和"Verfassung"概念与直至现代"国家"(Staat)概念起源之间的紧密联系。在古典的古代和中世纪,拉丁文"status"绝未获得"国家"或"共同体"的含义,它仅仅含有"状态""共同体的形式/政体"和"共同体的稳定状态、存续"之意。[3] "Verfassung/Konstitution"(宪法)和"Staat"

---

[1] 有关医学领域使用状态的概念(Verfassungsbegriff),参照 R. 施密特(R. Schmidt),"成文宪法前史"(Die Vorgeschichte der geschriebenen Verfassung),载 R. 施密特(R. Schmidt)、E. 雅各比(E. Jacobi)主编,《庆贺奥托·迈尔的两篇公法论文》(Zwei öffentlich-rechtliche Abhandlungen als Festgabe für Otto Mayer, Leipzig 1916),第 90 页;H. O. 迈斯纳(H. O. Meisner),《近代的宪法、行政、政府》(Verfassung, Verwaltung, Regierung in neuerer Zeit, Berlin 1962),"德国柏林科学院会议报告·哲学、历史、国家科学、法学和经济学类(1962 年)"(Sitzungsberichte der Deutschen Akademie der Wissenschaften zu Berlin, Klasse für Philosophie, Geschichte, Staats-, Rechts-und Wirtschaftswissenschaften 1962),第 1 辑,第 3 页;有关 H. 康林(H. Conring)对政治与医学的比照,参照 M. 施托莱斯(M. Stolleis),《邦国大区和以前黑尔姆施泰特大学的学术统一体》(Die Einheit der Wissenschaft des Landkreises und der ehemaligen Universität Helmstedt, 1982),第 4 辑,第 6 页。

[2] 参照 E.-W. 伯肯弗尔德(E.-W. Böckenförde),"器官/机构"(Organ),载 O. 布鲁纳(O. Brunner)、E. 康策(E. Conze)、R. 科泽勒克(R. Koselleck),《历史基本概念》(Geschichtliche Grundbegriffe, Stuttgart 1978),第 4 卷,第 561 页及以下诸页。

[3] W. 马格(W. Mager),《现代国家概念的形成》(Zur Entstehung des modernen Staatsbegriffs),"科学与文学院·精神科学与社会科学类论文集(1968 年)",(Akademie der Wissenschaften und der Literatur, Abhandlungen der geistes-und sozialwissenschaftlichen Klasse 1968, Wiesbaden 1968),第 9 辑,第 396 页;亦参照 W. 聚尔鲍姆(W. Suerbaum),《从古代到中世纪早期的国家概念——从西塞罗到约尔丹尼斯国家、王国、帝国和状态的使用及含义》(Vom antiken zum frühmittelalterlichen Staatsbegriff. Über Verwendung und Bedeutung der Res publica, regnum, imperium und status von Cicero bis Jordanis, Münster 1977),第 3 版,第 63 页;S. 豪泽(S. Hauser),《从但丁到马基雅维利时代国家概念的语义领域研究》(Untersuchungen zum semantischen Feld der Staatsbegriffe von der Zeit Dantes bis zu Machiavelli, Zürich 1967),第 35 页。

第一章 导言：现代宪法概念的定义范围

（国家）这些概念在"Zustand"（状态）这个历史基本含义的语义共同性中才彼此触及。一则宪法（Konstitution/Verfassung），二则国家（Staat），这二者在近现代不稳定的定义范围中，以及在对这两个概念域进行历史研究时要一并考虑的互补性功能中，存在有接近这两个概念的更多对应词。"Verfassung"和"Konstitution"的起源研究具有与现代相关的法律、政治和社会内涵。对这两个概念，今天的用语和如今的概念内容都要一并加以考虑。"宪法"在当今主要指对组织起来的国家共同体进行书面确定的、具有法律约束力的和处于一般法律之上的法律规范结构。这一概念恰恰缺乏唯一明确性，从而使其历史发展线索走向以及与现代概念内容的结合变得纷繁复杂。在德国的国家法和宪法法（verfassungsrechtlich）*文献中缺乏一种稳定的或被大多数人认可的"宪法"概念。[4] 亨尼斯（Hennis）甚至说"德国宪法概念独有的弱小和脆弱"；布尔德（Burdeau）完全一概而论地讲宪法概念的"衰亡"与"消解"是现

---

* 此处的"verfassungsrechtlich"是"Verfassungsrecht"的形容词形式。"Verfassungsrecht"和"Verfassungsgesetz"是本书中两个非常重要的概念。"Verfassungsrecht"是一般法学范畴，它通常指与宪法有关的法律、习惯（习俗）、惯例、判例等宪法性规范。由于中文已经把具有多重含义的"Verfassung"翻译为狭义的"宪法"，加上我国对宪法更多的是实定法理解，这导致中文"宪法"二字本身具有强烈的制定法含义，所以本中译本把"Verfassungsrecht"直译为"宪法法"（文中也偶尔翻译为"宪法"，比如它在本中译本下文和"行政法"并列时）。而"Verfassungsgesetz"指制定法形式的宪法规范，作单数时通常指制定的宪法本身，作复数（Verfassungsgesetze）通常指具体的宪法内容。如果照样把"Verfassungsgesetz"直译为"宪法法律"的话，容易被理解为"宪法和法律"，所以本中译本把"Verfassungsgesetz"译为"宪法律"。——译者

4 对此参照 K. 黑塞（K. Hesse），《德国联邦共和国宪法法的基本特征》（Grundzüge des Verfassungsrechts der Bundesrepublik Deutschland, Karlsruhe 1975），第 8 版，第 3—5 页。

代国家性衰弱的征兆。[5] 结果是,"宪法"史专业的对象也是如此:它因此——按历史的相关时代——在国家或社会的法律秩序规则与政治结构之间摇摆不定。[6] 19世纪和20世纪,宪法概念的法制

---

[5] W. 亨尼斯(W. Hennis),《宪法与宪法现实》(Verfassung und Verfassungswirklichkeit, Tübingen 1968),"过去与当代的法与国家——讲演录……"(Recht und Staat in Geschichte und Gegenwart. Eine Sammlung von Vorträgen…),第373/374期,第7页;G. 布尔德(G. Burdeau),"宪法概念之消解"(Zur Auflösung des Verfassungsbegriffs),载《国家》(Der Staat),第1期(1962年),第389—404页(尤其是第390页)。

[6] 参照最新版 D. 维罗魏特(D. Willoweit),《德国宪法史教科书——从法兰克王国到德国分离》(Deutsche Verfassungsgeschichte. Vom Frankenreich bis zur Teilung Deutschlands. Ein Studienbuch, München 1990),第2页及下页;同上作者,"欧洲宪法史的问题与任务"(Probleme und Aufgaben einer europäischen Verfassungsgeschichte),载 R. 舒尔策(R. Schulze),《欧洲法律史与宪法史——研究成果与视角》(Europäische Rechts-und Verfassungsgeschichte. Ergebnisse und Perspektiven der Forschung, Berlin 1991),"欧洲法律史与宪法史文集"(Schriften zur Europäischen Rechts-und Verfassungsgeschichte),第3辑,第141—151页。在 R. 科泽勒克(R. Koselleck)、K. 科泽勒克(K. Kroeschell)和 R. 施普兰德尔(R. Sprandel)的文章中非常形象地反映了宪法史中对宪法概念的最新讨论,参照"宪法历史书写中的对象和概念"(Gegenstand und Begriffe der Verfassungsgeschichtsschreibung),载《国家》(Der Staat),增刊,第6期(1983年),第7页及以下诸页;同样的参照 H. 博尔特(H. Boldt),《宪法史导论——方法二论》(Einführung in die Verfassungsgeschichte. Zwei Abhandlungen zu ihrer Methodik, Düsseldorf 1984),第17—23页;亦参照 R. 施普兰德尔(R. Sprandel),《中世纪的宪法与社会》(Verfassung und Gesellschaft im Mittelalter, Paderborn 1975),第11—29页;O. 布鲁纳(O. Brunner),"现代宪法概念与中世纪宪法史"(Moderner Verfassungsbegriff und mittelalterliche Verfassungsgeschichte),载 H. 肯普夫(H. Kämpf)主编,《中世纪的统治与国家》(Herrschaft und Staat im Mittelalter, Drmstadt 1964),"研究之道"(Wege der Forschung),第2辑,第1—19页;有关中世纪国家理论概念的和"宪法形式"的不确定性,参照 H. K. 舒尔策(H. K. Schulze),"中世纪研究与概念史"(Mediävistik und Begriffsgeschichte),载 R. 科泽勒克(R. Koselleck)主编,《历史语义学与概念史》(Historische Semantik und Begriffsgeschichte, Stuttgart 1978),"语言与历史"(Sprache und Geschichte),第1辑,第242—261页(尤其是第253页及下页)。

化和社会学化历史地反映了这种含义范围。[7] 然而,这种普遍有效定义的缺失也适用于"国家"(Staat)概念。[8] 现代的宪法讨论区分法学的宪法概念和非法学的宪法概念,但相应的特征却在定义尝试中交叠在一起。研究对象和研究者受专业左右的学术兴趣决定了这个概念的哲学、历史学、政治学和社会学的规定性。胡贝尔(Huber)把宪法称为"思想与力量、利益与行为、制度与规范的整体结构";[9] 伯肯弗尔德(Böckenförde)遵照奥托·布鲁纳(Otto Bruner)把宪法看成是"时代具体的政治和社会建造形式";[10] 黑贝

---

[7] Boldt,Einführung[见本书上篇注释6(中译本注释的"本书上篇注释"或"本书下篇注释"即《宪法古今概念史》的注释,后同。——译者)],S. 23-26. 有关法律规范与社会学—政治学的宪法概念之间的紧张关系,参照 F. 伦纳(F. Renner),《19世纪和20世纪瑞士国家法思想中的宪法概念——教义史研究》(Der Verfassungsbegriff im Staatrechtlichen Denken der Schweiz im 19. und 20. Jahrhundert. Ein Beitrag zur Dogmengeschichte, Zürich 1968),"苏黎世法学研究"(Züricher Beiträge zur Reschtswissenschaft),第295辑,第41—46页。

[8] 有关"国家"概念的发展,参照 W. 康策(W. Conze)等人,"国家与主权"(Staat und Souveränität),载 O. 布鲁纳(O. Brunner)等人,《历史基本概念》(Geschichtliche Grundbegriffe,Stuttgart 1990),第6卷,第1页及以下诸页。有关在"超越家庭的影响统一体"意义上普遍适用的国家概念问题,参照 H. 夸里奇(H. Quaritsch),《国家与主权》(Staat und Souveränität, Frankfurt 1970),第1篇:"基础"(Die Grundlagen),第20页及下页;M. 胡贝尔(M. Huber),"国家概念的发展阶段"(Die Entwicklungsstufen des Staatsbegriffs),载《瑞士法期刊》(Zeitschrift für Schweizerisches Recht),续刊,第23期(1904年),第22页。该文基于宪法的不同发展阶段和发展条件而反驳"有适用于整个人类的国家概念"。最新的还可参照 St. 斯卡尔魏特(St. Skalweit),《近代的开端——时期界分与时期概念》(Der Beginn der Neuzeit. Epochengrenze und Epochenbegriff, Darmstadt 1982),"研究成果"(Erträge der Forschung),第178辑,第123页及下页。

[9] E. R. 胡贝尔(E. R. Huber),《德国宪法史资料》(Dokumente zur Deutschen Verfassungsgeschichte,Stuttgart 1961),第1卷,前言(第5页)。

[10] E.-W. 伯肯弗尔德(E.-W. Böckenförde),《19世纪德国宪法史研究——符合时代的设问与主要图景》(Die deutschen verfassungsgeschichtliche Forschung im 19. Jahrhundert. Zeitgebundene Fragestellungen und Leitbilder, Berlin 1961),"宪法史文集"(Schriften zur Verfassungsgeschichte),第1辑,第21页,第211页;亦参照伯肯弗尔德(Böckenförde),"19世纪的宪法问题与宪法运动"(Verfassungsprobleme und Verfassungsbewegung des 19. Jahrhunderts),载伯肯弗尔德(Böckenförde)主编,《现代德国宪法史(1815—1918年)》[Moderne deutsche Verfassungsgeschichte (1815-1918) Köln 1972],第13页。

勒（Häberle）把宪法理解为文化语境下的文化成就；[11]与奥托·布鲁纳明确有关的卡尔·施密特（Carl Schmitt）[12]把"宪法"定义为"政治统一体和秩序的整个状态"，或"封闭的规范体系"。[13]这些只是宪法概念常常被扩大定义范围的例子，[14]直到今天人们还经常抱怨其"致命的分裂"[15]。前东德也存在着要求"拟定出宪法的一般概念，作为马列主义国家科学和法律科学技术学校的专业术

11　P. 黑贝勒（P. Häberle），《作为文化学的宪法学说》（Verfassungslehre als Kulturwissenschaft, Berlin/München 1982），"公法文集"（Schriften zum Öffentlichen Recht），第 436 辑；同上作者，《宪法生活中的经典文本》（Klassikertexte im Verfassungsleben, Berlin 1981），"法律社会文丛"（Schriftenreihe der Juristischen Gesellschaft...）第 67 辑，第 43 页及下页。历史的经典文本由此也被看成是国家宪法文化的一部分及范围。同样地参照 P. 黑贝勒（P. Häberle），"作为宪法国家的文献类型的乌托邦"（Utopien als Literaturgattung des Vefassungsstaates），载 P. 泽尔梅尔（P. Selmer）、I. v. 明希（I. v. Münch）主编，《沃夫冈·马滕斯纪念文》（Gedächtnissschrift für Wolfgang Martens, Berlin/New York 1987），第 73—84 页。

12　O. 布鲁纳（O. Brunner），《国家与统治》（Land und Herrschaft, Wien/Wiesbaden 1959），第 4 版，第 111 页及注释 1。

13　C. 施密特（C. Schmitt），《宪法学说》（Verfassungslehre, München/Leipzig 1928），第 3 页。

14　参照：F. Renner, Der Verfassungsbegriff（见本书上篇注释 7），S. 15-20；M. 罗根廷（M. Roggentin），《德国 18 世纪和 19 世纪的宪法概念研究》（Über den Begriff der Verfassung in Deutschland im 18. und 19. Jahrhundert, Hamburg, 1978），法学博士论文，第 2 页及以下诸页。

15　最新参照 D. L. 克雅茨斯-古韦里斯（D. L. Kyiazis-Gouvelis），"现代宪法概念及其历史根源——亚里士多德-孟德斯鸠-人权"（Der moderne Verfassungsbegriff und seine historischen Wurzeln. Aristoteles-Montesquieu-Menschenrechte），载《当代公法年鉴》（Jahrbuch des öffentlichen Rechts der Gegenwart, Tübingen 1990），续集，第 39 卷，第 66 页。

语……这也是当代的需要"。[16]

法学的宪法概念针对的是与国家相关的实证法的规范秩序。国家和宪法在今天是广泛的互补概念,它们"明显地互为条件"[17]。像罗查德·施密特(Richard Schmidt)所强调的那样,"宪法因此成为国家的真正面相"。[18] 尽管宪法概念的使用"不明确"[19],但这还是有用。宪法(Konstitution/Verfassung)在国家和社会发展的不同阶段具有不同含义。毫无疑问,宪法概念——还有"国家"概

---

[16] F. 波索斯基(F. Posorski),"宪法的一般概念"(Zum allgemeinen Begriff der Verfassung),载《国家与法》(Staat und Recht),第 33 期(1984 年),第 239—246 页,此处见第 243 页。有关马克思-列宁主义意义上的片面的宪法概念,参照如 B. I. 希布林格尔(B. I. Hieblinger)、R. 希布林格尔(R. Hiebinger),"东德社会主义邦州宪法的典型特征"(Charakteristische Merkmale der Verfassungen sozialistischer Länder der DDR),载《国家与法》(Staat und Recht),第 31 期(1982 年),第 291—300 页;F. O. 科普(F. O. Kopp),"社会主义国家的宪法理解"(Das Verfassungsverständnis in den sozialistischen Staaten),载 H. 哈布利策尔(H. Hablitzel)、M. 沃伦施勒格尔(M. Wollenschläger)主编,《法与国家——京特·屈兴霍夫寿贺文集》(Recht und Staat, FS Günther Küchenhoff, Berlin 1972),第 573—603 页(尤其是第 585 页及下页)。

[17] 早已有此看法,请参照 J. 黑尔德(J. Held),《德国君主制邦国的宪法法体系——尤其兼顾宪治》(System des Verfassungsrechts der monarchischen Staaten Deutschlands mit besonderer Rücksicht auf den Constitutionalismus, Würzburg 1857),第 2 卷,第 50 页。这样的相互变换关系也存在于"国家"和"主权"之间,对此参照:W. Conze, in: Geschichtliche Grundbegriffe 6, 1990, S. 1 f.。

[18] R. Schmidt, Die Vorgeschichte der geschriebenen Verfassungen 1916(见本书上篇注释 1),S. 187;同样地,可参照 H. 尚贝克(H. Schambeck),"宪法概念及其发展"(Der Verfassungsbegriff und seine Entwicklung),载 A. J. 默克尔(A. J. Merkl)等主编,《H. 凯尔森九十华诞庆贺文集》(FS H. Kelsen zum 90. Geburtstag, Wien 1971),第 212 页。

[19] 参照 E.-W. 伯肯弗尔德(E.-W. Böckenförde),"宪法的历史发展及含义变迁"(Geschichtliche Entwicklung und Bedeutungswandel der Verfassung),载 A. 布施曼(A. Buschmann)等主编,《鲁道夫·格米尔七十华诞庆贺文集(1983 年 7 月 28 日)》(FS Rudolf Gmür zum 70. Geburtstag 28. Juli 1983, Bielefeld 1983),第 7 页。

念——现在被用于相距遥远但又具有亲缘性的历史现象当中,而在过去这些历史现象还根本没有这个概念可供使用。[20] 这种被经常观察到的毋庸置疑性在特别的疑难问题中显而易见。

可见,现代定义只提供了少许历史连接点,它们充其量部分地意味着富有帮助性的法律解释说明。[21] 而非法学的宪法概念要么与合法统治的超实证秩序、要么与社会中的事实权力关系相结合。[22] 今天必须在非法学的宪法概念与法学的宪法及其概念性之间的关系中,寻找宪法学说的核心问题。[23] 历史地进入到现代宪法概念,穿越无数阶段,其中社会的、社群的、政治的和法律的事实状况大相径庭。随着启蒙时代法律-政治整个秩序的书面法典化,在被英文和法文称为"Constitution"的美国"宪法"(1776年)和法

20　参照:Skalwei,Beginn der Neuzeit,1982(见本书上篇注释 8),S. 123 f.；H. K. Schulze,Mediävistik und Begriffsgeschichte,1978(见本书上篇注释 6),S. 252。

21　在此意义上一直都有帮助的定义,可参照 G. 耶利内克(G. Jellinek),《一般国家学说》(Allgemeine Staatslehre, Berlin 1905),"现代国家的法"(Das Recht des modernen Staats),第 2 版,第 1 辑,第 491 页。"一般而言,国家的宪法包括了这些法律原则,即表明国家的最高结构,确定它们的产生、它们之间的相互关系以及它们的作用范围,另外还包括个人在国家权力中的基本原则地位。"

22　有关 19 世纪、20 世纪宪法概念的法学和社会学范围,还可参照 W. 亨里希(W. Henrich),"作为法律内容概念的宪法"(Die Verfassung als Rechtsinhaltsbegriff),载 A. 费尔德罗斯(A. Verdross)主编,《社会、国家与法——纯粹法学研究》(Gesellschaft, Staat und Recht. Untersuchungen zur reinen Rechtlehre, Wien 1931),第 174—216 页。

23　法律性宪法(Rechtsverfassung)与社会性宪法(Gesellschaftsverfassung)之间的紧张关系和国家两面学说相一致,有关其紧张关系,可参照 U. 卡彭(U. Karpen),"国家在宪法法上的基本秩序——宪法理论和政治哲学的基本特征"(Die verfassungsrechtliche Grundordnung des Staates-Grundzüge der Verfassungstheorie und politischen Philosophie),载《法学期刊》(JZ),1987 年,第 431—442 页(尤其是第 432 页及下页)。

国"宪法"(1791年)的形态中,宪法这个概念最终获得了一种经漫长时间酝酿而成的全新品质。[24]

---

[24] 有关这一发展阶段及进一步阐述,参照本书下文 D. 格林(D. Grimm)撰写的部分[本书下文第 100 页及以下诸页(注释中所涉"本书上文"或"本书下文"页码即本中译本《宪法古今概念史》的边码,后同。——译者)];同样参照 D. 格林(D. Grimm),《德国宪法史——从现代宪法国家之开端到德意志同盟之解散(1776—1866 年)》(Deutsche Verfassungsgeschichte 1776-1866. Vom Beginn des modernen Verfassungsstaats bis zur Auflösung des Deutschen Bundes, Frankfurt a. M. 1988),第 10 页及以下诸页。

第二章 古代

一 希腊的政制：城邦秩序与政体

公元前 6 世纪,古希腊国家和宪法思想的核心概念是厄俄诺米（ευνομια，Eunomie）。[25] 它被克里斯蒂安·迈尔（Christian Meier）归为"非常普遍意义上的宪法概念"，可以把它翻译为"良好秩序"。它表达了——欠具体地——神所意欲的秩序，彰显在社会和经济结构、政治制度以及伦理基本原则的影响力中。更为具体的是，公元前 6 世纪末或公元前 5 世纪初出现了一种平等秩

---

[25] 有关此概念及以下内容,可参照 Chr. 迈尔（Chr. Meier），"公元前 5 世纪政治-社会概念世界之变迁"（Der Wandel der politisch-sozialen Begriffswelt im 5. Jahrhundert v. Chr.），载 R. 科泽勒克（R. Koselleck）主编,《历史语义与概念史》（Historische Semantik und Begriffsgeschichte,1978），第 196 页及以下诸页；Chr. 迈尔（Chr. Meier），"民主"（Demokratie），载《历史基本概念》（Gesellschaftliche Gundbegriffe,1972），第 1 卷，第 821—835 页。亦参照 M. 德雷埃尔（M. Dreher），《智者派与城邦发展——公元前 5 世纪智者派的国家理论及其与希腊尤其是雅典城邦发展和本质的关系》（Sophistik und Polisentwicklung. Die sophistischen Staatstheorien des fünften Jahrhunderts v. Chr. und ihr Bezug auf Entstehung und Wesen des griechischen, vorrangig athenischen Staates, Frankfurt a. M. /Bern 1983），"欧洲高校文集"（Europäische Hochschulschriften），第 3 辑，第 191 卷，第 85 页及下页。

序（ισονομια，Isonomie）的新"宪制"（Verfassung）*概念。[26] 这个可以被翻译成"平等秩序"的语词闪现出其概念的政治维度。这种"平等秩序"的目的在于扩大公民参与政治统治的一种秩序。民主（δεμοχρατια，Demokratie）概念中的平民统治由此才成为可能和可被理解。这同时也为"政体/宪制"（Verfassung）不同类型构成的区分提供了可能性，犹如在古典的"三种政体模式"（Dreiverfassungsschema）及其相应的三种消极变体中所体现的那样。[27] 这一政体模式按统治主体区分为专制君主、贵族和平民类型，亦即根据统治运行的类型和方式或按统治者的道德品质区分为一人统治、少数人统治和所有人统治。[28] 亚里士多德把"政体/宪制"（Verfassung）类型分类如下：

> ……我们已分清了三种正常的政体类型：君主制、贵族制和公民制，以及三种变体，即君主制变质为僭主制、贵族制变

---

* 在德文文本中一般用"Verfassung"去对译希腊文的"Politeia"，为了避免在中译本出现同词反复，本中译本一般把"Verfassung"翻译成"宪制"。与"Politeia"一样，它也有"政体"含义。因此，针对亚里士多德的政体学说，本中译本对"Verfassung"有"政制""宪制"和"政体"这三种对译。——译者

[26] Meier, Wandel（见本书上篇注释25），S. 199.

[27] 有关"按统治标准的宪制"，参照 Chr. 迈尔（Chr. Meier），"对民主概念前史及早期历史的三点评论"（Drei Bemerkungen zur Vor-und Frühgeschichte des Begriffs der Demokratie），载《不和谐之协调——埃德加·邦茹1968年8月21日七十华诞庆贺文集》（Discordia Concors. FS Edgar Bonjour zu 70. Geburtstag am 21. August 1968, Basel/Stuttgart 1968），第1卷，第4页及以下诸页。

[28] 参照 W. 尼佩尔（W. Nippel），《古代和近代早期混合政体理论与政体现实》（Mischverfassungstheorie und Verfassungsrealität in Antike und früher Neuzeit, Stuttgart 1980），"历史与社会"（Geschichte und Gesellschaft），第21辑，第34—37页。

质为寡头制、公民制变质为民主制。[29]

"公民制"(Politie)[*]和它的变体"民主制"(Demokratie)意指

---

[29] 亚里士多德(Aristoteles),《政治学》(Politik),第4卷,1289 a 26,引自译本:O. 吉贡(Olof Gigon),《古代世界文献》(Bibliothek der Alten Welt, Zürich 1973),第2版,第137页[吴寿彭的译本把作为政体含义的"politeia"译为"共和制",把它的变体译为"平民制"(详见〔古希腊〕亚里士多德,《政治学》,吴寿彭译,商务印书馆1983年版,第178页)。亚里士多德在此指的实际上就是由多数公民统治的政体类型,确实带有"共和"蕴涵,但"共和制"带有强烈的罗马政制意味,该称谓一般来说不太适合用来描述古希腊的实际政制情况;另一方面,把它的变体"Demokratie"译为"平民制"也不符合一般把这个词译为"民主制"的通常译法。鉴于此,本中译本把这种政体类型译为"公民制",把它的变体译为"民主制"。——译者]。

[*] 该词是"politeia"的变形词,含义相同。这是亚里士多德政体类型说最有争议的地方。作为元概念的"politeia",当被用作政体时,亚里士多德在两个层面上使用它:一是用它来指包括所有政体的上位概念,二是又用它来专指"公民制"(politie, polity),即"多数人的统治"。这种政体在亚里士多德看来也是比较稳定的类型。或许正是因为亚里士多德在此又用表达所有政体的上位概念"politeia"来专指这种政体类型,处于罗马共和晚期的西塞罗才精到地把它转译为"res publica",即"公共事务"。这一罗马概念带有强烈的共和意味,我们通常也把它理解为"共和国"。这一指向对后世影响非常重要,以至于许多经典作家都认为,混合政体是最优的政体类型,而这种政体类型一般来说就是近代以来通常讲的"共和制"。也是在这个意义上,马基雅维利认为政体类型要么是君主制,要么是共和制。需要进一步指出的是,在公民制政体下,由于普通公民在数量上明显占多数,所以这种政体在西方古代通常被称为"民主制"(Demokratie),这就是我们通常意义上理解的雅典城邦民主制,柏拉图也是在这个意义上把这种政体称为"民主制",并认为它的变体是所谓的"多数人暴政"。也正因为如此,民主制在近代以前一般都不被认为是好的政体。本书作者在上文中接着引注评论道,公民制和它的变体"民主制"的意思是指要把一般的(或正常的)"民主制"和"坏的民主制"分开,因为所谓"坏的民主制"一直没有专门的概念。作者的这一评论实际上还是把"公民制"理解为正常的"民主制"类型。作者在本书下文讲到西塞罗的政体学说时也是指"民主制、贵族制和君主制"这三种类型。需要指出的是,"公民制"的译法也参考了董成龙的一篇译文,详见〔美〕韩金斯,"排他性共和主义与非君主制共和国",董成龙译,载《政治思想史》,第3期(2016年),第110页;有关"res publica"和"politeia"的概念史也可参阅该文。——译者

第二章 古代

要把一般的民主制和"坏的民主制"分开,"坏的民主制"从未有过持续而习以为常的专有概念。[30] 这一政体模式首先在品达(Pindar)和希罗多德(Herodot)那里有据可查。[31]

政制/宪制(πολιτεια, Politeia)概念对近代宪法概念的发展至关重要。它具有三重含义:首先是表示个人在公民权意义上对城邦的参与,其次是在国家中具体化为公民整体和公民团体,最后是公民们进而在国家中赖以生活的秩序以及行使统治的形式。[32] "政制"概念因而溯源至——其含义同样具有争议的——城邦概念(πόλις, Polis, Stadt/Staat),[33] 而城邦概念又要追溯到公民概

---

[30] 对此参照吉贡(Gigon),"亚里士多德、亚里士多德主义"(Aristoteles/Aristotelismus),载《神学实用百科全书》(Theologische Realenzyklopädie, Berlin/New York 1978),第 3 卷,第 758 页及下页。

[31] J. 德·罗摩利(J. de Romolly),"从希罗多德到亚里士多德的宪制分类"(Le classement des constitutions d'Hérodote à Aristotte),载《希腊研究期刊》(Revue des études grecques),第 72 期(1959 年),第 81—99 页。

[32] 强调政制概念的各个因素其结果有的确实不一样,对此参照:Meier, Wandel (见本书上篇注释 25), S. 210-213; H. 里费尔(H. Ryffel),《政体变迁——希腊国家理论问题研究》(ΜΕΤΑΒΟΛΗ ΠΟΛΙΤΕΙΩΝ. Der Wandel der Staatsverfassungen. Untersuchung zu einem Problem der griechischen Staatstheorie, Bern 1949),哲学博士论文,第 3—5 页; H. 胡比希(H. Hubig),《亚里士多德的宪法制维护学说》(Die aristotelische Lehre von der Bewahrung der Verfassungen, Saarbrücken 1960),哲学博士论文,第 15 页。

[33] 文献上的经验断言与当代使用的学术语言之间的分歧——即把"城邦"(Polis)放进国家学说和国家哲学的范畴归类——常受批评,参照 D. 内尔(D. Nörr),"论希腊城邦"(Vom griechischen Staat),载《国家》(Der Staat, 1988),第 5 辑,第 353—370 页(尤其是第 354 页和第 364 页);W. 加瓦提卡(W. Gawantka),《所谓的城邦——现代旧史基本概念的形成、历史与评判:希腊城邦、希腊国家思想、城邦》(Die sogenannte Polis. Entstehung, Geschichte und Kritik der modernen althistorischen Grundbegriffe: der griechische Staat, die griechische Staatsidee, die Polis, Stuttgart 1985),第 9—29 页、第 53 页及以下诸页。

念（πολίττη，Polites，Bürger）[34]。但这些含义的不同，根本上并未有损这个概念的统一性。[35] 在进入"城邦行政区域"含义的罗马"国家"（civitas）概念的影响下，这个概念的统一性才丢失了。[36] 迈尔已经弄明白的是，政制（πολιτεία）同时具有"全体公民"和"政体/宪制"含义，[37]并在公元前 4 世纪中叶被用来指良好的民主形式。柏拉图和亚里士多德都用政制来指政体模式中的三种不同类型，并把它们的具体形式和变体归纳至更一般的上位的"政制/宪制"的概念中。例如，柏拉图在政制的五种类型中优先考虑王制（Basileia）和贵族制（Aristokratia）。[38] 在完全"合法秩序"的意义上，政制概念包含了"全体公民"和"良好民主"含义的规范成分。[39] 亚里士多德对政制（πολιτεία）如此定义：

> 因为政制是城邦秩序——政制可以说是一个城邦的职能

---

[34] 参照吉贡（Gigon），《亚里士多德〈政治学〉导言》（Einleitung zur Politik des Aristoteles）（见本书上篇注释29），第 29 页。

[35] 参照 H. 舍费尔（Hans Schaefer），《政体与政治》（Staatsform und Politik，Leipzig 1932），第 127 页。

[36] 参照 F. 帕帕佐奥卢（F. Papazoglou），"含义"（Signification），载《希腊研究期刊》（Revue des études grecques），第 72 期（1959 年），第 100—105 页。此外，D. 内尔正确地指出，"城邦"（Polis）还具有"政治功能"这一补充性的品质化特征，参照：D. Nörr, Vom griechischen Staat（见本书上篇注释33），S. 370。

[37] Meier，Wandel（见本书上篇注释 25），S. 211。

[38] 柏拉图（Platon），《理想国》（Pol. 445 c-e）。有关政体体系以及从五种政体学说发展到六种政体学说，参照 M. 罗斯托克（M. Rostock），《国家权力组织的古代理论——分权理论是研究》（Die antike Theorie der Organisation staatlicher Macht. Studien zur Geschichte der Gewaltenteilungslehre, Meisenheim am Glan 1975），"政治学文集"（Schriften zur politischen Wissenschaft），第 8 辑，第 122—147 页。

[39] Meier，Wandel（见本书上篇注释 25），S. 213。

第二章 古代

组织（πολιτεία μὲν γάρ ἐστι τάξις ταῖς πόλεσιν）——这是基于以下问题，即如何划分政府，决定何种政制机构，各个共同体的目的是什么。但法律和表征政制的指示是分开的，法律提供准则，执政者凭它来进行统治，并防止违反乱纪行为。[40]

对亚里士多德来说，"政制"概念主要包括"执政官体制"秩序，而起领导地位的执政官处于该秩序的顶端。[41] 这个概念更少囊括法律框架下的社会和国家的整个形式结构。[42]

可见，用"Verfassung"（宪制/政体）来翻译"Politeia"（政制/政体）是没有问题的。最迟自 18 世纪以降，把"Politeia"转译成"Verfassung"已变得流行。[43] 例如，施洛瑟（Schlosser）在 1789 年

40　Aristoteles, Politik IV, 1289 a 15；引自吉贡的译本（见本书上篇注释 29），第 137 页（本书引注的德文翻译文本内容和吴寿彭的译本差别不小，因此本中译本按德文译本翻译。——译者）；亦参照第 3 章（1275 a 38 和 1278 b 8）："鉴于不同的官职，尤其最重要的官职，宪制是国家的秩序。最重要的一般是国家的政府，而该政府就代表宪制。"

41　参照：Gigon, Aristoteles/Politik（见本书上篇注释 29），S. 303。亦可参照 G. 施图泽（G. Stourzh），"从亚里士多德的宪制概念到自由的宪法概念——17 世纪、18 世纪在英国和北美的发展"（Vom aristotelischen zum liberalen Verfassungsbegriff. Zur Entwicklung in England und Nordamerika im 17. und 18. Jahrhundert），载 F. 恩格尔-雅诺斯（F. Engel-Janosi）等主编，《君主、公民、人》（Fürst, Bürger, Mensch），"维也纳近代史文集"（Wiener Beiträge zur Geschichte der Neuzeit, Wien 1975），第 2 辑，第 102 页；现亦载 G. 施图泽（G. Stourzh），《基本法民主之路——自由宪法国家的概念史和制度史》（Wege zur Grundrechtsdemokratie. Studien zur Begiffs-und Institutionengeschichte des liberalen Verfassungsstaates, Wien/Köln 1989），"政治与行政研究"（Studien zu Politik und Verwaltung），第 29 辑，第 1—35 页（尤其是第 7 页及以下诸页）。

42　代表这种广泛解释的，可参 K. 勒文施泰因（K. Loewenstein），《宪法学说》（Verfassungslehre, Tübingen 1969），第 2 版，第 127 页及下页。

43　对此参照 H. 德赖茨尔（H. Dreitzel），《新教的亚里士多德主义和专制国家——亨尼希·阿尼塞乌斯的〈政治学〉》（Protestantischer Aristotelismus und absoluter Staat. Die „Politica" des Henning Arnisaeus, Wiesbaden 1970），"迈因茨欧洲史所文集"（Veröffentlichungen des Instituts für europäische Geschichte），第 7 辑，第 342 页。

使用国家宪制/国家宪法/国家状况(Staatsverfassung)、政体/国家形式/国体(Staatsform)*、宪法(Constitution)、基本法(Grundgesetz)、体系/体制(System)这些不同概念。[44] 现代文献不断强调在此翻译道路上——已经不可避免地——把"Politeia"等同于"Verfassung"的不充分性。麦基文(McIlwain)把这种现代翻译描述为"糟透了的不合适,这与其是在词源上的不合适,毋宁是在实际内容上的不合适"。[45] 吉贡(Gigon)称这种翻

---

* 在德文文本中用"Staatsform"来指代中文所理解的"政体"概念,这个德文组合词的字面意思是"国家形式"。与这个德文概念紧密相关的是"Regierungsform",其字面意思是"政府形式"。这两个概念流行于17世纪的德文文献。一般说来,表达国家形式概念的"Staatsform"实际上应该翻译为中文"国体",而表达政府形式的"Regierungsform"才应该翻译为中文"政体"。在德文中谈及亚里士多德的政体分类时,文本通常用的是"Staatsform",而不是"Regierungsform",因此从这个意义上讲,亚里士多德经典的政体三分模式讲的是"国体"即"国家形式"问题,也就是三种理想国体模式。然而,严格地说,古代并没有这两种概念的区分意识。这个问题的出现主要是因为近代博丹主权概念的勃兴,主权归属问题因而成为国家概念的核心问题。德国文献区分"国家形式"与"政府形式",主要用它们来理解和描述神圣罗马帝国的性质。"国家形式"或"国体"关乎主权归属问题,而"政府形式"或"政体"涉及统治运行的具体方式及类型。随着近代人民主权观念日益被接受和践行,"国家形式"或"国体"所蕴含的问题似乎已经不重要了。另外,鉴于中国政治学和宪法学在谈及亚里士多德的相关问题时都习惯地用"政体"概念,而"国体"概念的跨语际实践又变得非常复杂,又加上德文文本也通常用"国体或政体"这样的表述,所以为了避免混乱和误解,本中译本在一般情况下把"Staatsform"和"Regierungsform"都译为"政体",只在个别情况下为了避免同词反复,才区别性地译为"国体"和"政体"。有关"国体"概念的复杂演变,可详见林来梵,"国体概念史:跨国移植与演变",载《中国社会科学》,第3期(2013年),第65—84页;王本存,"'国体'词义考",载王人博等,《洋为中用——中国法政知识考古》,北京大学出版社2022年版,第139—181页。——译者

44 亚里士多德(Aristoteles),《政治学与家政学片段》(Politik und Fragment der Oeconomik, Lübeck/Leipzig 1789)。J. G. 施洛瑟(J. G. Schlosser)译自希腊文并对文本进行了注疏。

45 C. H. 麦基文(C. H. McIlwain),《宪治与变化的世界》(Constitutionalism and the changing world, Cambridge 1939, reprinted 1969),第246页;同上作者,《宪治:古代与现代》(Constitutionalism: ancient and modern, New York 1966),第25页及以下诸页。

第二章 古代

译"缺陷颇多";[46]迈尔(Meier)说起"宪法的模糊意义";[47]里费尔(Ryffel)针对"政制"概念宣称,我们"用我们的'宪法'几乎不能为它提供对等含义"。[48] 人们必须重视这一事实。把"Politeia"仅仅翻译成"Verfassung"以及英语或法语中的"constitution",这一习惯做法至少同时也展示了一部引起人们重视的"政制"和"宪法"("Verfassung"或"Konstitution")概念的文献发展史。其中我们还要考虑到,"城邦"(Polis)和"政制"概念牵涉的是国家理论(Staats*theorie*)概念,而不是国家法(Staats*recht*)概念,[49]而亚里士多德的"政制"概念只涉及城邦中所存在的整个秩序。[50] 亚里士多德考察的是公元前5世纪和公元前4世纪希腊城邦的宪制情况。通过对各个城邦的比较研究,我们可以追问何为最好的城邦,[51]还可以根据宪制类型,更确切地说是按国体/国家形式(Staatsform)或"政体/政府形式"(Regierungsform)类型——像17世纪以来所称呼的那样——追问符合最好城邦的秩序。宪法概念和国家概念按它们在发展上的紧密联系,犹如对今天的宪法

46　Gigon,Einleitung zur Politik des Aristoteles(见本书上篇注释29),S. 29.
47　Meier,Wandel(见本书上篇注释25),S. 200.
48　Ryffel,Der ΜΕΤΑΒΟΛΗ ΠΟΛΙΤΕΙΩΝ(见本书上篇注释32),S. 4.
49　同上书,第3页。
50　亦参照 C. J. 弗里德里希(C. J. Friedrich),《近代的宪法国家》(Der Verfassungstaat der Neuzeit,Berlin/Göttingen/Heidelberg 1953),第136页。
51　参照:Platon,Politik VI 497 c,VIII 562 a. 对于柏拉图来说,在有关"政制"的论述中政体问题扮演着次要地位,这一问题在《法律篇》(Nomoi)中才得以详细论述;有关柏拉图"法律"-国家中的"宪制"问题,参照:Nippel,Mischverfassungstheorie(见本书上篇注释28),S. 136-142。在亚里士多德那里的"良好宪制"例子,参照:Politik IV,1295 a 25。

理论来说是理所当然的那样,[52]这二者在亚里士多德那里已经有了清晰的雏形和对应概念。[53] 柏拉图和亚里士多德寻求完美国家的建构。如果柏拉图讨论的是"善的知识"的话,那么亚里士多德的目标是探究平衡[54]、幸福和稳定问题:

> ……如果政制能持久,那么城邦的所有成员都必须想它存在和延续下去。[55]

对亚里士多德来说,国家是人类共同体形式等级中的最高创造,共同体各个组成部分之间的各种关系形式都被认为是区分特征。亚里士多德因此得以进行三种政体的讨论,这种政体三分说与权力及社会分层相吻合。[56] 国家作为男女相结合的集合体,被亚里士多德看成是自然存在物,因此也被看成是一个真正的有机体,其中整体高于并优于个体。由此,在经由医学的道路上,器官学国家观为"宪法"(Verfassung/Konstitution)概念提供了解释的可能性。

52　比较本书上文第一章的注释 17、注释 18。

53　Aristoteles, Politik III, 1275 a 30: "谁想研究不同政制的本质和特点是什么,就必须首先追问,什么才是良好国家。事实上,人们对此意见不一……"(吉贡译本,第 103 页)。施洛瑟在 1789 年的翻译(见本书上篇注释 44)是:"谁想研究国家宪制,并想确定每一种的本质在哪里,以及每一种的特点是什么,那他就必须首先研究国家究竟是什么,并从中弄清楚其概念。因为这个概念非常摇摆不定……"(第 217 页)。

54　有关混合政体中的平衡,参照:Nippel, Mischverfassungstheorie(见本书上篇注释 28), S. 42 ff.

55　Aristoteles, Politik II, 1270 b 21(引自吉贡译本[见本书上篇注释 29]), S. 92. 亦参照:Huig, Aristotelische Lehre von der Bewahrung der Verfassungen(见本书上篇注释 32), S. 15。

56　参照:Gigon, Einleitung(见本书上篇注释 29), S. 18。

二 罗马:"宪典/宪令"与"国家状态"

希腊的国家哲学也成为罗马政体学说的基础,尤其是在西塞罗及其对政体学说的探讨那里。[57] 罗马国家不熟悉"成文宪法",但知道由传统所形成和被认可的规则的基本准则。其核心概念是"祖辈习俗"(mos maiorum)。[58] 这个概念包含所有涉及公共生活的基本原则,这些基本原则是关于国家机关的职责及其行为规则,以及职务与官员之间的关系,也就是不折不扣的官职秩序。[59] 一些关于国家行政管理的成文法没有改变这种实质的"宪制"特征。因此,布劳纳特(Braunert)恰如其分地强调说,没有"特奥多尔·莫姆森(Theodor Mommsen)意义上的罗马国家法","而罗马宪制

---

[57] V. 珀施尔(V. Pöschl),《罗马国家与西塞罗的希腊国家思想——西塞罗的著作〈国家篇〉研究》(Römischer Staat und griechisches Staatsdenken bei Cicero. Untersuchungen zu Ciceros Schrift „De re publica", Darmstadt 1962),第 2 版,第 108 页及以下诸页;F. 舒尔茨(F. Schulz),《罗马法原则》(Prinzipien des römischen Rechts, München/Leipzig 1934),第 67 页。希腊与罗马之间的国家思想比较,参照 E. 迈尔(Ernst Meyer),"从希腊国家思想到罗马国家思想"(Vom griechischen und römischen Staatsgedanken),载 R. 克莱因(R. Klein)主编,《罗马人的国家思想》(Das Staatsdenken der Römer, Dannstadt 1973),"研究之道"(Wege der Forschung),第 46 辑,第 65—86 页,尤其是第 79 页及以下诸页。

[58] Chr. 迈尔(Chr. Meier),《失落的共和国——罗马共和晚期的宪制和历史研究》(Res publica amissa. Eine Studie zu Verfassung und Geschichte der späten römischen Republik, Frankfurt a. M. 1980),第 2 版,第 54 页。

[59] 有关这些法律规则,参照在该书中的列举:Chr. Meier, Res publica(见本书上篇注释 58), S. 119。

是一直不间断地存在着"。[60] 波利比乌斯(Polybios)(第6篇,第10章,第13—14节)已经把这种发展特征看成是罗马宪制的特殊标志。[61] 西塞罗清晰地厘清了这种具有规范作用的传统关联:

>……他在公共事务方面的经验如此令人赞叹,无论在战争时期还是和平时期,凭着他的经验,他取得了最大的并且是长时期的成功,……因为这个原因,我们的宪制优于其他国家,……而我们国家却是建立在许多人而不是一个人的天才之上;它不是一代人建立的,而是多少个世纪由许多老前辈建立的。[62]

---

[60] H. 布劳纳特(H. Braunert),"罗马共和晚期的宪制规范与宪制现实——解释西塞罗对巴尔布斯的演说"(Verfassungsnorm und Verfassungswirklichkeit im spätrepublikanischen Rom. Eine Interpretation zu Ciceros Rede für Balbus),载 H. 布劳纳特(H. Braunert),《古希腊和古罗马的政治、法律与社会——论文集与讲演录》(Politik, Recht und Gesellschaft in der griechisch-römischen Antike. Gesammelte Aufsätze und Reden, Stuttgart 1980),K. 特尔朔(K. Telschow)、M. 察恩特(M. Zahrnt)主编,"基尔历史研究"(Kieler Historische Studien),第26辑,第211页。

[61] H. 格日沃茨(H. Grziwotz),《罗马共和的宪制理解——一种方法论尝试》(Das Verfassungsverständnis der römischen Republik. Ein methodischer Versuch, Frankfurt a. M./Bern/New York 1985),"欧洲高校文集"(Europäische Hochschulschriften),第3辑,第264卷,第18页。

[62] 西塞罗(Cicero),《国家篇》(De re publica),第2卷,第1—2章(此段文字的原文为:"… tantus erat in homine usus rei publicae, quam et domi et militiae cum optime turn etiam diutissime gesserat,… ob hanc causam praestare nostrae civitatis statum ceteris civitatibus,…nostra autem res publica non unius esset ingenio sed multorum, nec una hominis vita sed aliquot constituta saeculis et aetatibus…"此段译文参考了沈叔平等人的译本,详见〔古罗马〕西塞罗,《国家篇 法律篇》,沈叔平、苏力译,商务印书馆2008年版,第56—57页。——译者)。

第二章 古代

维亚克尔(Wieacker)在此意义上把"罗马宪制理解为观念的创造",其重要因素是国家伦理、"权威"(auctoritas)和经验。[63] 如此生成的国家秩序,其传统和连续性让迈尔谈及"生成的宪制",其意思是说宪制的完全形成是一个逐渐发展的过程,其基础来自习俗和信念,而几乎不是来自制定的法律。[64] 这种说法被理解为纯粹描述性的,事实上比"未成文宪制"这种纯粹消极称谓更清晰,[65] 主要是因为"实践"(usus)或"习惯"(mos)的习惯法特征可以被辨认为规范标准。基于"范例"(exempla)、"制度创建"(instituta)和"祖辈习俗"(mores maiorum)这些大量范畴例子,孔克尔(Kunkel)证明了符合习惯的国家-政治行为方式这一规范特征,还揭示了这些例子对政治秩序的法律规范意义。[66]

63　F. 维亚克尔(F. Wieacker),《论罗马法》(Vom römischen Recht, Stuttgart 1961),第 2 版,第 31—33 页;亦可参照:E. Meyer, Vom griechischen und römischen Staatsgedanken(见本书上篇注释 57), S. 82 f.

64　Chr. Meier, Res publica(见本书上篇注释 58), S. 56. 有关"生成的宪制"(gewachsenen Verfassung)的概念参照 H. 格日沃茨(H. Grziwotz),《现代的宪法概念与德国 19 世纪和 20 世纪研究中的"罗马宪制"》(Der moderne Verfassungsbegriff und die „Römische Verfassung" in der deutschen Forschung des 19. und 20. Jahrhunderts, Frankfurt a. M. /Bern/New York 1986),"法史文丛"(Rechtshistorische Reihe),第 51 辑,第 339 页及以下诸页。作者偏爱"过日子的宪制"(gelebten Verfassung)概念,第 228 页;亦可参照:Grziwotz, Verfassungsverständnis 1985(见本书上篇注释 61), S. 40。

65　参照:Chr. Meier, Res publica amissa(见本书上篇注释 58), S. 56, Fn. 174。

66　W. 孔克尔(W. Kunkel),"罗马共和宪制中的制定法与习惯法"(Gesetzesrecht und Gewohnheitsrecht in der Verfassung der Römischen Republik, 1971),载 W. 孔克尔(W. Kunkel),《罗马刑事诉讼和罗马宪制史研究短文集》(Kleine Schriften zum römischen Strafverfahren und zur römischen Verfassungsgeschichte, Weimar 1974),第 367—382 页,尤其是第 377—382 页;H. Braunert, Zum Verhältnis von Verfassungsnorm und Verfassungswirklichkeit(见本书上篇注释 60),(尤其是)S. 205;Grziwotz, Der moderne Verfassungsbegriff(见本书上篇注释 64), S. 345-348。

在罗马法律语言中没有"宪法"这个概念的明确定义。这与罗马人普遍反感抽象有关,这体现在他们不喜欢对法律概念进行定义。[67] 在罗马法律语言中,对于创立或恢复宪制有据可查的是"构建国家/构建公共事务"(rem publicam constituere)这一表达。但这种表达同时也意味着有组织地组建国家共同体。这在西塞罗那里[《法律篇》(De legibus)]的意思是:

> 因为你们必须懂得,一个政府是由其官吏以及那些指导政府事务的人组成的,并且国家的不同类型是通过它们国家的官吏构成来辨认的。由于我们自己的先辈设计了最明智、最公平的均衡体制构建起了国家秩序……[68]

在盖尤斯(Gaius)《法学阶梯》(Institutionen)第一篇中的相应说法是:

> 因为每一个民族为自己构造成法的东西是他们特有的法,并被称为市民法,或也类似地被称作自己特有的国法。[69]

---

[67] F. Schulz, Prinzipien des römischen Rechts(见本书上篇注释57), S. 28-30.

[68] Cicero, De legibus III 12. (此段文字的原文为:"Nam sic habetote, magistratibus iisque qui praesint contineri rem publicam, et ex eorum compositione, quod cuiusque rei publicae genus sit, intellegi. Quae res cum sapientissime moderatissimeque constituta esset a maioribus nostris..."——译者)其他例子亦参照:Grziwotz, Verfassungsverständnis(见本书上篇注释61), S. 317-324。

[69] 盖尤斯(Gaii),《法学阶梯四论》(Institutionum Commentarii Quattuor),第1篇,第1节(此段文字的原文为"Nam quod quisque populus ipse sibi ius constituit, id ipsius proprium est vocaturque ius civile, quasi ius proprium civitatis"。——译者)。

第二章 古代

可见,"构建"(constituere)尤其是指创制法律,"宪典"(constitutio)指制定法在当时的编排形式。如果在西塞罗的特殊概念使用中,"构建国家"不能和 18 世纪末以降变得常见的宪法概念("Konstitution"或"Verfassung")及其创立等同的话——耶里内克(Jellinek)针对特奥多尔·莫姆森恰当地有所保留[70]——那么西塞罗对这个概念的使用和"宪法"的现代概念接近。[71] 在此意义上,这在西塞罗那里还进一步意味着:

> 这样一种宪制首先提供了某种平等,而平等是自由人在任何比较长的时间内难以置之不顾的;其次,它具有稳定性,因为,前面提及的原初政体容易蜕化成相应的堕落政体,……;因为这些政体常常会转变为一些新的政体。这种情况对混合的而又恰当均衡的宪制来说却不经常发生,除非统治者者犯了一些重大错误。[72]

---

[70] 参照耶里内克(Jellinek),《一般国家学说》(Allgemeine Staatslehre, Berlin 1905),第 2 版,第 492 页,注释 2。

[71] 对这种评价尤其可参照:McIlwain, Constitutionalism(见本书上篇注释 45),S. 25 f.。

[72] Cicero, De re publica I 45(此段文字的原文为:"Haec constitutio primum habet aequabilitatem quandam magnam, qua carere diutius vix possunt liberi, deinde firmitudinem, quod et illa prima facile in contraria vitia convertuntur, …; quodque ipsa genera generibus saepe conmutantur novis, hoc in hac iuncta moderateque permixta constitutione rei publicae non ferme sine magnis principum vitiis evenit."此段译文参考了沈叔平等人的译本,详见〔古罗马〕西塞罗,《国家篇 法律篇》,沈叔平、苏力译,商务印书馆 2008 年版,第 53—54 页。——译者);"宪典"(constitutio)的同样用法见:《国家篇》,第 2 卷,第 21 节(De ce publica II 21):"我们国家的宪典既不是在某一时代也不是某些人完成的"(Nunc fit illud Catonis certius, nec temporis unius nec hominis esse constitutionem〔nostrae〕rei publicae.)。

作为宪法的"宪典"(constitutio),其四个因素变得清晰可见:1.它因悠久岁月和历经考验而具有权威性;2.它具有平衡社会和国家组织力量的公平性(aequabilitas);3.它负有保护自由的任务或作用;4.它具有持久的稳定性(firrnitudo)。西塞罗把"宪典"当作这种含义的"宪制"使用——就明显而论——还找不到后来人。[73]

在罗马帝制时代,皇帝颁布的具有法律作用的指示,其所有形式和类型都聚集在"宪令"(constitutiones)这个上位概念之下。查士丁尼《国法大全》(Corpus iuris civilis)中的《学说汇纂》对其定义如下:

> 基于争议谈判的决定,或基于争议谈判的规定,或通过告示发布命令,皇帝对请示的公函或批复所决定的所有东西因此就是公认的法律。(《学说汇纂》,第1编第4章,第1节)[74]

这一惯用说法直至19世纪都在私法领域中的"共同法"法源说内部占支配地位。但"不一致的规定"(diversa rescripta)不被称

---

[73] 亦参照:Nippel,Mischverfassungstheorie(见本书上篇注释28),S.11,Fn.6。

[74] [此段文字的原文为:"Quodcumque igitur imperator per epistulam et subscriptionem statuit, vel cognoscens decrevit vel de plano interlocutus est vel edicto praecepit, legem esse constat. haec sunt quas vulgo constitutiones appellamus."(D.1.4.1)——译者]在该意义上的罗马概念使用,亦可参照H.霍伊曼-泽克尔(H. Heumann-Seckel),《罗马法文献简明词典》(Handlexikon zu den Quellen des römischen Rechts, Graz 1958),第10版,第99页"Constitutio"词条;A.阿扎拉(A. Azara)和E.欧拉(E. Eula),《最新意大利文的学说汇纂》(Novissimo Digesto Italiano, Turin 1954),第4篇,第294页及以下诸页。

第二章 古代

为"宪令"。[75] "宪典"(constitutio)和"法律"(lex)概念之间的区别与其是法律性质上的,倒不如是文体性质上的。"宪典"是法学专业用语,它表达的法律感觉要比"法律"弱。因此,在罗马法律语言中,"宪典"主要被用在谈论更古老法源的地方。这在根本上揭橥了与"宪典"联系在一起的更高程度的权威性。无论如何,这种因素在18世纪的概念阐释中仍显而易见:

> 其他的皇帝宪令也被称为神圣的法律……[76]

这种观点对"宪法"意义上的"宪典"概念又有多大的决定意义,不得而知。另外,"宪典"在罗马法律语言上也代表组建和创立意义上的组织因素,比如像在《学说汇纂》第50编第16章第203节中讲到的那样:

> 会牵涉其事务的构建……

---

[75] 对此及以下内容参照 P. 库斯毛尔(P. Kussmaul),《实践与法律——晚期罗马立法形式(408—457年)》(Pragmaticum und Lex. Formen spätrömischer Gesetzgebung 408-457, Göttingen 1981),"备忘录"(Hypomnemata),第67辑,第76页。

[76] B. 布里松(B. Brisson),《论有关民法的词语名称,约翰·G. 海内克丘斯编修的优秀著作,J. H. 伯默尔作序》(De verborum quae ad ius civile pertinent significatione opus praestantissimum in meliorem commodioremque ordinem redactum…studioque Io. G. Heineccii… praemissa praefatione nova J. H. Böhmeri, Halae Magdeburgicae 1743),第253页(此段文字的原文为:"Alias principales constitutiones et sacrae adpellantur…"——译者)。

这两层含义也经常在中世纪和近代早期的用语中交叠在一起。[77]

在评价罗马的国家关系时,西塞罗也谈到可以用"宪制"(Verfassung)来翻译的"国家状态/政体"(status rei publicae)。[78] 对此可以理解为一种状态描述意义上的含义。冯·吕布托(Von Lübtow)把这种"国家状态"解释为"共同体符合规划的有序状态"。[79] 西塞罗还把"国家状态"用作民主制、贵族制和君主制各种政体的上位概念,这一上位概念常常被证实用来翻译希腊的"政制"(πολιτεια)。[80] 对于各种政体,西塞罗使用以下与"国家"(res publica)[*]相结合的组合词:"国家状态"(status rei publicae)、"国家类型"(genus rei publicae)、"国家规模"(modus rerum publicarum)、"国家形式/国体/政体"(forma rei publicae)、"国家宪

77　亦参照本书下文第19—22页;有关罗马皇帝宪令的语言,亦可参照:F. Schulz, Prinzipien(见本书上篇注释57), S. 56。

78　同样参照:Grziwotz, Verfassungsverständnis(见本书上篇注释61), S. 19。作者把西塞罗那里的"status civitatis"(国家状态)等同于"constitutio rei publicae"(国家宪制),认为可以翻译为"Verfassung"(宪制)。

79　U. v. 吕布托(U. v. Lübtow),《罗马民族及其国家与法》(Das römische Volk und sein Staat und sein Recht, Frankfurt a. M. 1955),第469页;同样地参照 R. 施塔克(R. Stark),"西塞罗的国家定义"(Ciceros Staatsdefinition),载:R. Klein(Hrsg.), Das Staatsdenken der Römer(Wege der Forschung 46), Darmstadt 1973, S. 337, Fn. 14;有关罗马国家思想中"status"的"状态"含义也可参照 W. 聚尔鲍姆(W. Suerbaum),《从古代到中世纪早期的国家概念》(Vom antiken zum frühmittelalterlichen Staatsbegriff, Münster 1977),第3版,第62页及下页。

80　参照:Suerbaum, Staatsbegriff(见本书上篇注释79), S. 11 f., Fn. 35。

*　西塞罗所使用的"res publica"是对希腊词"Politeia"的对译,原意是"公共事务",按不同语境可以翻译为"国家""共和国"。——译者

典"(constitutio rei publicae)以及"国家状态"(status civitatis)。[81] 西塞罗的理想国家出自各种政体的混合,[82] 他在追问"最优的国家状态"时研究过这些政体。[83] 国家共同体的最优状态性因此可以通过政体或政体组合来加以确定。在罗马法源中,"status"(状态)非常普遍地意味着法律上的显著状态,而罗马公民权意义上的"国家状态"(status civitatis)表示其最重要的类型。塔西佗(Tacitus)同样在状况意义上使用"状态"(status)这一术语也带有定语"国家的"(civitatis)。[84] 然而,"宪典"概念的规范因素在西塞罗之后就再也不明显了。

---

[81] 文献参照:Suerbaum,Staatsbegriff(见本书上篇注释79),S. 17 f.,Fn. 50。该处参阅德雷克斯勒(Drexler),《国家》(Res publica,1957)。

[82] 参照:V. Pöschl,Römischer Staat(见本书上篇注释57),S. 110 ff.;F. 索尔姆森(F. Solmsen),"西塞罗《国家篇》第一卷中的政体理论"(Die Theorie der Staatsformen bei Cicero„De re publica"I,1933)(构成观察),载:R. Klein(Hrsg.),Das Staatsdenken der Römer(见本书上篇注释79),S. 320-327;希腊的三种政体模式不适合罗马人的政体及其混合政制特征,参照 E. 迈尔(E. Meyer),《罗马国家与国家思想》(Römischer Staat und Staatsgedanke,Darmstadt 1961),第 252 页及下页;有关西塞罗的混合政体,参照:Nippel,Mischverfassungstheorie(见本书上篇注释28),S. 153 f.;Rostock,Antike Theorie(见本书上篇注释38),S. 341 f.

[83] Cicero,De re publica I 46;De legibus III 13.

[84] 对此参照:Suerbaum,Staatsbegriff(见本书上篇注释79),S. 105,Fn. 76。

第三章 中世纪和近代早期的用词与概念使用

一 政体/状态与宪令

11世纪末以降——肇端于波伦亚大学的——中世纪法学通过对欧洲罗马-教会法的继受才被塑造成为一种"共同法"（ius commune），如此一来，它很大程度地等同于查士丁尼《国法大全》形态上的罗马法。[85] 人们在罗马法的语言、术语、概念世界和教义学中进行学术交流和加工处理罗马法律素材，这不仅对私法是这样，而且对公法也是如此。[86] 因此也可以恰当地说"公法诞生于共同法"。[87] 对有关国家的学说领域而言——在此针对的是它的"宪

---

[85] 对此参照维亚克尔（Wieacker），《近代私法史》（Privatrechtsgeschichte der Neuzeit, Göttingen 1967），第45页及以下诸页；H. 科因（H. Coing），《近代欧洲私法史法源及文献手册》（Handbuch der Quellen und Literatur der neueren europäischen Privatrechtsgeschichte, München 1973），第1卷，第25页及以下诸页。

[86] 参照：Coing, IRMAE V 6, Mediolani 1964, S. 20 ff.。

[87] 参照 D. 维杜克尔（D. Wyduckel），《公法——公法和德国国家法学的基础》（Ius publicum. Grundlagen des Öffentlichen Rechts und der deutschen Staatsrechtswissenschaft, Berlin 1984），"公法文集"（Schriften zum Öffentlichen Recht），第471辑，第27页及以下诸页。

制"——因而存在着关键概念"constitutio"(宪典/宪令/构成)和"status"(状态/政体/地位/国家),而这两个概念不囿于某一个国家,而是那个时代"宪制"(Verfassung/Konstitution)概念发展的欧洲标志。拉丁文的西方世界几乎同时在12世纪中叶开始接受和处理亚里士多德的作品。[88] 在此首先要提到托马斯·阿奎那(Thomas von Aquin)。在《神学大全》(Summa theologica)中,他的政体学说也要从亚里士多德的《政治学》来加以理解。阿奎那认为最好的政体存在于各种统治形式的混合:

也就是这样创立最好的统治,确切地说,它是来自只由一人领导的君主制、由众多符合其德性的人们领导的贵族制和具有全体人民权力的民主制的良好混合,……[89]

亚里士多德的"ariste Politeia"(最好政制)在此以"optima politia"(最优政制)找到了它的对应词,而这种"最优政制"在此语

---

[88] 有关亚里士多德作品的影响史,参照:Gigon, Aristoteles/Aristotelismus, in: Theologische Realenzyclopädie III, 1978, S. 760-768;M. 施托莱斯(M. Stolleis),《德国公法史》(Geschichte des öffentlichen Rechts in Deutschland, München 1988),第1卷,第80页及以下诸页。

[89] 托马斯·阿奎那(Thomas von Aquin),《神学大全》[Summa theologica (theologiae)],第2篇,问题105,第1条,载 R. 布萨(Roberto Busa)主编《选集》(Opera omnia, Stuttgart/Bad Cannstatt 1980),第2卷,第503页(此段文字的原文为:"Talis enim est optima politia, bene commixta ex regno, inquantum unus praeest; et aristocratia, inquantum multi principantur secundum virtutem; et ex democratia, idest potestate populi,…"——译者)。

境中把各种政体整合为一种新的秩序范畴。[90]"政制"与政体的关系变得更为清晰,托马斯在对亚里士多德《政治学》的评注中把政体称之为"status"(状态/政体/地位/国家)。托马斯解释道:

> ……,因为政治共同体的形式无异于国家中统治者的秩序。[91]

他接着按照是否"在国家中由一人或由一些人抑或由多数人统治"(in civitate dominatur unus, aut pauci, aut multi)区分了"与统治者的不同相符的统治形式"(politiae secundum diversitatem dominantium)。"status"概念表明按照统治者主体数量命名的各种政体:"最优秀人的政体"(status optimatum)、"大众的政体"(status popularis)、"少数人的政体"(status paucorum),还有"多数人的政体"(status multorum)。[92] 然而,托马斯还在用相同含义的"国家"(respublica)去替代"政体"(status):

---

[90] 参照本书上文第9页。但要思考的是,托马斯对混合政体的立场完全不明确,国家概念因"regimen"(统治)、"provincia"(行省)、"civitas"(国家)而形式多种多样。有关托马斯那里的混合政体,亦可参照 B. 蒂尔尼(B. Thierney),《宗教、法律与宪治思想的发展(1150—1650 年)》(Religion, law and the growth of constitutional thought 1150-1650, Cambridge University Press 1982),第 88—90 页。

[91] 圣托马斯·阿奎那(S. Thomae Aquinatis),《亚里士多德〈政治学〉评注》(In libros Politicorum Aristotelis expositio, Taurini I Romae 1951), R. M. 斯皮亚齐(R. M. Spiazzi)编,第 3 篇,第 6 部分,第 139 节(下面的引注亦然)(此段文字的原文为:"…, quod politia nihil est aliud quam ordo dominantium in civitate."——译者)。

[92] In libros politicorum, Liber III, Lectio VI (§§ 393-395), S. 139.

第三章　中世纪和近代早期的用词与概念使用

……因为国家(respublica)共同体无异于国家的秩序,所以在大众的政体(status)中由全体人民统治;在少数人的政体中只是由少数富人统治:由此形成了政治形式的不同。这同样适合于其他政体(politiis)。[93]

可见,"政制"(politia)、"政体"(status)和"国家"(respublica)表征统治形式,因而也描述了亚里士多德政体划分学说的国家类型。经典的"三种政体模式"及其"变体"——也被称作"变质"——按照一个掌权者或掌权者们是否谋求"共同的善"或"自利"(utilitas propria)来加以区分。[94]　马格(Mager)正确地指出,在托马斯那里同样常用的复数形式如"大众的政体/人民的国家"(status popularis)等不是在表达特别的政体类型化,而是在谈论从过去到当时的观念多元性中所获取的"经验"。[95] "政体"(status)概念放弃了它的政体类型化特征,其"统治"意义从而凸显出来。虽然说完全放弃归类功能太言过其实,但无疑也要以"统治"来观察这种崭新的丰富意义。托马斯那里的"政体"(status)概念因此移向了诸如"控制"(regimen)或"权势"(potentia)

---

[93]　In libros politicorum, Liber III, Lectio V (§385), S. 136. (此段文字的原文为:"… quod respublica nihil est aliud quam ordinatio civitatis… Sicut in statu populari dominatur populus, in statu paucorum pauci divites; et ex hoc est diversitas harum politicarum. Et eodem modo dicendum est de aliis politiis."——译者)

[94]　In libros politicorum, Liber III, Lectio VI (§§393 und 394), S. 139.

[95]　可参照:Mager, Zur Entstehung des modernen Staatsbegriffs(见本书上篇注释3), S. 421(或第31页);马格清楚地阐明道:"宪制的起草文本(Verfaßtheit)、国家秩序总是且必然表现为国家生活……某些人和阶层的统治……"(第32页或第422页)

这些"统治"的重要概念。它由此不仅表明一种政体类型因素,而且还体现出属于现代"宪法"概念的实质性统治。

托马斯在谈论"有关政体和官职区别"(de diversitate statuum et officiorum humanorum)的地方,人们可以看得出人的法律地位的构成因素。[96] 他把"政体"(status)概念重新考虑为可能的"自由和奴役的条件"(conditio libertatis vel servitutis)(第1节)。他使用的判断标准是"稳定性"(immobilitas)、"高度"(altitudo)和"地位"(positio)。[97] 这些因素即便不涉及作为人的共同体组织形式的国家,但也是值得重视的"政体"概念特征。"政体"的这种概念使用与《国法大全》中的《学说汇纂》第1编第5章第1—27节和第1编第6章第1—11节有联系["论人的状态"(de statu hominum)与"论那些拥有自己法律地位的人和处于他人法律之下的人"(de his qui sui vel alieni iuris sunt)]。

萨索费拉托的巴托鲁斯(Bartolus da Sassoferrato)的小册子《论国家统治》(De regimine civitatis)在"状态"和"地位"意义上使用"status"一词。[98] 在马基雅维利那里,对"stato"(状态/政体/地位/国家)的词语使用符合我们在托马斯·阿奎那那里所观察到的含义。不仅如此,他在亚里士多德政体划分中称之为"政体"(stato)和"政府"(governo)的六种政体或宪制形式也体现了统

---

[96] Thomas, Summa theologica II (2. Teil), qu. 183, art. 1("论一般人的义务和地位"),载《托马斯〈神学大全〉德文版》(Die Deutsche Thomas-Ausgabe, Bd. 24, hrsg. von der Albertus-Magnus-Akademie..., Heidelberg-München...1952),第24卷,阿尔伯特—马格努斯学会编,第3—6页。

[97] Thomas, Summa theologica II/2, qu. 183. art. 1. S. 6.

[98] 对此参照:S. Hauser, Untersuchungen(见本书上篇注释3), S. 28-37 (35)。

治和权力行使的含义。[99]

1418年左右,让·德·代尔弗日(Jean de Terre-Rouge)撰写了有关法国王位继承和王储权利的小册子,[100]他在其中首次强调为王国确立的王位继承规定具有不可更改的因素。这种调整"公共状态"的法律规则由此从国王的处置权中被抽取掉了,它因此高于国王。让·德·代尔弗日这样表述道:

> 不允许国王更改对王国公共状态所规定的东西。[101]

其中对统治者处理王国事务的法律约束变得清晰可见,王国在法国首次与"根本法(leges fundamentales 或 lois fondamentales)"处于紧密联系中。[102] 在格雷戈尔·托罗萨努斯(Gregor Tholosanus, 1540—1597)[103]那里遵循着对"status"和"constitutio"的不同含义的用法。在使用"status"(政体)时,格雷戈尔追随亚里士多德的政体学说。他解释道:

---

[99] 参照：Mager, Zur Entstehung des modernen Staatsbegriffs(见本书上篇注释3),S. 427(或第437页);"状态"(stato)在马基雅维利那里的含义范围,亦参照: Hauser, Untersuchungen(见本书上篇注释3),S. 91-93。

[100] 让·德·代尔弗日(Jean de Terre-Rouge),《反国王的叛乱》(Contra rebelles suorum regum, Lyon 1526);参照 A. 勒迈尔(A. Lemaire),《旧制度理论家所理解的法国君主制的根本法》(Les lois fondamentales de la monarchie française d'après les théoriciens de l'ancien régime, Paris 1907),第54页。

[101] 引自：Lemaire, Lois fondamentales(见本书上篇注释100), S. 58, Fn. 3(此段文字的原文为:"Regi non licet immutare ea quae ad statum publicum regni sunt ordinata."——译者)。

[102] 对此参照本书下文第五章第一节:"法国"。

[103] 对此亦参照本书下文第五章第一节。

为人民及其事务而产生的东西一般也被看成是公共事务。同样地——亚里士多德说——公共的共同体就是国家秩序和它的其他官职秩序,大多数都是国家中最有意义的东西……[104]

格雷戈尔在"大众的政体"(status populi)及其"国家事务"(negotia)的政体基础上凸显官职秩序。国家组织的具体特征由此被看成是一种决定国家状态性的因素。而"constitutio"(构成/构造/构建)概念被格雷戈尔在这样一种意义上使用,即社会和国家共同体被理解为个人被置于其中,同时又是其中组成部分的一种秩序:

> 作为分层社会的一员且作为这样的一员,他只为他自己以任何方式参与社会的所有事务,因为他是整个世界的组成部分,即一个小宇宙或一个小世界,以至于如果他拒绝这个社会和人的共同体的话,或更有甚者,如果他想把这个共同体带入混乱而破坏和削弱它的话,那么他就是一个不可原谅的罪恶的生物。他本身拥有肉身肢体,当这些肢体脱离社会本身

---

104 彼得鲁施・格雷戈留斯・托罗萨努斯(Petrus Gregorius Tholosanus),《国家两卷二十六论》(De republica libri sex et viginti, in duos tomos distiocti, Lugduni 1609, [1. Aufl. 1578]),第 1 卷,第 3 页(第 1 篇,第 1 章,第 13 节)(此段文字的原文为:"Generaliter et respublica dicetur et accipietur, pro statu populi et negotiorum eius. Eoque modo Aristoteles, respublica, inquit, est ordinatio civitatis et circa magistratus alios, et maxime circa id quod summam in civitate habeat authoritatem..."——译者)。

第三章　中世纪和近代早期的用词与概念使用

时也走向了毁灭。[105]

格雷戈尔强调，人依赖于这种社会性融入，也对它负有责任。他把这种社会性融入定义为社会，定义为共同体或国家的秩序，定义为人的共同体。在此谈不上官职秩序意义上的组织原则，但谈得上个体与上级社会形式的关系，在这些上级社会形式下，除社会和人的团体外，国家秩序——"国家宪制"（constitutio rei publicae）——也同样理应受到保护，并且还具有受保护的要求。作为统一体的人体，其生存能力可与具有国家性质和社会性质的共同体相比较，这种共同体只能在包含人的团体和国家团体所有组成部分的统一体中才拥有存续力。格雷戈尔这种特别的"宪制"观接近现代的——但不是规范的——宪法理解，并效法器官学国家观，[106]因而是一种例外。他通过这种概念的使用而走向了"宪法"的近代概念内容，而这一概念内容在16世纪的法国的国家发展中产生了影响。

此外，在中世纪的主流做法还把"constitutio"的单复数形式当

---

[105] Gregor Tholosanus, De republica（见本书上篇注释104）, Liber I, Cap. 1, nr. 16 (S. 4).（此段文字的原文为："Habet exemplum sectandae societatis homo et a seipso, et ab omnibus rebus in quarum societate aliquomodo participat, quia est epitome totius mundi, microcosmos seu parvus mundus, ut nulla relinquatur excusationis occasio quin scelestissimus creaturarum omnium sit, si hanc societatem et reipublicae constitutionem et communitatem humanam aversetur: multo magis, si eam turbare, destruere et convellere velit. Habet in se ipso corporis unius physici membra, quae si a societate ipsa discedant animae unius, corruunt et intereunt."——译者）

[106] 亦参照本书下文第四章。

作罗马法的法律技术概念用于各种皇帝立法形式。[107] 教会法也把教会法上的所有规定称为"宪令"(constitutiones),其中不仅仅是整个教会的规定,而且还有教区的规定。中世纪整个欧洲受罗马法影响的立法风格也体现在英国。格兰威尔(Glanvill,逝世于1190年)把"宪令"用于国王敕令(Edikt),亨利二世的"法院规则"(assisa regale)也属于此:

> 出于最大正义的想法而颁布本宪令。[108]

在德意志法律圈,自奥托三世(Otto III.)以来,皇帝的"宪令"(constitutio)处于显赫地位。然而,在《德意志历史文献》(Monumenta Germaniae historica)现代版中的宪令部分,把中世纪皇帝的法律称作"宪令"(constitutiones)却经常与文献语言不相符。中世纪的重要法律,如1156年奥地利的"小特权"(Privilegium minus)、1157年关于迈因茨关税的帝国判决、[109] 1235年迈因茨帝国和平条约[110],都带有"宪令"(constitutio)字样。但1356年的《黄金诏书》——17世纪以来被帝国国家学说无可争

107　参照本书上篇注释74。

108　R. 格兰威尔(Ranulphus e Glanvilla),《论英吉利王国的法律与习惯》(De legibus et consuetudinibus Regni Angliae,Yale University Press 1932),G. E. 伍德拜恩(G. E. Woodbine)主编,第2篇,第7章,第62页及下页(此段文字的原文为:"Ex aequitate autem maxima prodita est legalis ista constitutio."——译者)。亦参照:McIlwain,Constitutionalism: ancient(见注释45),S. 23 f.,该处有其他文献。

109　《德意志历史文献》(MGH/Const),"宪令",第1部分,第162节(I, nr. 162)。

110　MGH/Const II, nr. 196.

第三章　中世纪和近代早期的用词与概念使用

议地归为帝国的首部"根本法"(lex fundamentalis)——本身却不带"宪令"字样。《黄金诏书》的原始文本根本就没有总标题。但文策尔(Wenzel)国王手稿第一部分的开头和结尾却写着"皇帝宪令的黄金诏书"(aurea bulla imperialium constitucionum)。[111] 然而，在《黄金诏书》一些章节中(第7章至第11章、第14章、第17章)，"宪令"名称始终出现在涉及皇帝特殊的特权和法律保障而强调不可侵犯、效力期限和威信的语境中：

> 我们同样通过确认特权和习惯……，从而在我们皇帝这部宪令(constitucione)中确定的这些特权和习惯该万世有效……[112]

从中可以推导出皇帝"宪令"的庄严性和一种更高的地位品质，[113]而"宪令"在这个时期还没有被看成是一种普遍的品质特征。

---

[111] A. 沃尔夫(A. Wolf)，《黄金诏书——文策尔国王手稿及评注》(Die Goldene Bune. König Wenzels Handschrift. Vollständige Faksimile-Ausgabe im Originalformat des Codex Vindobonensis 338 der Österreichischen Nationalbibliothek. Kommentar, Graz 1977)，"文德波内西斯手抄本蓝本的完整摹本，奥地利国家图书馆字号333"，第15页，第22页。

[112] K. 措伊默(K. Zeumer)，《德意志帝国宪制史文献汇编》(Quellensammlung zur Geschichte der deutschen Reichsverfassung, Tübingen 1913)，编号148，第201页(第8章)(此段文字的原文为："ideoque privilegium, consuetudinem... confirmantes hac presentii nostta constitueione imperiali perpetuis temporibus valitura statuimus..."——译者)。

[113] 同样的参照 B.-U. 赫格默勒(B.-U. Hergemöller)，《1355年到1356年纽伦堡帝国议会与卡尔四世的〈黄金诏书〉》(Der Nürnberger Reichstag von 1355/56 und die „Goldene Bulle" Karls IV., Münster 1978)，哲学博士论文，第457页及下页。

甚至连 1532 年的《皇帝的……以及神圣罗马帝国刑事诉讼条例》(Des Keyser... unnd des heyligen Römischen Reichs peinlich gerichts ordnung)起初也没带"卡洛琳娜刑事宪令"(Constitutio criminalis Carolina)或"刑事-诉讼条例"(Hals-Gerichtsordnung)这些字样，而这些字样是后来在这部帝国法律中才变得流行起来。[114]

在中世纪法国的习惯用语中，"constitutio"同样牵涉立法。例如，12 世纪有一句格言叫作：

> 我们的法律，我们的宪令(constitutions)。[115]

它在 13 世纪的菲利普·德·博马努瓦尔(Philippe de Beaumanoir)那里的意思是：

> 在这三种情况中规定和确定人们如何必须通过新的法律让大家知道，国王按以下方式方法做了什么。[116]

---

[114] 帝国立法中宪典(Constitutio)的语言使用，参照 A. 埃勒尔(A. Erler)，"'宪法'词条"(Art. „Konstitution")，载《德国法律史简明词典》(Handwölterbuch zur deutschen Rechtsgeschichte, Berlin 1978)，第 2 卷，第 1119—1122 栏。

[115] （此段文字的原文为："Nos leiz, noz constitutions."——译者）对此像下面的例子一样参照 M. P. E. 利特(M. P. E. Littré)，《法语词典》(Dictionnaire de la langue française, Paris 1877)，第 1 卷，第 759 页。但该引文一直未交代清楚所列出引文的文献出处。

[116] P. d. 博马努瓦尔(Philippe de Beaumanoir)，《博韦西斯的习惯法》(Coutumes de Beauvaisis, Paris 1899)，A. 萨尔蒙编(A. Salmon)，第 1 卷，第 32 章（第 958 节），第 486 页（此段文字的原文为："De ces III cas... est iI ordené et establi comment on en doit ouvrer par une nouvele constitucion que li rois a fete en la maniere qui ensuit."——译者）。

第三章 中世纪和近代早期的用词与概念使用

"constitutio"除了制定法技术上的含义外,15世纪、16世纪以降还被普遍用来表达健康和身体状态:

> 我除了在吃饭外不喝酒,这决定了我的健康体质(constitucion)。
> 按照动物的健康样子来确定病人的健康状态(constitution)。[117]

在自然科学确定空气状态影响人健康的医学领域,法国外科医学的创建者安布罗斯·帕雷(Ambroise Paré,1517—1590)使用了"constitution"(状态)的概念。他宣称:

> 在空气的所有状态(constitutions)中,那些热空气和潮湿空气特别危险。[118]

二 构建与创建

里夏德·施密特(Richard Schmidt)代表的观点是,随着

---

[117] 利特(见本书上篇注释115),第759页(此段文字的原文为:"Ma constitucion est de ne faire cas du boire que pour la suite du manger." "la constitution des maladies est formée au patron de la constitution des animaux."——译者)。

[118] A. 帕雷(A. Paré),《全集》(Oeuvres),第24章,第3页(引自利特,第759页)(此段文字的原文为:"Entre toutes les constitutions de l'air, celle qui est chaude et humide est fort dangereuse."——译者)。

"constitutio"（构建/构造）概念转移到国家领域，其意思指国家的内在秩序——"国家的基本形式"，而"institutio"（创建/创立）指的是国家外在属性和组织上的权力结构。[119] 他因此[120]反对耶里内克简单化且事实上肤浅的解释，即罗马的法律语言"为确立宪制……"而使用了"'构建国家'（rem publicam constituere）这一技术用语"，而该用语发展成为"宪法含义上的'Konstitution'（宪法）"这一现代"表达"。[121] 耶里内克没有提出文献证据，对此解释显然完全出于现代的"宪法"理解，把"国家"或具有国家性质共同体的创立等同于法律秩序的创建。里夏德·施密特注意到，"institutio"（创建）和"constitutio"（构建）在早期基本上被"同义和混杂"使用，然后发展成为外在属性和内在秩序。但他的这一观察需要更准确的研究和评估。

这两个概念要追溯到罗马的法律语言。[122] 它们主要是指任命统治者和组织国家共同体的程序性过程，而很少指由此所形成的结果和结束的状态。这种概念使用根据谁参与该任命和组织行为而会有所不同：人民参与的叫作构建（constitutio），人类行为的彼

---

[119] Schmidt, Vorgeschichte（见本书上篇注释1），S 90.

[120] 参照 R. 施密特（R. Schmidt），"E. 茨威格《制宪权学说》之评论"（Besprechung zu E. Zweig, Die Lehre vom Pouvoir Constituant, Tübingen 1909,），载《政治学期刊》（Zeitschrift für Politik），第9期（1916年），第285页。

[121] G. Jellinek, Allgemeine Staatslehre, Berlin 1905（该处引自第2版，第294页中的注释2）；亦参照本书上文第二章，第二节。

[122] 参照 H. 霍夫曼（H. Hofmann），"制度的法律概念"（Zum juristischen Begriff der Institution），载 H. 霍夫曼（H. Hofmann），《法律－政治－宪法：政治哲学史研究》（Recht-Politik-Verfassung. Studien zu Geschichte der politischen Philosophie, Frankfurt a. M. 1986），第206—211页。

第三章 中世纪和近代早期的用词与概念使用

岸审判机构即上帝权力参与的叫作创建(institutio)。在西塞罗那里——显然是组织方面的意思——与国家(Civitas)相关的构造行为是这种民众行为,即:

> 因此,每一个民族都是同类人群的集合——像我所描述的那样——每一个公民团体都是人民的构建(constitutio),每一个国家——像我所说的那样——都是人民的事务,为了稳固持久,必须由某种议事机构来治理……[123]

在他那里,"institutio"的意思一般仍指国家的组建:如果不存在人的正义观念,

> 那么就不要期待有其他德性的发展,也不要期待有国家共同体的创建(institutio)。[124]

在此意义上,帕多瓦的马西里乌斯(Marsilius von Padua)仍把"institutio"用于独立于上帝指定机构的统治者任命:

> ……所以我们将首先列出创建(institucionis)君主制时

---

[123] Cicero, De re publica I 26 (16-20). (此段文字的原文为:"Omnis ergo populus, qui est talis coetus multitudinis qualem exposui, omnis civitas, quae est constitutio populi, omnis res publica, quae ut dixi populi res est, consilio quodam regenda est…"——译者)

[124] Cicero, De re publica I 26 (10). (此段文字的原文为:"neque reliquarum virtutum nec ipsius rei publicae reperiatur ulla institutio."——译者)

的程序……[125]

通过对"institutio"(创建)和"constitutio"(构建)概念相应的差别使用,朗古特(Languet)明确把统治者的任命划分为上帝的行为和人的行为:

> 我们之前表明,上帝创立(instituere)国王,把王国交给国王,遴选国王。我们还说过,人民拥立(constituere)国王,移交王国,通过自己投票同意选举……在此你看到了,我把国王的遴选归给了上帝,但把国王的拥立(constitutionem)归给了人民。[126]

早在1566年,A. S. 皮科霍米诺斯(A. S. Piccolhomineus)就在此意义上以动词形式使用这两个概念:

---

[125] 帕多瓦的马西利乌斯(Marsilius von Padua),《和平捍卫者》(Defensor pacis, Berlin 1958),H. 库施(H. Kusch)校勘,"莱比锡中世纪的翻译与论文集"(Leipziger Übersetzungen und Abhandlungen zum Mittelalter),A 序列,第 2 卷,第 1 部分,第 9 章,第 4 节,第 80 页(此段文字的原文为:"… primum enumerabimus modos institucionis regalis monarchie…"——译者)。亦参照:R. Schmidt, Vorgeschichte(见本书上篇注释 1),S. 90。

[126] H. 朗古特[Hubert Languet (Brutus)]引自的版本:S. I. 布鲁图斯(Stephanus Iunius Brutus),《反独裁者的规定或君主对人民的权力和人民对君主的正当权力》(Vindiciae contra tyrannos: sive de principis in populum, populique in principem legitima potestate, Edimburgi 1579),第 76 页及下页(问题 3)(此段文字的原文为:"Ostendimus antea, deum reges instituere, regna regibus dare, reges eligere. Dicimus iam, populum reges constituere, regna tradere, electionem suo suffragio comprobare… hic vides electionem regis tribui deo, constitutionem populo."——译者)。

第三章　中世纪和近代早期的用词与概念使用

……人们说,上帝开初给了两大希望:那就是他创建(instituisse)了两种权力,一种是教士等级的权力,另一种是国王的权力……[127]

拥立了(Constitutoque)统治者之后,就把权利移交给他,他由此有权确定应一直由他去构建(constitueretur)的东西。[128]

其样板是罗马的"国王法"(lex regia),因为统治通过它完成了由民众向统治者的转移(《法学总论》,第 1 编,第 2 章,第 6 节;《学说汇纂》,第 1 编,第 4 章,第 1 节)。这因此体现为建构论结构意义上的一种"构建"行为。[129] 把统治者推到其职位上,这与人格相关联;但它也展现出带有"国家"品质的超人格职务。这种职务的创设体现为"constitutio"(构建/构造)中的首要含义。在这一用

---

[127] 恩内·西尔维·皮科霍米诺斯(Aeneae Sylvii Piccolhominei Senensis,),"论罗马帝国的形成与权威"(De ortu et authoritate Imperii Romani),第 7 章,载多人合著,《论司法、权威和皇帝特权以及论教会权力和论王国及帝国的权利》(De iurisdictione, autoritate, et praeeminentia imperiali, ac potestate ecclesiastica, deque iuribus regni et Imperij, Basileae 1566),第 317 页(此段文字的原文为:"… fecisse Oeum in principio duo magna luminaria dicunt: id est, duas potestates instituisse, quae sunt pontificalis authoritas, et regalis potestas…"——译者)。

[128] Piccolhomineus(见本书上篇注释 127),Caput V, S. 316. (此段文字的原文为:"Constitutoque principe, datum ei ius est, ut ratum esset quicquid ab eo constitueretur."——译者)

[129] 同样的亦参照托马斯·霍布斯(Thomas Hobbes),"论公民"(De cive, 1642),第 5 章(第 12 页),载 G. 莫尔斯沃思(G. Molesworth)编,《哲学文集》(拉丁文)[Opera philosophica (latina), Reprint of the edition 1839 ff., Aalen 1961],第 2 卷,第 215 页:"……可以谈论自然国家的起源;然后谈论计划和各个个体的联合,各个个体事实上是起源。"

语中,其法律品质的独立框架范围在概念上仍未明确。其建构因素占支配地位。不过这在医学小册子文献中却有迹可循:

> ……如果他正确地给这本有关医学构建(constitutione)的书取一个题目,也就是关于普遍医学的建构(constructione)和创建(institutione)。[130]

这种建构、塑造和维护因素因此也被定义为"政治学"的任务:

> 政治家自己也同样设置双重的行动目标,即国家构建(constitutionem)和维护及其……恢复……[131]

---

130 F. 瓦莱里奥拉(F. Valleriola),《盖伦著作〈论医术的构建〉评注》[Commentarii in librum Galeni, De constitutione artis medicae, o. O. 1577(注释中出现的文献信息"o. O."意为出版地,不详,后同。——译者)],序言,第 5 页(此段文字的原文为:"… recte de constitutione medicinae huic Iibro inscriptionem fecit, hoc est de constructione et institutione universae medicinae."——译者)。对此详见本书下文第四章第一节。

131 H. 阿尼塞乌斯(H. Arnisaeus)(博导),《博士论辩文——政治家们的宪法政治学》(Disputatio politica... de constitutione politices, Helmaestadii 1605),答辩人:I. A. 韦登哈根(I. A. Werdenhagen)提交的论辩论题,第 30 节(此段文字的原文为:"Haud secus politicus duplicem sibi finem habet propositum, constitutionem scilicet et conservationem rerumpublicarum earundemque... restitutionem..."——译者)。同样的亦参照丹尼尔·凯泽(Daniel Keyser),《有关国家构建的法学和政治学小册子》(Tractatio juridico-politica de reipublicae constitutione, Jenae 1667),第 1 页:"政治……是构建和维护社会或国家的正确艺术(Politica... est ars de societate civili sive republica bene constituenda et conservanda)。"第 12 页:"……众所周知,构建国家由四种要求组成:1. 人,2. 人的地位,3. 法律,4. 努力保护公共利益"[... patet, ad constituendam Rempublicam proprie et vere... requiri quatuor. (1) Homines, (2) gradus hominum, (3) Leges, (4) studium boni publici conservandi];私法机构的概念使用也符合公共利益。第 19 页及下页:"例如,缔结婚姻和解除婚姻(matrimonii constitutio et dissolutio)。"

而优良的国家组建手段和治理手段却是"国家创建"(instituierenden)活动的内容：

……设立这个目标的简单手段是那些国家创建(instituuntur)和国家治理的手段……[132]

三 起草：约定、拟定、整合

"Verfassung"(起草/约定/整合/状态)明显的最早证据是以"virfazsunge"拼写形式出自于1346年12月21日的一份文件。在这份文件中，法尔肯施泰因、哈瑙和埃普施泰因的领主们与帝国城市法兰克福、海德堡和盖尔恩豪森之间就所设立仲裁法庭的权限达成了一致意见。该仲裁法庭是因为城堡外市民的安全和迁徙自由的"不一致和争执"而设立的，之前

我们的主人和罗马皇帝路德维希在我们双方之间进行了书面约定(virfazsit)，并和我们双方进行了交谈……[133]

---

[132] Arnisaeus, Disputatio politica de constitutione（见本书上篇注释131），nr. 29.（此段文字的原文为："… sunt proxima media, quibus respublicas recte instituuntur et gubemantur…"——译者）

[133] 以法尔肯施泰因、哈瑙和埃普施泰因领主为一方，以帝国城市法兰克福、弗里德贝格和盖尔恩豪森为另一方，以城外居民名义在1346年12月12日订立一份协议，载 J. F. 伯默尔（J. F. Böhmer）主编，《帝国城市法兰克福文件典籍》(Codex Diplomaticus Moenofrancofurtanus. Urkundenbuch der Reichsstadt Frankfurt, Frankfurt a. M. 1836)，第1卷，第607页及下页（此段文字的原文为："unser herre romescher Keyser Ludowig zusehen uns von beidin sytin virfazsit und gered hat mit unsir beidir syten…"——译者）。

法尔肯施泰因的领主等人漠视已被确定下来的迁徙自由,为了此案对这个仲裁法庭作了如下规定:

> 这项书面协定(virfazsunge)在两年内就被违反了,对该协定还没有判决,它就被废除了;第三方对它应该以原来的同样方式判决,像这项协定还没有被解除一样。[134]

在此规定的语境下,"协定"(virfazsunge)意味着协商、约定、用法律手段和平调解法律性质的争端。不仅是它的名词形式,而且它的动词形式也都体现了这一含义内容。争议双方达成一致的调解特征在1349年的一份文件中清晰可见:

> 我们向邦国伯爵赫尔曼公开承认并表示……我们为此和我们的海因里希兄弟以下面所书写的方式进行了友好协商(virfaßit)……[135]

---

[134] Böhmer,Codex(见本书上篇注释133),S. 608.(此段文字的原文为:"Und geschehe icht ubirgryffes in den zwein iaren und das nicht gerichtet wurde und dyse virfazsunge da bynne uff gesagit wurde,das sullent die dry doch richten glicher wis,alse ob die virfazsunge noch nicht uffgesagit were."——译者)

[135] "1349年邦国伯爵海因里希·艾泽内与其兄弟邦国伯爵赫尔曼之间的陪审裁判比较",载J. Ph. 库亨贝克(J. Ph. Kuchenbecker),《黑森邦国伯爵领地宫廷职位继承论证》(Gegründete Abhandlung von denen Erb-Hof-Aemtern der Landgrafschaft Hessen…,Marburg 1744),第105页(此段文字的原文为:"Wir Lantgrave Hermann bekennen offinliche und tun kund…,das wir uns vireynit han und gutliche virfaßit mit Heinrich,unssem Brudere,in allir der Wise als hirnach geschrebin stet…"——译者)。

第三章　中世纪和近代早期的用词与概念使用

可见,"virfazsunge"体现了契约特征。达成的协议不过也可以通过仲裁法庭的判决而产生效力。就明显程度而论,1470年该词首次以"Verfassung"的拼写法在文件中被使用,这就清楚地表明了这一点:

之前我们亲爱的忠实的市长、议员和全体哥达市民作为一方,与另一方松德豪森的村长和乡镇因牧场陷入争端,在几位精明议员的书面商议(Verfaßunge)下相互达成了一项协定……[136]

争议双方因此通过更高审判机构——在此是领主议事会——"平和地"即达成契约性的一致意见,体现为一份"书面协议"(Verfaßunge),或以此为依据。

此外,15世纪末以降,人们还会看到文本拟定(Textabfassung)和文本整合(Textzusammenfassung)意义上的动词形式"verfassen"和名词形式"Verfassung"。特别是在立法领域即在城市法改革和邦国法令中,此种含义上的这些概念出现在序言里。1479年纽伦

---

[136] W. E. 滕策尔(W. E. Tentzel),"哥达史补遗……"(Supplementa reliqua historiae Gothanae…),载 W. E. 滕策尔(W. E. Tentzel),《哥达城堡和城市从古到今各种状态史补遗》(Supplementum historiae Gothanae secundum de vario arcis urbisque statu ab origine usque ad nostra tempora… Ienae 1702),第 693 页(第 2 部分,第 24 节)(此段文字的原文为:"Nachdem vortzeiten… unnser lieben getreuwen Ratismeistere, Rethe und gantz gemeyn zu Gotha an eynem, Heymburgen und gantz Gemeyn zu Sunthausen am andern teilen umb das Riet und viheweyde…Irrig gewest, und des auf Verfaßunge etlicher… zugeschickter Rete geineinander In eyntracht gesessen, bis daß sie dorumb… wider zu Irthum und Phandunge komen."——译者)。

堡的城市法改革在序言中,把诉讼进一步增多的危险和与此相联系的"争端"等列为议事会通过该法的动机,

> 不通过慎重的、有正当理由的和正确的文本起草(verfassung)以及不通过必要的法律保护,就不能制止许多诉讼。[137]

1498年沃尔姆斯的城市法改革强调了这种必要性,

> ……法律和条例,对我们祖先的法律……进行文字起草(zuvervas-sen)。[138]

对城市和市民而言,"起草"(Verfassen)所具有的书面因素毫无疑问有利于法律的稳定性和明确性,但这只说明了问题的一个方面。此外,"起草"还是一种对流传下来的法律素材进行新的规

---

[137]《1479年纽伦堡改革》(Nürnberger Reformation von 1479),引自 W. 孔克尔(W. Kunkel)主编,《德国近代私法史文献》(Quellen zur Neueren Privatrechtsgeschichte Deutschlands, Weimar 1936),第1卷,上半卷:"旧的城市法改革"(Ältere Stadtrechtsreformationen),第3页(此段文字的原文为:"wo sölchem mit füfsichtiger, gegründeter und rechtmeßiger verfassung und bevestigung gepüflicher und notdurftiger gesetze nit begegent würd."——译者)。《纽伦堡城市改革》的1522年文本序言有同样原文。

[138]《1498年沃尔姆斯改革》(Wormser Reformation von 1498),序言,引自:Kunkel, Quellen(见本书上篇注释137),第1卷,第1部分,第97页(此段文字的原文为:"… gesetze und ordenung zu machen, auch die unser voraltern… in schriften zuvervas-sen."——译者)。

第三章 中世纪和近代早期的用词与概念使用

定和制定的活动。1520年的"弗莱堡新城市法序言"就让人们看出了这一点:

> 下列规章、条例和条款被确定并被规定为我们的制定法规、法律和城市法……为了避免遗忘而以此书面形式进行起草(verfaßt)、制定、整理和整合(verfassen),……,和要求……[139]

城市法改革和邦国法令部分远超中世纪常见的对既存习惯法进行简单的确定、公告和汇编,它们已经指向有计划的法律革新和在"改革"这个概念中所表达的东西。[140] 在流传下来的法源基础上,按照材料和机构剔除掉法律素材变得过时的古老规定和结构划分,这让人们认识到有计划的秩序原则。1520年的"巴伐利亚法院诉讼条例序言"强调:

> 为了促进共同利益……下列法院诉讼条例和一些一般法律、法令、制定法规、古老习俗和习惯是从神圣帝国皇家法院诉讼条例中抽取出的一部分。部分为重新整合(verfassen)……

---

[139] 引自:Kunkel, Quellen I 1(见本书上篇注释137), S. 243 f. (此段文字的原文为:"… dise nachgend satzungen, ordnungen und capitel für und als unsere statuten, gesetze und statrechten... gesetzt, geordnet und umb vermidung willen der blöden vergessenheit in diß geschrift verfaßt, setzen, ordnen und verfassen,…, gepieten…"——译者)

[140] 参照:F. Wieacker, Privatrechtsgeschichte der Neuzeit(见本书上篇注释85), S. 190 f。

并进行公布……[141]

这种法律素材因其新的法律框架而实现了一种系统化划分，这种划分比如已经在《符腾堡邦国法》的扉页中显示为"整合"(Verfassen)的结果：

> 符腾堡诸侯国的新邦国法被整合(verfaszt)为四部分。第一部分是法院诉讼。其他部分是合同……[142]

《施特拉尔松教会条例》的序言展现出立法工作的三个阶段，以及——按现代说法——法律被通过了：

> 本条例在此由受人尊敬的议事会制定，在1525年由约翰·埃皮努姆起草(verfatet)，由时任城市书记员的约翰·森格施塔克执笔抄写。[143]

---

[141] 《上巴伐利亚和下巴伐利亚诸侯国1520年的诉讼条例》(Gerichtsordnung im fürstnthumb Obern-und Nidern-Bayrn, Anno 1520 aufgericht)，序言，第2页(此段文字的原文为："… auch zu… fürderung… gemains nütz… hernachgeschribn gerichtlichen process, dazu ettliche gemaine gesatz, ordnung, statut, alltherkomen, und gewonhait. Ains tails aus des heiligen Reychs Camergerichts ordnung gezogen. Auch zum tail von neijem zusam verfassen und vergreiffen, und neben der Reformation… außgeen lassen."——译者)。

[142] 《1554年符腾堡邦国法》(Württembergisches Landrecht von 1554)，引自：Kunkel, Quellen, Weimar 1938，第1卷，下半卷："16世纪的邦国法"(Landrechte des 16. Jahrhundens)，第81页之前。

[143] 引自A. L. 里希特(A. L. Richter)，《16世纪新教教会条例》(Die evangelischen Kirchenordnungen des sechszehnten Jahrhundens I, Neudruck der Ausgabe Weimar 1846, Nieuwkoop 1967)，第1卷，第23页(此段文字的原文为："Dit iß de ordnunge, de hier… is upgerichtet van einem ersamen rade… anno 1525, dorch Johannem Aepinum verfatet, (von) Johann Sengestacke, up der tyd stadtschriewer, geschrewen."——译者)。

第三章 中世纪和近代早期的用词与概念使用

在这个议事会的规定权限级别中,"起草"(verfaten)完全体现了法律系统化立法工作的独立活动,而城市书记员最后通过书面文字使这项立法工作产生影响范围。在16世纪的立法和立法实践语言中,法律文本的"起草"概念被赋予了一种有计划拟定意义的独立地位。法律上的秩序因素和"起草"有着紧密联系。1572年萨克森诉讼"规章"的序言中这样写道:

> 制定和创设章程(Constitutionen),为了更多地延续良好正义,还要尽快进行文本起草(verfasset)和规定……萨克森的法律诉讼。[144]

与此相应地还实现了"书面的最终意志"在私法上的约束性确立,这要由遗嘱人本人"或由他人(来)起草"(verfassen)。[145]

---

[144]《最尊贵的……萨克森奥古斯腾公爵……:法律诉讼的规章和章程……》(Des Durchlauchtigsten... Augusten Hertzogen zu Sachsen...: Verordenungen und Constitutionen des Rechtlichen Proces..., Dreßden 1572),前言,载:Kunkel, Quellen I 2(见本书上篇注释142),S. 258。

[145] 参照《纽伦堡城市新改革》("Der Stat Nürmberg verneute Reformation", o. O. 1564),第175页(第29条遗嘱)。亦参考其他不总是有根据的和可靠的文献,载 E. 布林肯迈尔(E. Brinckffieier),《疑难词汇及表述阐释集注》(Glossarium diplomaticum zur Erläuterung schwieriger... Wörter und Formeln..., Neudruck der Ausgabe 1856-1863, Aalen 1961),第2卷,第677页。

第四章 医学领域和"政治学"文献中的构成和状态概念

人体某种状态含义中的"constitutio"（构成、体质、状态）要追溯到古代并追踪至当代。我们谈论身体构成（Konstitution）的好坏，由此意指一种健康状态。人们也在同样意义上使用德语概念"Verfassung"（状态），该概念通常被用作"健康状态"（Gesundheitsverfassung）或被用在其他组合词中。与此同时，在人的"身体"（Corpus）概念被形象地运用和转化到国家共同体的过程中，"Konstitution"和"Verfassung"这两个现代并行用语在涉及人和国家时有其对应词。自赫拉克利特（Heraklit）以来，把个人的身体结构和国家共同体相比较就属于希腊哲学的思考模式。[146] 自古以来，这种比较在身体比喻用法中容易被人们理解。[147]

---

[146] 参照：Gigon, Einleitung zur Politik des Aristoteles（见本书上篇注释29），S.15。

[147] 参照 G. D.-v. 罗苏姆（G. Dohm-van Rossum），"器官/机构……"（Organ...），载：O. Brunner u. a.（Hrsg.），Geschichtliche Grundbegriffe, Bd. 4, Stuttgart 1978，第526页及以下诸页；P. 阿尔尚博（P. Archambault），"文艺复兴政治文献的'身体'类比"（The Analogy of the „Body" in Renaissance Political Literature），载《人文主义与文艺复兴文献》（Bibliothèque d'Humanisme et Renaissance），第29期（1967年），第21—53页。

第四章 医学领域和"政治学"文献中的构成和状态概念

一 身体比喻用法与构成/体质概念

在此追踪身体比喻用法的范围,仅限于它为"在国家性质上"发展起来的共同体提供与"构成/体质/状态"(constitutio)概念相近或被包含在其中的秩序原则和秩序因素的文献证据。其中,身体比较这一鲜活语言——恰如有机体比喻——不仅是生动形象化的手段,而且同时也是缺乏独立术语的反映。[148] 人体和有机体与国家共同体的比较能让人们认识到一种秩序模式,这种秩序模式一方面表明各个身体部位上下之间的关系,另一方说明这些身体部位与全身这一高级统一体之间的关系,犹如把各个公民与社会团体之间的上下关系及其与整个国家之间的关系同身体进行类比那样。

柏拉图在人体与国家之间作比较——我们通过把治理良好的城邦和人的身体相比较(ἀπεικάζοντες εὖ οἰκουμένην πόλιν σώματι)[149],是为了表明它们的秩序相同。"井然有序的国家"与身体相提并论。柏拉图把单个的人体与国家共同体之间的同构性作为前提。[150] 与

---

[148] 参照 R. 科泽勒克(R. Koselleck),"论历史学的理论贫困"(Über die Theoriebedürftigkeit der Geschichtswissenschaft),载 Th. 席德尔(Th. Schieder)主编,《历史学的理论问题》(Theorieprobleme der Geschichtswissenschaft, Darmstadt 1977),"研究之道"(Wege der Forschung),第378辑,第44页。

[149] Politeia 464 b;对此全面参照 A. 德曼特(A. Demandt),《历史比喻——历史-政治思想中的语言比喻与寓言》(Metaphern für Geschichte. Sprachbilder und Gleichnisse im historisch-politischen Denken, München 1978),第20—30页。

[150] 参照:Demandt, Metaphern(见本书上篇注释149),S. 21。

之相应地，柏拉图还把身体的状态和行为与极端情况下的国家相比较。[151] 人体秩序紊乱和国家共同体秩序紊乱同样被评价为患病征兆，这意味着身体（$\sigma\omega\mu\alpha$）和政制（$\pi o\lambda\iota\tau\varepsilon\iota\alpha$）不稳定：[152]

> 就像一个不健康的身体，只要遇到一点儿外邪就会病倒，……处于同样政制状态中的国家也是如此，只稍有机会……就会生病，引发内乱……[153]

身体和国家的类似结构决定并解释了它们各自的秩序现象。懒惰又铺张浪费之徒引起的每种政体混乱与人体里黏液和胆汁造成的紊乱相吻合：

> ……当这二者在任何一种国家制度中……例如与身体有关的……胆汁。[154]

"混乱"在这里指经典的"三种政体模式"[155]中三种政体类型的变化，也就是 17 世纪以来所谓的政体变化。[156]

151　Politeia 563 e, 564 a.
152　Politeia 556 e.
153　参照 F. 施莱歇马赫（F. Schleiermacher）的译本，载柏拉图（Platon），《文集》（Werke, Darmstadt 1971），G. 艾格尔（G. Eigler）编，第 4 卷，第 679 页。
154　Politeia 564 b-c；Dohrn-van Rossum, Organ（见本书上篇注释 147），S. 522.
155　参照本书上文第二章第一节。
156　亦参照：Politeia 544 c-d.

第四章 医学领域和"政治学"文献中的构成和状态概念

在亚里士多德那里,身体比喻用法有助于证明国家共同体优先于个体的人,因为整个身体在与各个肢体或身体部分的关系中处于支配地位。[157] 在涉及社会团体和各个公民的义务和作用时,这种器官学上的等级——完全是教育学上的意思——也给国家共同体中的等级秩序模式打上了烙印。

在波利比乌斯(Polybios)的历史循环思想中,自我调节的封闭体系模式被明确地转移到政体循环上。[158] "政体循环"(ἀνακύκλωσις τῶν πολιτειῶν)把君主制的政体变化描述为有机体形成和消亡意义上的普遍衰退法则。"身体"和"政体"这二者都服从于该发展法则,因此被相提并论:"确实,不仅每个身体,而且每种政体都符合自然地适宜于一段生长(时间),开始时兴盛,随后衰败(φϑίσις),各自在其兴盛(时期)中都拥有充分力量。"[159]

身体(corpus)和肢体(membrum)概念的使用在罗马人的政治语言中司空见惯。[160] 在西塞罗那里,身体与构成(constitutio)存在着关联。身体状态被看成是幸福生活的条件:

> 也就是,当不仅仅是利益,而且还有——像迈特罗多鲁斯所写道的那样——每一种幸福生活都存在于身体稳定的健康构成/体质(constitutione)中和在有理由希望这种构成/体质

---

[157] 参照:Aristoteies, Politik 1253 a (20)。
[158] 参照:Demandt, Metaphern(见本书上篇注释 149), S. 238 f.。
[159] 波利比乌斯(Polybios),第 6 篇,第 51 章,第 4 节,引自:Ryffel, ΜΕΤΑΒΟΛΗ ΠΟΛΙΤΕΙΩΝ(见本书上篇注释 32), S. 210。
[160] Demandt, Metaphern(见本书上篇注释 149), S. 23。

(constitutionis)可以持续的时候,……[161]

这种状态意指今天用语意义上的身体状态(Verfassung)。但这种"身体构成"(constitutio corporis)要有"强壮"(firmus)特征才拥有其存续力。因此,就像西塞罗在《国家篇》(De re publica)中对"国家宪制状况"(staatliche Verfassung)所表述的那样,[162]"强壮"因素也被同词同义地运用到身体的状况或状态中。

在中世纪,身体比喻也仍是对国家共同体经常使用的形象比喻:

> 也就是,因为国家及其组成部分是合乎理性地创建起来的,所以它与有生命的存在物及其符合自然而完美形成的组成部分相类似。[163]

身体比喻被用来形容或正当化"国家"的内在等级秩序。例如索尔兹伯里的约翰(Johann von Salisbury)在他的《政治学》(Policraticus)中通过把国家等同于人体,把等级阶层等同于身

---

[161] Cicero, De officiis, Liber III, 33(第117页)(此段文字的原文为:"nam si non modo utilitas, sed vita ornnis beata corporis firma constitutione eiusque constitutionis spe explorata, ut a Metrodoro scriptum est, continetur..."——译者)。

[162] 参照本书上篇注释72。

[163] Marsilius von Padua, Der Verteidiger des Friedens (defensor pacis), (Leipziger Übersetzungen und Abhandlungen zum Mittelalter, Reihe A, Band 2, Teil I), Berlin 1958, Teil I, Kap. XV, §5 (S. 160). (此段文字的原文为:"Quia enim civitas et ipsius partes secundum racionem institute analogiam habent animali et suis partibus, perfecte formatis secundum naturam..."——译者)

第四章 医学领域和"政治学"文献中的构成和状态概念

体的肢体,从而实现了对统治者和等级阶层的等级确立。[164] 这种有机体比较有利于一种进行政治思考的和发挥影响作用的国家学说,这种国家学说把国家中的最高地位给予作为上帝仆人的宗教人士。索尔兹伯里的约翰在关键词"政治构成"(politica constitutio)下论述从比较中所获取的这种秩序模式:

> 在此接下来的是题为《图拉真的教育》(Institutio Traiani)一书中有关政治构成(constitutionis)的章节……[165]

他还在成书于1159年的《政治学》中考察了"按照先辈政治构成的职责分配"(distributio officiorum ex politica constitutione veterum)。[166]

---

[164] 对此尤其参照 W. 施蒂纳(W. Stürner),"社会结构及其在 J. 索尔兹伯里、Th. 阿奎那和 M. 帕多瓦的论证"(Die Gesellschaftsstruktur und ihre Begründung bei Johannes von Salisbury, Thomas von Aquin und Marsilius von Padua),载《中世纪自我理解中的社会秩序》(Soziale Ordnungen im Selbstverständnis des Mittelalters, Berlin/New York 1979),"中世纪杂文"(Miscellanea Mediaevalia),第 12 卷,上半卷,第 162—168 页;T. 施特鲁韦(T. Struve),《中世纪器官国家观念的发展》(Die Entwicklung der organologischen Staatsauffassung im Mittelalter, Stuttgart 1978),"中世纪史专著集"(Monographien zur Geschichte des Mittelalters),第 16 辑,第 123 页及以下诸页。

[165] J. 索尔兹伯里的约翰(J. Johannes von Salisbury),《政治学》(Policraticus, London 1909, Reprint Frankfurt a. M. 1965),第 5 篇,第 2 章(540 a),载克莱门斯·C. I. 韦布(Clemens C. I. Webb)主编,《约翰·索尔兹伯里……政治学》(Joannis Saresberiensis... Policratici),第 1 卷,第 282 页;同上书,第 2 章(539 b 和 c),第 281 页(此段文字的原文为:"Sequuntur eiusdem politicae constitutionis capitula in Iibello qui inscribitur Institutio Traiani..."——译者)。

[166] Policraticus, Liber I, Cap. 3 (390 a), S. 20;亦参照 M. 克纳(M. Kerner),"J. 索尔兹伯里的自然与社会"(Natur und Gesellschaft bei Johannes von Salisbury),载:Soziale Ordnungen im Selbstverständnis des Mittelalters, 1. Halbband, Berlin/New York 1979, S. 192。

在"政治构成"这一标题下探讨和确立国家共同体内部的等级秩序,索尔兹伯里的约翰远远超越只是在形象直观和自然比喻方法层面上去运用有机体比喻。[167] 他所进行的等级阶层性思考和等级安排的"国家"组织模式让"构成"(constitutio)概念接近上位的"宪法"模式和"宪法"概念。然而,有机体比喻及其"国家生理化"不仅象征一种具体的秩序模式,而且在一个广泛由人格决定和人格体验的共同体中也促成了一种超人格的"国家"观念。[168] 只要中世纪的"国家"概念与人格相关,[169] 那么"constitutio"或"Verfassung"概念也只能在可经验的现实丰富比喻中阐明和描述"国家"秩序,还不能在更普遍的概念层面对它们进行把握理解。

二 医学中的构成/状态概念

与身体比喻运用到国家和社会共同体的组织和统一体相反,与国家相关的概念在古代医学中也被形象地转移到身体上:

……因为祖先们把国家的总和称为头……[170]

---

167 对此参照 T. 施特鲁韦(T. Struve),"中世纪国家和社会理论中有机体比较的意义及功能"(Bedeutung und Funktion des Organismusvergleichs in den mittelalterlichen Theorien von Staat und Gesellschaft),载:Soziale Ordnungen...,I. Halbband(1979),S. 146 f.。

168 仍参照:Struve, Bedeutung und Funktion(见本书上篇注释 167),S. 160 f.。

169 参照:W. Conze, Staat und Souveränität, in: O. Brunner (u. a.), Geschichtliche Grundbegriffe, Bd. 6, Stuttgart 1990, S. 7 ff.。

170 卡西·费利茨斯(Cassii Felicis),《论医学——译自作者关于希腊逻辑学的著作(447 年)》[De medicina ex Graecis logicae sectae auctoribu Iiber translatus sub arlabure et calepio consulibus (anno 447)], V. 罗斯(Valentino Rose)重编(Lipsiae 1879),第 1 页(此段文字的原文为:"... quoniam summa civitas corporis a veteribus dicitur caput..."——译者)。

第四章　医学领域和"政治学"文献中的构成和状态概念

国家和身体被相互用作描述和解释它们的组织和秩序,这不是一直都出现在带有"constitutio"(构成、状态、秩序)的组合词中。

16世纪以来,希腊裔罗马医师盖伦(Galenos,约129—199年)的医学作品为"constitutio"概念带来了重要含义。在他希腊语作品的拉丁文版本《论我们身体的最好构成》(De optima corporis nostri constitutione)[171]和《论医术的构建》(De constitutione artis medicae ad Patrophilum liber)[172]中,"constitutio"一方面被用于符合人身体现状的"状态"(Verfassung)含义,另一方面在被定义的科学专业意义上被用于医术的创建和规定含义。弗朗西斯库斯·瓦莱里奥拉(Franciscus Valleriola)——瓦朗斯和都灵的法国医生,1580年在都灵逝世[173]——在他1577年的作品《盖伦著作〈论医术的构建〉评注》(Commentarii in librum Galeni, De constitutione artis Medicae)中也简要地论述了"constitutio"概念。他把它作为评注盖伦作品的出发点,并同样在开篇强调其不同的含义范围,对其含义范围的描述肯定具有其时代代表性。他首先把"constitutio"叫作身体"状态"(Verfassung):

171　盖伦(ΓΑΛΗΝΟΥ),《论我们身体的最好构成》(ΓΑΛΗΝΟΥ ΠΕΡΙ ΑΡΙΣΤΗΣ ΚΑΤΑΣΚΕΥΗΣ ΤΟΥ ΣΩΜΑΤΟΣ ΗΜΩΝ ΒΙΒΛΙΟΝ),载C. G. 屈恩(C. G. Kühn)新编,《盖伦选集》(Claudii Galeni Opera Omnia, Leipzig 1833, Nachdruck Hildesheim 1964),第4卷,第737—749页;屈恩首次参考的拉丁文印本源自1578年版(Heduae/Autun)。

172　Galenus, Opera I, ed. Kühn(见本书上篇注释171), S. 224-304;屈恩首次参考的拉丁文印本源自1531年版(Basel)。

173　约赫尔(Jöcher),《通用学者词典》(Allgemeines Gelehrten-Lexikon, Leipzig 1751, Nachdruck Hildesheim 1961),第4卷,第1411栏。

另外,"constitutio",像这个名称的读法那样,它也有不同用法,即有时候被用作表示身体良好的相互关系和行为举止,像盖伦在关于身体最好构成(constitutione)的那本书中所理解的那样;在西塞罗那里存在着对该词的使用,在他有关义务的那本书中就有这一名称。[174] 他谈到稳定的健康体质(constitutio)。[175]

他引申其第二层含义——同样引证西塞罗——如下:

有时对任何一种国家的关系和创建来说,像西塞罗在第二本关于法律的那本书中所说的那样,构建(constitutio)一门宗教对国家是必要的。在这个意义上,盖伦在这本教科书中把"构造"(constitutionis)这个词同样用作一门普通技艺的名称和创建。"构成"(constitutio)所涉及的东西无异于按照正确确定的方法去构建(constituere)一门技艺。就是因为其中存在着要去发展技艺,要去发现可靠的方法,为了能够达到此目标,按照这种方法去认识技艺的目的。[176]

174　对此参照本书上篇注释 161。
175　弗朗西斯库斯·瓦莱里奥拉(Francisci Valleriolae)(医学博士),《盖伦著作〈论医术的构建〉评注》(Commentarii in librum Galeni, De constitutione artis Medicae, o. O. 1577),第 1 页及下页(序言)(此段文字的原文为:"Constitutio porro, ut varium nomen est, sic varie quoque sumitur, interdum enim pro bona corporis compage et habitu, ut Gal. lib. de opt. corporis constitutione sumpsit, et Cicero in eo significato est usus lib. officiorum primo. Firma (inquit) corporis constitutio."——译者)。
176　同上书:Valleriola, S. 2(此段文字的原文为:"Interdum vero, pro designatione, et institutione rei allcuius, ut idem Cicero libr. secundo de legib. cum ait, Religionum constitutio Reipub. necessaria est. In quem sensum constitutionis nomen hoc loco usurpavit Gal. quasi dicere velit designationern, et institutionem universae artis hoc libro se edocturum. Quae sane constitutio, nibil prorsus allud est, quam institutio artis vera rnethodo constans. Siquidem constituere artem est, cognito fine artis, viam certam invenire qua ad eum finem perveniri possit."——译者)。

第四章 医学领域和"政治学"文献中的构成和状态概念

瓦莱里奥拉在此语境下强调"构成"(constitutio)概念中的计划和建构论因素,[177]而这种因素也让他把"建构"(constructio)描述成"constitutio"丰富概念中的一种:

> 在这里,构成(constitutio)不仅在盖伦的意义上必须被书写下来,而且还能无不恰当把构造看成是一种建构(constructionem)。犹如建房子,因为它的所有部分要以某种顺序进行连接和相互关联:这样一来,屋基、墙、窗户、屋顶和整个建造一样也才会正确地相互协调一致。语法学家谈到要有正确的联系和关系……总而言之,所以在这本书中,医学原则或一种秩序的基础和所有单个组成部分被正确地流传下去,和建造房子有类似的关联,以此得以体现之;构成可以通过法律写下来,无异于医学的良好建构(constructio)。[178]

因此,构成(constitutio)也刻画了各个部分与新整体之间的联系,瓦莱里奥拉为此尽力描绘房屋建造和语言形成的画面。他和盖伦不过都明确强调,要按照一种稳定秩序才能实现如此引申过来的"医术"的"构建",这种稳定秩序要通过某种方法体现出来:

> 因为盖伦想构建(constituere)一门普通技艺或一座具有所有组成部分的稳固房屋,所以要寻找一种特定的秩序。但

177　亦参照本书上文第三章第二节。
178　Valleriola, S. 5 f.

在此存在着一种秩序……像他在一本更早的书中所解释的那样……用什么样的方法去普遍地构建（constituendae）技艺。[179]

31　瓦莱里奥拉在内容上丰富了医学领域中的"constitutio"概念，但该概念虽然包含了许多适合表明国家秩序的含义因素，在他那里却没有被发现明显转移到国家共同体上。然而，比如里奥兰（Riolan）在1611年还这样表述上帝创造人体的建构论因素：

我们的身体是由最高的造物主上帝塑造（constructum）的；那个最伟大的建筑师创造了整个世界机器。[180]

"和我们身体的所有部分相类比"［analogia(m) partium nostri corporis］——与德谟克利特（Demokrit）的看法一样——这使身体与小宇宙相比较成为可能：

所以，从这些元素中构建（constituitur）出了具有上天精神的小宇宙。[181]

---

[179] Valleriola, S. 13. (此段文字的原文为："Ergo cum constituere universam artem, seu domum quandam suis omnibus partibus constantem Galenus velit, omnino ordini cuidam fuit illi insistendum. Est autem hic ordo..., ut priore libro... doceat qua methodo constituendae artes in universum omnes sint."——译者)

[180] 约安尼斯·里奥兰（Ioannis Riolani），《巴黎医师——最著名的物理学家和医学家的著作》（Ambiani Medici Parisiensis, viri clarissimi opera cum physica, tum medica,... Francofurti 1611），第443页(此段文字的原文为："Nostrum corpus a summo opifice deo... constructum fuit,... summus ille architectus, qui... totum mundi machinam creaverat."——译者)。

[181] Riolan（见本书上篇注释180），S. 446. (此段文字的原文为："... sic μικρόκοσμος ad veniente spiritu coelesti ex eisdem elementis constituitur..."——译者)

第四章　医学领域和"政治学"文献中的构成和状态概念

这种被使用过的"机器"(machina)的比喻引向了17世纪晚期和18世纪早期的提问,即人体是机器还是有机体?莱布尼茨(Leibniz)和1694年以后在哈勒大学具有影响的医学家弗里德里希·霍夫曼(Friedrich Hoffmann)和格奥尔格·恩斯特·施塔尔(Georg Ernst Stahl)支持的观点是,"在身体世界里所有一切都在作机械运行"。[182] 根本问题是,"……机器中的灵魂是否有权力,以至于能够命令什么东西……"[183]尽管"constitutio"概念在这种机械论语境中没有被使用过,但是在此把人体描绘成"机器",这就把视线转向了相应的、指向政治的"政治身体"(politischer Cörper)*这一概念使用和它的"机器"上。[184] 在1673年一篇译自英文的小册子中,作者以大家熟知的方式把"政治的国家身体"(politische Stats-Cörper)和人体相比较,人体的腿脚是商人:

---

[182] 参照莱布尼茨在1699年写给霍夫曼(Hoffmann)的一封信,引自J.施托伊德尔(J. Steudel),《莱布尼茨与医学》(Leibniz und die Medizin, Bonn 1960),第17页;亦参照K.罗特舒(K. Rothschuh),"莱布尼茨与医学"(Leibniz und die Medizin),载《莱布尼茨研究》(Studia Leibnitiana, 1969),特刊,第1辑,第145—163页(尤其是第158页)。

[183] G. E.施塔尔(G. E. Stahl),《不重要的行为或针对真正医学理论的原则立场》(Negotium otiosum, seu adversus positiones aliquas fundamentales, theoriae verae medicae..., Halae 1720),第16页(此段文字的原文为:"… anima potestatem haberet in machinarn, ut imperare aliquid posset…"——译者)。

* 一般而言,把该词翻译为"政治体"。中文的"政治体"容易让人忽略政治的有机体比喻语境,所以本文在身体比喻用法的语境下把它翻译为"政治身体",目的是为了更形象地呈现政体共同体与人身体之间的有机体比喻。但在现代语境下一般仍译为"政治体"。文中"国家身体"和"国家体"译法亦同。——译者

[184] 作为准确科学认识对象的人造政治体和霍布斯的机械比喻及其在德国的继受,参照B.施托尔贝格—里林格(B. Stollberg-Rilinger),《作为机器的国家——专制诸侯国的政治比喻》(Der Staat als Maschine. Zur politischen Metaphorik des absoluten Fürstenstaats, Berlin 1986),"历史研究"(Historische Forschungen),第30辑,第48页及以下诸页。

……所以，商人或商界人士照料和承担起整个国家机器。[185]

32　人体富有意义的"结构"划分原则[186]通过机械比喻清楚地阐明了国家共同体及其秩序。1720年，"机器"作为"国家秩序"的一个因素变得清晰可见。克里斯蒂安·戈特弗里德·霍夫曼（Christian Gottfried Hoffmann）在题为"至于内部宪制"之下也是以"通过谁和通过谁的权力来领导政治身体"来理解"这种模式……"。[187] 比喻的变换也表明一种新的思考模式：身体比喻是与自然相关的等级性"思考"，[188]而机械比喻是机械的平等性"思考"。

把身体等同于国家——"人体和某种国家类似"（corpus humanum est pariter quaedam quasi Respublica）[189]——这在18世纪的医学文献中仍常见。这种等同化必然也延伸到涉及国家和身体的科学学科上。格利克（Goelicke）给他的导论取了一个这样的标题：

185　引自P.-L. 魏纳赫特（P.-L. Weinacht），《国家》（Staat, Berlin 1968），第179页。
186　参照本书上文第四章第一节。
187　Chr. G. 霍夫曼（Chr. G. Hoffmann），《认识当代欧洲状况的导论提纲》（Entwurff einer Einleitung zu dem Erkänntniß des gegenwärtigen Zustandes von Europa,… Leipzig 1720），第7页，第4节。
188　参照本书上文第四章第一节。
189　A. O. 格利克（A. O. Goelicke），《著名医学——按照所阐明的传统方法……》（Medicina forensis demonstrativa methodo tradita…, Francofurti ad Viadrum 1723），导论（第10页）："人体犹如某些国家（corpus humanum est pariter quaedam quasi Respublica）。"

第四章 医学领域和"政治学"文献中的构成和状态概念

论存在于法学和医学之间的兄妹关系……(De sororio vinculo quod est inter jurisprudentiam et medicinam…)。

这两门科学的任务是：

> ……法学的目的是，以良好有益的法律支撑国家……祛除其健康身体中的腐朽肢体……它由此能够保持国家的真正幸福；医学的目的也无不如此……，由此保护……身体的真正健康。[190]

与之相应的是，在政治学文献中君主和医生也经常被相互比较：

> 国王与医生一样。[191]

为了转述各个器官的优势地位，医学文献方面使用在其中变得明显的身体统治结构，以及为了解释治疗方法还使用诸如"控

---

[190] Goelicke, Medicina forensis, Oratio praeliminaris (S. XI).（此段文字的原文为："… jurisprudentiae finis est, salutaribus legibus… Rempublicam suffulcire, et membra eius putrlda… a reliquo corpore sano resecare, ut vera eius felicitas obtineatur：Et Medicinae scopus nullus quoque alius est…, ut vera eius salus… conservetur…"——译者）

[191] H. 阿尼塞乌斯（H. Arnisaeus），《政府权利三论》(De jure magistratis libri tres, Francofurti 1610)，第 480 页（此段文字的原文为："Rex similis est medico…"——译者）；Chr. 利本塔尔（Chr. Liebenthal），《政治团体对社会、官职、主权权利和基本法之讨论》(Collegium politicum in quo de societatibus, magistratibus, juribus majestatis, et legibus fundamentalibus… tractatur, Amstelodami 1652)，第 385 页。

制"(regimen)/"统治"(regimentum)[192]、"行政管理"(administration)[193]、"君主制"(monarchei)[194]这些国家法概念。黑尔蒙特(Helmont)在1683年把脾胃的"双重统治"[zweyherrige Regiment (Duumveratus)]定义为"对整个肉身的统治"。[195]

要在医学和国家法用语之间的这种紧密联系的背景下看待医学文献中"身体构成"(constitutio corporis)[196]、"天体构成"(constitutio coeli)[197]这些概念的使用。它们意指身体或天体的状态性秩序。但当费德雷尔(Federer)在1607年谈起"constitutio"的时候,它在其中不仅仅只包含状态含义:

> 病根消除后,身体构成(constitutio)又恢复到先前状态(statum)。[198]

---

[192] P. A. 帕塔维努斯(P. A. Patavinus),《议员论哲学家与医师之间的争论》(Conciliator controversiarum, quae inter philosophos et medicos versantur, Venetiis 1565),第171页;Th. v. H. 帕拉克尔苏斯(Theophrast von Hohenheim gen. Paracelsus),《医学、自然科学和哲学文集》(Medizinische, naturwissenschaftliche und philosophische Schriften),K. 祖德霍夫(K. Sudhoff)编(München 1924),第8卷(1530年的作品集),第389页及下页,以及第7卷(1923年),第286页、第293页。

[193] Theophrast von Hohenheim gen. Paracelsus, 7. Band(1923), S. 283, S. 298; Patavinus, Conciliator (1565), S. 171.

[194] Theophrast von Hohenheim gen. Paracelsus, 9. Band(1925), S. 179 ff. , S. 202.

[195] J. B. v. 黑尔蒙特(J. B. von Helmont),《医术的兴起——仍未探讨自然的基本学说》(Aufgang der Artzney-Kunst, Das ist: Noch nie erhörte Grund-Lehren von der Natur..., Sulzbach 1683),第857页。

[196] H. D. 高比乌斯(H. D. Gaubius),《学者们论医学任务所及的精神统治……》(Academici de regimine mentis quod medicorum est..., Argentorati 1776),第5页、第54页。

[197] P. 阿尔皮努斯(P. Alpinus),《医学方法十三论》(De medicina methodica libri tredecim, editio secunda, Lugduni Batavorum 1719),第2版,第2页、第84页。

[198] J. J. 费德雷尔(J. J. Federer),《新方法或博学的医学顾问……》(Nova methodus seu consilium medicum compendiosissimum..., Freyburg im Preißgow 1607),第21页(此段文字的原文为:"... sublata causa, stellet sich die Corporis constitutio in piristinum statum."——译者)。

第四章 医学领域和"政治学"文献中的构成和状态概念

"构成"和"状态"在此体现出独自的含义因素。H. J. 洛伊(H. J. Leu)在1727年的小册子中谈到瑞士法律的时候,尤其提到医学上的"身体构成"(Leibs-Constitution)和"身体中的流质属性",[199]但没有谈及——已为人所知的——"构成"(constitutio)这个秩序概念的国家成分。

三 政治学文献中的"秩序"概念

在所谓"政治解剖学"[200]和政治学文献[201]中,医学文献和科学的影响也变得显而易见。"政治学"不是法学学科,而是艺学系中的实践哲学。但16世纪、17世纪的政治学代表了以亚里士多德《政治学》为基础的"公法"(ius publicum)专业的开端。从中产生了"constitutio"或"Verfassung"概念的三个发展前提:首先是接受和适应亚里士多德的政体学说;其次是对"国家"的定义和目的有很多根本性的讨论也借助于身体类比;最后是,政治科学作为创造个人和社会幸福的政治行为学说的发展。其中变得众所周知的秩序标准也阐明了"constitutio"中的一个因素。

---

199 H. J. 洛伊(H. J. Leu),《瑞士城市和城乡法······》(Eydgenößisches Stadt-und Land-Recht..., Zürich 1727),第1卷,第2页。

200 对此亦参照:G. Dohrn-van Rossum, Organ, in: O. Brunner u. a., Geschichtliche Grundbegriffe, Bd. 4, Stuttgart 1978, S. 549 f.。

201 有关政治文献最新详见:M. Stolleis, Geschichte des öffentlichen Rechts in Deutschland I (Reichspublizistik und Policeywissenschaft 1600-1800), München 1988, S. 80 ff.。

34 　　巴黎神学家约翰内斯·米凯利斯（Johannes Michaelis）[202]在他发表于1564年的《政治身体解剖学》中很清楚地把"人体"和"政治身体"二分法放在把人作为"社会动物和政治动物"二分法的旁边。[203] 他把法律强调为政治共同体至关重要的秩序因素：

> 同样地，人体中的灵魂所做的类似于政治身体中的法律所做的……如果把身体中的灵魂拿走，……那么就只剩下……死去的尸体，……；如果把政治身体中的法律拿走，那么就无异于令人恐怖的混乱……秩序不存在的地方，也不会存在安全的社会……[204]

他没有进一步确定法律（Lex）的内容，但确定了它的普遍有效目的：

> 立法者……的意志……受他要培养好人的决定。[205]

---

[202]　参照G. 弗吕左尔格（G. Frühsorge），《政治身体——17世纪和克里斯蒂安·魏泽小说中的政治概念》(Der politische Körper. Zum Begriff des Politischen im 17. Jahrhundert und in den Romanen Christian Weises, Stuttgart 1974)，第64页及下页。

[203]　Io. 米凯利斯（Io. Michaelis），《政治身体之解剖或论教会与国家秩序之创建——根据对比以及与人体的相似性》(Anatome corporis politici, sive liber de institutione ecclesiastici et civilis ordinis, ex apposita comparatione, et similitudine corporis humani... Parisiis 1564)，第1页、第6页。

[204]　Io. Michaelis, Anatome, S. 64. (此段文字的原文为："Quod enim facit anima in corpore humano, hoc facere videtur lex in corpore Politico... Tolle animam a corpore,... remanebit,... mortuum cadaver,...: sic tolle legem a corpore Politico, ecquid aliud erit, nisi chaos horrendum... Ubi nullus ordo, nulla fidelis societas..."——译者)

[205]　Michaelis, S. 11 b. (此段文字的原文为："Voluntas... legislatoris... haec est, ut faciat homines bonos."——译者)

第四章 医学领域和"政治学"文献中的构成和状态概念

然而,米凯利斯——按照"教士、贵族、民众"三等级阶层——确立了政治身体的三种基本德性:

> 所以在政治身体中有三种特殊德性,整个政治身体的状态要以此为基础:即虔诚、正义和服从。因为,只要这三种德性存在于政治身体中,不受削弱、不受伤害,那么政治身体无疑就处于一种良好的状态中……[206]

这段话在两方面富有启发意义:

① "习性"(habitudo)和"良好状态"(bene habere)这些选词符合瓦莱里奥拉的用词,他明确把"constitutio"等同于"身体良好的相互关系和习性"(pro bona corporis compage et habitu)。[207] 但米凯利斯把这些词——转述为状况性状态(Verfaßtheit)或秩序——运用到"政治身体"上,也就是运用到胡格诺宗教战争和王位继承冲突时期的法兰西王国上,因而为这个用语提供了政治和法律维度。

② 所提到的三种德性"虔诚、正义和服从"实质性地指向 12 年后(1576 年)被让蒂耶(Gentillet)首次称为"根本法"(lois fondamentales)的法兰西王国的基本原则:

---

[206] Michaelis, S. 17 b.(此段文字的原文为:"Ita in corpore Politico sunt tres praecipuae virtutes, in quibus sita est totius corporis habitudo: scilicet Religio. Iustitia et Obendientia. Nam quamdiu haec tres virtutes integrae et illaesae perseverant in corpore, illud sine dubio bene habet…"——译者)

[207] 参照本书上文第四章第二节。

一方面涉及宗教,另一方面涉及司法,进而涉及共同福祉和共同秩序,因为它们是三大支柱,法兰西王国建立在它们的基础之上。[208]

35　在此,"constitutio"(秩序)和"lex fundamentalis"(根本法)在选词和含义上相互重叠和相互牵涉。

亨尼希·阿尼塞乌斯(Henning Arnisaeus)的《政治学》试图把秩序思考和国家概念联系起来,他通过比较注意到了国家概念在定义上的不确定性:

> 希腊人叫政制(πολιτείαν)的东西,罗马人把它叫共和国(Rempublicam);这在大多数情况下和国家(civitate)概念混淆在一起……[209]

阿尼塞乌斯"不是在这个内容中,而是在形式中"(non in eius

---

[208] I. 让蒂耶(I. Gentillet),《简要驳斥法国贵族对阿伦大公的声明》(Briève Rémonstrance à la Noblesse de France sur le fait de la Déclaration de Monsieur le Duc d'Alençon, o. O. 1576),第 14 页(此段文字的原文为:"Les unes concernent la religion. les autres la justice. et les autres la police: car ce sont les trois colonnes sur lesquelles le royaume de France est fondé."——译者);亦参照 A. 勒迈尔(A. Lemaire),《法国君主制的根本法》(Les Lois fondamentales de la Monarchie Française, Paris 1907),第 105—108 页。

[209] H. 阿尼塞乌斯(H. Arnisaeus),《论国家或政治讲演录两篇》(De Republica seu relectiones politicae libri duo, Francofurti 1615),第 39 页(此段文字的原文为:"Quam Graeci πολιτείαν, Latini vocant Rempublicam. Eam plerique confundunt cum civitate…"——译者)。亦参照:H. Dreitzel, Protestantischer Aristotelismus(见本书上篇注释 43),S. 262。

第四章 医学领域和"政治学"文献中的构成和状态概念

materia, sed forma)看到了"国家的正确类型"(legitimum genus Reipublicae)。[210] 他把亚里士多德的"秩序"(τάξις, taxis, 或"安排""布置""排列")[211]概念选为"国家"(Respublica)规定性的出发点:

> 也就是说,这个词是否表示国家的正确构成,取决于它的秩序。[212]

然而,阿尼塞乌斯在 1615 年的小册子《论国家》(De Republica)中却没有再接纳秩序概念与"constitutio"之间的联系。他清楚地把"秩序"(τάξις)从"创建"(institutio)、"规定"(descriptio)和"法令"(ordinatio)这些常见解释中脱离开来:

> 因为……所有这些词都指任何一种想法和对象,所以国家就是自身存在的东西。用法令(ordinem)转译它们,这是更好的翻译决定。[213]

---

[210] Arnisaeus, De Republica (1615), S. 39;亦参照: H. Dreitzel, Protestantischer Aristotelismus(见本书上篇注释43), S. 262。

[211] 参照本书上篇注释40。

[212] H. 阿尼塞乌斯(H. Arnisaeus)(博导),《论一般国家之第五场政治论辩》(Disputationum politicarum quinta, de Rebuspublicis in genere, Helmstadii 1605),论题1,第2节,答辩人:博士生 M. C. 李维(M. Canne Livo)(此段文字的原文为:"Utrumque enim vocabulum designat legitimam constitutionem civitatis, in ordine consistentem."——译者)。

[213] Arnisaeus, De Republica(见本书上篇注释209), S. 43. (此段文字的原文为:"Quia... omnia haec vocabula motum aliquem, et productionem implicant, Respublica vero est quiddam per se subsistens, melior censenda est traductio eorum, qui per ordinem transferunt."——译者)

但"国家的状态,其形态塑造延伸至所有部分"(status Reipublicae, cuius conformatio ad omnes partes spectat),这可以在"法律"(leges)上进行确定。[214] 按照三种政体模式,"政体"和"状态"成为国家共同体的确定标准,按照这些标准还可以判断"我们日耳曼罗马帝国的政体与状态"。[215] 然而,由于亚里士多德的六种政体类型很少存在着纯粹形式,因此对"混合状态/混合政体"(status mixtus)理论可能性和现实经验的追问日益占主流地位——而这也完全是在亚里士多德的传统之中[216]——尤其是自博丹(Bodin)以来掀起对帝国政体的崭新讨论。在17世纪的"混合状态/混合政体"讨论中,政治学文献内部展开了一场在亚里士多德意义上确定的"宪制"讨论,这场讨论仍广泛以身体比喻来进行:

> 这是简单的政体,它们之间会被混合在一起,以致从中形成一种混合政体;各种因素结合成一个统一体,构建一个混合的国家身体;也就是说,不存在着单纯因素。[217]

---

214 Arnisaeus, Disputatio politica quinta(见本书上篇注释212),论题1,第35节。

215 丹尼尔·凯泽(Daniel Keyser),《国家宪典之法律和政治讨论》(Tractatio juridico-politica de reipublicae constitutione, Jenae 1667),第117页。

216 V. 文贝尔(V. Wember),《宪法混合与宪法中道——平等时代之初政治理论中混合宪法的现代形式》(Verfassungsmischung und Verfassungsmitte. Moderne Formen gemischter Verfassung in der politischen Theorie des beginnenden Zeitalters der Gleichheit, Berlin 1977),"政治学文集"(Beiträge zur Politischen Wissenschaft),第27辑,第23页及以下诸页;Nippel, Mischverfassungstheorie(见本书上篇注释28), S. 39 ff.。

217 Keyser, De reipublicae constitutione(见注释215), S. 114(§3). (此段文字的原文为:"Hae sunt simplices Rerum publicarum formae, quae tamen ita inter se misceri possunt, ut inde mixta Reipublicae forma oriatur, non aliter, ac elementa coalescunt in unum, et mixtum constituunt corpus; nullum enim datur purum elementum."——译者)

第五章 "根本法"与"宪法"

一 法国

1. 16世纪的"国家"和对君主的约束

16世纪下半叶的法国,信仰分裂、内战和王位继承冲突导致论战作品迭出,这些作品试图论述"国家"思想及其秩序。[218] 与此同时出现的是,在法国人们把注意力集中在可译为"国家"——还有"等级阶层"和"状态"——的"Estat"(国家)这个概念上,该概念排挤掉了当时占支配地位的"République"(国家/共和国)概念。这是维默尔(Wimmer)在博丹《国家六论》(Six livres de la République,1576)法文版中和在博丹1586年出版的拉丁文版(De republica libri six)中所强调的论断。[219] 这一观察也符合朗古

---

[218] 有关法学家对这种发展的参与,可参照 R. 施努尔(R. Schnur),《16世纪教派内战中的法国法学家——现代国家形成史研究》(Die französischen Juristen im konfessionellen Bürgerkrieg des 16. Jahrhunderts. Ein Beitrag zur Entstehungsgeschichte des modernen Staates,Berlin 1962),第26页及以下诸页。

[219] 用"国家"(Staat)翻译"République"的核心翻译问题,可参照 B. 维默尔(B. Wimmer),让·博丹(Jean Bodin),《国家六论》(Sechs Bücher über den Staat),第1—3篇,B. 维默尔(B. Wimmer)译,P. C. 迈尔-塔施(P. C. Mayer-Tasch)编(München 1981),第60—71页。

特[Languet(Brutus)]在《反暴君》(Vindiciae contra tyrannos)的法文译本(1581年)中对"国家"(Estat)概念的使用。[220] 16世纪中期以降,由于拉丁文不再是政治讨论中的唯一语言工具,所以"Respublica"(国家/共和国)这个拉丁文概念或它的法文派生词"République"的衰落似乎有利于"état"(国家)在国家意义上的大力使用。[221] 德国的"Staat"(国家)概念的发展有多落后于此,这与首次出版博丹《国家六论》的德文译本相比较就可见一斑。该译本是来自默姆佩尔加德的牧师M.约翰·奥斯瓦尔德(M. Johann Oswald)在1592年翻译的。奥斯瓦尔德几乎一直把来自他所使用的博丹著作法文版和拉丁文版的"République"和"Respublica"翻译成"共同统治"(gemeines Regiment)、"统治"(Regiment),尤其是翻译为"共同利益"(gemeiner Nutzen)。[222]

---

[220] 对此参照阿莱特·茹阿纳(Arlette Jouanna)对法语文本的引论性概念分析,载厄梯内·尤尼乌斯·布鲁图斯(Etienne Junius Brutus),《反独裁者的规定——1581年法文翻译》(Vindiciae contra tyrannos. Traduction Française de 1581, Genève 1979), A. 茹阿纳(A. Jouanna)等人作序,"政治思想史经典文本"(Les Classiques de la Pensée politique),第11辑,第35—37页。

[221] 参照:Wimmer, Jean Bodin, Über den Staat(见本书上篇注释219), S. 65-67。

[222] 对此参照作者在该处使用的第2版(1611年);M. J. 奥斯瓦尔德(M. J. Oswald),《论世上一般政府——政治的、全面的和正确的教导,也是声情并茂的报告,在其中详细解释了,不仅要正式创建政府,而且还要维护其良好状态;其中来自约翰·博丹先生撰写的〈国家六论〉……在此为德意志民族用我们今天常用的德语由M.约翰·奥斯瓦尔德正式译自拉丁文和法文》(Von Gemeinem Regiment der Welt. Ein politische, gruendtliche und rechte Underweisung, auch Herrlicher Bericht, in welchem außfuehrlich vermeldet wirdt, wie nicht allein das Regiment wol zubestellen, sonder auch in allerley Zustandt… zu erhalten sey… in sechs Bücher verfasset; durch… Herrn Johan Bodin… Jetzt aber Teutscher Nation zu gut, auß Lateinischer und Französischer Sprach, in unser gemein und gebreuchlieh Teutsch trewlich und fleissig gebracht: Durch Herrn M. Johann Oswald…, Franckfurt am Main 1611);参照该处题目中的翻译例子,第1页及以下诸页、第426页。维默尔(见本书上篇注释219)在第61页注释39处所列出的词汇例子是,奥斯瓦尔德的早期翻译中对"Staat"(国家)的使用,但是这些词汇明显只与"Stadt"(城市/城邦)有关。

第五章 "根本法"与"宪法"

在"Verfassung"(宪制/宪法/状态/秩序)意义上的"constitution"的概念形成仍未伴随同步的"estat"(国家)概念的发展。上文谈到的拉丁文概念"constitutio"至少在格雷戈尔·冯·图鲁斯(Gregor von Toulouse)[223]那里与独立的"国家"概念还没有关系,而"人的共同体"之秩序因素才是首要的。然而,他非常准确地区分了"涉及王国状态及其建立的法律……"(loix qui concernent l'estat du Royaume, et de l'establissement d'iceluy...)和"与王国建立无关的法律"(qui ne concernent point l'establissement du Royaume)。[224] 这一区分涉及两种法律领域即君主政体和私法秩序中的法律变动问题。适合于第一种领域的是:

> 涉及王国状态及其建立的法律以及与王国和王位相联系的法律,诸如萨利克法,国王不能废除。无论他干什么,其继承者总可以自主地撤销他采取的所有对王权权利产生不利的措施,而作为至高无上权力的王权地位建立在这些权利的基础上。[225]

"王国法"(loix du Royaume)——与"有关私人权利的法律"

---

[223] 参照本书上文第三章第一节。

[224] J. Bodin, Les six livres de la république, 3. Edition, Paris 1578, S. 100 (I 8).

[225] Bodin, République (1578), S. 100 (I 8). (此段文字的原文为:"Quant aux loix qui concernet l'estat du Royaume, et de l'establissement d'iceluy, d'autant qu'elles sont annexees, et unies avec la couronne, le Prince n'y peut deroger, comme est la loy Salique; et quoy qu'il face, tousiours le successeur peut casser ce qui aura esté fait au preiudice des loix Royalles, et sus lesquelles est appuyé et fondé la majesté souveraine."——译者)

(leges de iure privatorum latae)[226]相反——不允许君主改变和干预,这因此对君主展示了行为边界。拉丁文版对这种情况转述得更为准确:

> 涉及王国法律的东西,因为它们直接和主权联系在一起,所以君主既不能废除,也不能从中拿掉什么;萨利克法就具有这种意义,它是本王国最坚实的基础。[227]

这种"帝国法"(leges imperii)因而体现了与博丹主权学说有直接关系[228]的基本原则,这些基本原则还体现了保护传统秩序不可动摇的规则内核。"萨利克法"尤其属于这种"帝国法"。从1592年奥斯瓦尔德的德文版中可以看出保护这种秩序的苗头,他把"王国法"或"帝国法"作如此转译:

> 至于对等级阶层和政府的安全必要的法律,统治者什么也不能拿掉,更不允许他废除这些法律。因此,这在我们这里如同萨利克法,我们的王国必须建立在它的基础之上,如同建

---

226 参照拉丁文文本:J. Bodin, De republica libri sex, latine ab actore redditi, Francofurti 1622, S. 139(Ⅰ8)。

227 Bodin, Republica(16220, S. 139(Ⅰ8)。(此段文字的原文为:"Quantum vero ad imperii leges attinet, cum sint cum ipsa maiestate coniunctae, Principes nec eas abrogare, nec iis derogare possunt: cuiusmodi est lex Salica, regni huius firmissimum fundamentum."——译者)

228 对此参照夸里奇对博丹的基本分析与解释:H. 夸里奇(H. Quaritsch),《国家与主权》(Staat und Souveränität, Frankfurt 1970),第347—368页。

第五章 "根本法"与"宪法"

立在坚固的根基之上。但只要这些法律被拿掉了,那么后面的执政者也会撤销和取消此种做法……[229]

奥斯瓦尔德——按照维默尔借助"Verfassung"(宪法/宪制/状态/秩序)概念的现代翻译[230]——对法律目的和秩序对象进行补充性的和词汇丰富的转述,而对这种法律目的和秩序对象——如同在博丹那里一样——还没有统一概念可供使用。他用阐释"verfassen"(书写/拟定/起草/商定/整合)的文字对博丹国家法作品的翻译进行辩护,而这些作品基本上远离他作为牧师的"职业"。

圣经思想本身也体现了统治,在圣经思想中,它不仅在以色列的子民们那里通过先知摩西,用他的秩序和律法拟定(verfassen)的一种特殊统治,而且还……规定了良好规则,和本身想在法典中删去……[231]

1576年以后的法国,除了博丹主权体系的"帝国法"外还出现了"根本法"(lois fondamentales)概念,[232]但博丹不使用这个概

---

[229] 参照奥斯瓦尔德的译本,此处引自1611年第2版:"论共同统治"(Von Gemeinem Regiment)(见本书上篇注释222),第95页。
[230] 参照:Wimmer:Jean Bodin(见本书上篇注释219),S 218。
[231] Oswald, Von Gemeinem Regiment(见本书上篇注释222),前言(第5页);同样地参照第525页。
[232] 参照本书上篇注释208。

念。[233] 另外,"根本法"——在其中完全可以和"帝国法"相比较——瞄准约束君主的基本原则的不可变动性,例如,法国国王的天主教信仰、"公共领域"不可转让、征税需要等级阶层的同意,以及依照萨利克法由男子继承王位等就属于这些基本原则。[234] 它们对统治者确定了法律上的行为边界,这种行为边界已经在塞瑟尔(Seyssel)那里表现为"约束"(frein):

> 在法国,国王的权威和权力受三种约束机制的规定和限制。[235]

由此,人们追求一种确立法国君主制国家的规则连续性。

2. 词典层面

在17世纪、18世纪的法国词典中,"constitutio"这个词连续地保留着它的传统含义,几乎不以与国家相关的秩序化身出现。但值得注意的是,法国工具书一般不引用拉丁文形式的"constitutio",而是用法语形式的"constitution"。

---

233 这两个概念领域的区别参照:Quaritsch, Staat und Souveränität(见本书上篇注释228), S. 363-367。

234 有关其形成的政治-历史语境,亦参照 K. P. 斯沃博达(K. P. Swoboda),《法国宗教战争时代"根本法"的意义》(Die Bedeutung der „lois fondamentales" im Zeitalter der Religionskriege in Frankreich, Wien 1979),哲学博士论文,机打版,第116页及以下诸页;有关教义归类另参照:A. Lemaire, Lois fondamentales(见本书上篇注释208), S. 102 ff. 。

235 克洛德·德·塞瑟尔(Claude de Seyssel),《法国重要的君主制》(La grand monarchie de France, o. O. 1541),第12页及以下诸页(此段文字的原文为:"Comme l'autorité et puissance du Roy est riglé et refrené en France par troys freins."——译者)。

第五章 "根本法"与"宪法"

里什莱（Richelet）在 1680 年的《法语词典》（Dictionnaire François）中区分了"Constitution"的四种含义。第一种含义指状态，即"气质状态"（état disposition），用的例子是"身体状态/构成"（La Constitution du corps）和"天体状态/构成"（du ciel）。第二种含义涉及所有在罗马法意义上与"教皇宪令"（les constitutions des Papes）和"优士丁尼皇帝"（de Justinien）宪令有关的法律["法律、法令"（loix, ordonnance）]。第三种含义涉及"宗教法规"（Règlement de Religieux）意义上的教会领域。第四种含义涉及"年收入"（Rente annuelle）。[236] 该词典在 1693 年的第二版还带来了一段显著的含义扩展内容，即"规整事物的类型和方式。事物的组合"。[237] 1727 年，这种在结构方面进行思考的含义在菲勒蒂埃（Furetiere）那里有明显深化：

> "Constitution"意味着组合，即把多个部分组合成为一个整体。[238]

---

[236] P. 里什莱（P. Richelet），《法语词典——含字词及内容……》[Dictionnaire françois, contenant les mots et les choses…, A Genève 1680 (Reprint: Hildesheim/New York 1973)]，第 1 卷，第 172 页；亦参照 M. 韦南斯（M. Valensise），"革命前讨论中的法国宪法"（The French Constitution in Prerevolutionary Debate），载《现代史期刊》（The Journal of Modern History），第 60 期（1988 年），第 26—32 页。

[237] Richelet, Dictionnaire, Tome I, 2e édition, A Genève 1693, S. 253.（此段文字的原文为："manière dont une chose est faite. La composition d'une chose."——译者）

[238] A. 菲勒蒂埃（A. Furetière），《法语大词典》（Dictionnaire Universel, contenant généralement tous les mots françois, A La Haye 1727），第 1 卷，词条：Constitution，由 B. 德·博瓦尔（B. De Beauval）和 B. 德·拉·里维埃（B. De la Rivière）增补（此段文字的原文为："Constitution, signifie encore, Composition; assemblage de plusieurs parties pour faire un tout."——译者）。

各个部分组合成一个整体的统一体,被用作的例子是"人体的构成"(la constitution du corps humain)。人的健康条件被称为"构成"(constitution),还没有特别强调其秩序因素。然而,这种因素倒是在天文学家所发现的"八种或十种体系中,或者在世界的构成"(huit,ou dix sysètmes,ou constitutions du monde)中被发现。"天体的构成"(La constitution du ciel)由此解释了所观察到的现象,符合被认识到的秩序。但是,它以前的含义在继续发展时,还经历了扩展填充,而这些含义填充有例可证。人的良好健康状态现在被看成是良好组合的体现,"个人的各方面被很好地组合后,他的构成就是健康的"(qu'un homme est de bonne constitution, lorsqu'il est bien composé)。作为"场景、状态、安排"(situation,état, disposition)的"构成组合"(constitution)也和"诗歌"(le Poème)有关,这指它的场景和内部构造,即"布局"(l'économie)。[239]

法国的法律词典和参考书主要把"宪法"(constitution)只当成罗马法法源秩序基础上的立法形式和法律类型。费里埃(Ferriere)把"一般宪法"(constitutions générales)当作"公法"(droit public)的规则领域,并把它理解为受人喜欢的司法问题。[240] 它与国家整个秩序的关系变得不明显。米罗梅斯尼尔(Miromesnil)甚至把"一般宪法"称作"政治法"(loix politiques),这是以该法律的普遍约束性来加以论证的东西。

---

239 Furetiere, Dictionnaire I (1727): Constitution.
240 C.-J. 费里埃(C.-J. De Ferriere),《法律及其实践词典》(Dictionnaire de Droit et de Pratique, Paris 1755, Paris/Liege 1783),新版,第 1 卷,第 260 页及下页:"constitution"词条。

第五章 "根本法"与"宪法"

"constitution"的单数形式完全被普遍地称为"事物的创立"(établissement de quelque chose)。[241] 狄德罗/达朗贝尔(Diderot/D'Alembert)的《百科全书》也传递了这种来自私法立法领域的传统含义和名称。另外,在"Constitution"(历史与现代)词条之下,这时却在与国家相关的维度中阐释该概念。这以旧帝国为例证,令人感到意外:

> 这个概念因与德意志帝国有关而具有两层含义。人们把它的第一层含义理解为用于调整整个帝国的一般法律。该概念的第二层含义是指在如此庞大的国家身体中的政府状态。……[242]

整个帝国的法律规则、准则和政府的事实状态成为如此定义宪法概念的两个方面。"宪法或政府"(la constitution ou le gouvernement)这种说法也暗示两种等同用法的可能性。《百科全书》在"constitution"词条下还探讨了"帝国法"(loix de l'Empire)。它们被分成了两类:

---

[241]《法学方法百科全书》(Encyclopédie méthodique. Jurisprudence, Paris\Liaège 1783),于埃·德·米罗梅尔(Hue De Miromesnil)主编,第3卷,第260页及下页:"constitution"词条。

[242] 狄德罗(Diderot)、达朗贝尔(D'Alembert),《百科全书》(Encyclopédie, Genève 1777),新版,第9卷,第150页:"constitution"(宪法)词条(此段文字的原文为:"Ce terme relativement à l'empire d'Allemagne, a deux significations différentes. Sous le première on comprend les lois générales qui servent de règle à tout l'empire... La seconde signification de ce terme regarde l'état du gouvernement de ce vaste corps..."——译者)。

……普遍涉及德意志国家身体状态的法律和只与单项事务有关的法律。[243]

《黄金诏书》《选帝协议》《威斯特伐利亚和约》等都被算作是"一般法"(lois générales),而按照德国帝国国家学说它们全部都属于最重要的帝国基本法,当然它们在当时并没有被如此称呼。作为"宪法"(constitution)显著因素的司法被算作与"特殊法"(les particuliers)相关的法律。就此而论,"宪法"被证实是包括了"根本法"和司法在内的许多单项规范的上位概念。

3. 国家法文献中的宪法概念

在国家法和政治小册子文献[244]中有据可查的"宪法"(constitution)概念作为国家的规范秩序因素明显更早。例如,波舒哀(Bossuet)在其政治小册子《与圣经特有话语有关的政治学》(Politique tirée des propres paroles de l'écriture sainte)——写于1679年至1703年——中也明确拥护排除女子的王位继承。男子继承王位原则是

---

[243] Encyclopédie IX, S. 163.(此段文字的原文为:"… en lois qui regardent les états du corps germanique en général, et en lois qui regardent les affaires des particuliers."——译者)

[244] 对此最新亦参照 W. 施马勒(W. Schmale),"宪法、宪法的"(Constitution, Constitutionnel),载 R. 赖希哈特(R. Reichardt)、H.-J. 吕泽布林克(H.-J. Lüsebrink)主编,《法国政治－社会基本概念指南(1680—1820)》(Handbuch politisch-sozialer Grundbegriffe in Frankreich 1680—1820, Heft 12, München 1992),第12册,第32—36页及以下诸页。

第五章 "根本法"与"宪法"

法国君主制最重要的根本法之一。[245] 波舒哀用以下文字强调了这一准则的规范性：

> 因此，按照某种基本法调整王位继承的法兰西能够拥有最可能好的宪法，也最能适合上帝本身所创建的东西。[246]

在此仍以状态性因素为主，但这种因素受到法律原则——即王位继承法原则——的决定。[247] 对波舒哀来说，男子王位继承是"最好的国家宪法"(la meilleure constitution d'Etat)的一个标准，这个标准又以上帝设定的——因而可以想象完全是最高级的——秩序来加以衡量。由此可见，波舒哀也是从圣经中推导出不让女子继承王位的结论。

然而，"宪法"概念仍未获取完全的明确性。贝里

---

[245] 参照因伊诺桑·让蒂耶(Innocent Gentillet)，《论优良政府和维护王国及其他诸侯国和平的方法……反佛罗伦萨的马基雅维利》(Discours sur les moyens de bien gouverner et maintenir en bonne paix un Royaume ou autre Principauté... Contre Nicolas Machiavel Florentin...，1576)，第58页。作者最先使用"lois fondamentales"(根本法)概念；亦参照重印本，1968年日内瓦[《政治思想的经典作家》(Les Classiques de la Pensées Politique)]，第5卷，C. E. 拉德(C. E. Rathé)主编，第83页及下页；A. Lemaire, Les lois fondamentales(见本书上篇注释208)，S. 103 f.。

[246] 雅克—贝尼涅·波舒哀(Jacques-Bénigne Bossuet)，《政治学……》[Politique tirée...(1679—1703)]，引自《波舒哀全集》(Oeuvres complètes de Bossuet)，F. 拉沙(F. Lachat)主编，Paris 1864，第23卷，第528页(第2篇，第1条，论题11)(此段文字的原文为："Ainsi la France, où la succession est réglée selon ces maximes, peut se glorifier d'avoir la meilleure constitution d'Etat qui soit possible, et la plus conforme à celle que Dieu même a établie."——译者)。

[247] 状态性因素似乎在施马勒(Schmale)的文章"宪法、宪法的"(Constitution)中(见本书上篇注释244)所引的波舒哀的句子"国家身体的良好状态……"(la bonne constitution du corps de l'Etat...)中也有影响，与身体比喻的紧密联系说明了这一点，但施马勒更多强调"宪法"意义。

耶(Berrier)——海军部长——在1768年涉及政府时谈到作者试图"赞同我们肯定少有瑕疵的宪法"(d'approuver noter constitution, qui certainement est une des moins défectueuses)。[248] 他由此意指通过改正因无知和贪婪所产生的错误才能逐渐完善的状态。与此同时,帕基耶(Pasquier)谈到"把等级阶层和宗教修士会组合起来的宪法"(de la constitution des Etats et des Ordres que les composent),其旨在人的社会联合和"公共权力(puissance publique)"的建立。[249]

尤其是,强烈影响革命前政治话语的孟德斯鸠(Montesquieu)的《论法的精神》(Esprit des lois, 1748)代表了"constitution"熠熠生辉的含义范围。[250] 宗教法纠正"政治构成秩序"(de la constitution politique)错误的能力,意味着维持状态性秩序意义上的"政治状态"(Etat politique)。[251] 把"constitution"用作法国国王们的法律,[252]用作"一人的政府"(gouvernement d'un seul)或政体学说意义上的"多数人的政府"(de plusieurs),[253]这种用法还是完

---

[248] 引自弗勒里(Fleury),《法国公法》(Droit Public de France, Paris 1769),达拉贡(J. B. Daragon)编,第1卷,第19页(此段文字的原文为:"d'approuver notre constitution, qui certainement est une des moins défectueuses."——译者)。

[249] 帕基耶(Pasquier),"公法评阅书"(Avis sur le Droit Public),载弗勒里(Fleury),《公法》(Droit Public),第1期(1769年),第74页及下页。

[250] 参照E.卡尔卡松(E. Carcassonne),《孟德斯鸠与18世纪法国宪法问题》(Montesquieu et la problème de la constitution française au XVIII e sièle, Paris 1927, Reprint Genève 1970),第65页及以下诸页;R. Schmidt, Vorgeschichte(见本书上篇注释1),S. 91。

[251] 孟德斯鸠(Montesquieu),《论法的精神》(De l'esprit des lois),第24篇,第16章。

[252] 同上书,第31篇,第2章。

[253] 同上书,第20篇,第4章。

第五章 "根本法"与"宪法"

全落入沿袭下来的应用领域的传统窠臼。然而,"constitution"在孟德斯鸠那里获得了一个关键性含义,它被拿来用作衡量法律必须适应各个民族和国家的特殊条件和环境的标尺:

>"为民族而定""与政府的性质和基本原则有关""与国家的自然特征有关……""……与可以允许的自由度有关……"[254]

国家制度、民族和国家所独有的全部特殊性关乎国家的性质、倾向和发展状态,这种发展状态在集合单数词"constitution"中充分体现了共同体各个状态的各种信息,这完全可以和人的身体相比较。[255] 通过在《论法的精神》1748年的初版中使用一个副标题,孟德斯鸠就已经使"constitution"的这层含义能被辨识出来。他后来没有再采纳这个副标题了。

>论法律必须与每个政府的构成状态(constitution)、风俗、气候、宗教和商业等有关系。[256]

---

[254] 孟德斯鸠(Montesquieu),《论法的精神》(De l'esprit des lois),第1篇,第3章(此段文字的原文为:"propres au peuple","rapportent à la nature et au principe du gouvernement","relatives au physique du pays…","… se rapporter au degré de liberté que la constitution peut souffrir…"——译者)。

[255] 亦参照:R. Schmidt, Vorgeschichte(见本书上篇注释1),S. 91。

[256] (此段文字的原文为:"Du rapport que les loix doivent avoir avec la constitution de chaque gouvernement, les mœurs, le climat, la religion, le commerce etc."——译者)在牵涉爱德华·拉博拉耶(Edouard Laboulaye)时,R. 施密特又引证这句话。但与施密特相反,1749年的日内瓦版本仍然用的是这个副标题,参照:R. Schmidt, Vorgeschichte(见本书上篇注释1),S. 91, Fn. 3。

这些差别汇聚了该作品的目标设定（第1卷，第3章），描绘了前制定法的（vorgesetzlich）状态和超制定法的（übergesetzlich）状态，立法者的理性——法律本身应该是理性的——必须顾及这种状态。

在把"政治自由"（liberté politique）作为"宪制的直接对象"（objet direct de sa constitution）进行探讨时，孟德斯鸠让人们认识到"构成状态"（constitution）与国家组织相关的一层含义。[257] 他看到它在英吉利"民族"的立法中——不是在实践中——成为现实。[258] 这种自由是通过权力的相互约束来实现的，孟德斯鸠把这种权力约束称为"政府的根本宪制"（constitution fondamentale du gouvernement）。[259] 现代宪法学说曾试图从中推导出一种自由的宪法概念，这种宪法概念是可以通过保障公民自由来确定的。[260]

在孟德斯鸠的体系中，根本法（lois fondamentales）意味着每种政体的基本规则。[261] 根本法的这种多元性在革命时期由于——甚至还是国王方面提出的——要求一部统一的"宪法"（constitution）才受到质疑：

……为君主制制定宪法的必要性，类似于事物的实际状

---

[257] 孟德斯鸠（Montesquieu），《论法的精神》（De l'esprit des lois），第11篇，第5章。
[258] 同上书，第6章。
[259] 同上；这种用语在孟德斯鸠那里也缺乏明确性，参照：R. Schmidt, Vorgeschichte（见本书上篇注释1），S. 93。
[260] C. Schmitt, Verfassungslehre（见本书上篇注释13），S. 38。
[261] 同上书，第1篇，第2章："这仍是民主的根本法，仅由人民制定法律"（C'est encore une loi fondamentale de la démocratie, que le peuple seul fasse des lois）。

第五章 "根本法"与"宪法"

态法则……[262]

这种"事物的实际状态"(état actuel des choses)除了意味着要求具有国家性质的"宪法"这一新类型法律的革命主张之外——这种主张把历史经验汇聚成"Constitution"这个崭新的集合单数——,还意味着孟德斯鸠多元化思考的"自然的"宪法概念在思想和语言中的持续影响。[263]"宪法"这个词的意义在 18 世纪的政治语言中,尤其是在"巴黎议会"(Parlements de Paris)的"驳回书"(rémonstrances)中日益增长,从而标记出了往那个方向行进的道路。[264]

二 英国

"根本法"(fundamental laws)在英国首先是培根(Francis

---

[262] 参照"1787 年 1 月 29 日高等级大会序言"(Préambule sur l'assemblée des Notables, du 29 janvier 1787),引自:Carcassonne, Montesquieu(见本书上篇注释 250), S. 543(此段文字的原文为:"… la nécessité de donner une constitution à la Monarchie, des loix plus analogues à l'état actuel des choses…"——译者)。在瓦特尔(1758 年)那里的宪法概念的形成,参照本书下文第十四章。

[263] 亦参照:R. Koselleck, Begriffsgeschichtliche Probleme der Verfassungsgeschichtsschreibung, in: Gegenstand und Begriffe der Verfassungsgeschichtsschreibung (Der Staat, Beiheft 6), Berlin 1983, S. 7—21 (17 f.)。

[264] 对此参照施马勒的全面观察和概念分析(第 1721 页及以下诸页);W. 施马勒 (W. Schmale),《去基督教化、革命与宪法——法国宪法思想史(1715—1794)》(Entchristianisierung, Revolution und Verfassung. Zur Mentalitätsgeschichte der Verfassung in Frankreich, 1715-1794, Berlin 1988),"历史研究"(Historische Forschungen),第 37 辑,第 31 页及以下诸页、第 39 页及以下诸页;Schmale, Constitution, Constitutionnell (见本书上篇注释 244), S. 35 f.。

Bacon)于1596年在"国家"和"政府"的语境下提及：

> 爱德华国王首先……，在他……自己满意于军队的光荣，经营这块神圣土地之后……他喜欢赋予其国家各种重要的和根本的法律(fundamentall lawes)，政府原则上向来都建立在这些法律之上。[265]

"根本法"的两个特征变得清晰可见：①统治者——对此宣布为自我约束——受法律基本原则或规则的约束；②王国政府[266]以这些基本原则或规则为基础。这准确符合"根本法"(lois fondamentales)的功能，像它自1576年以来出现在法国的那样。[267]

16世纪末和17世纪初，"宪法"(constitution)这一表达在与

---

[265] 弗朗西斯·培根(Francis Bacon)，"对《法律箴言》的《书信讨论集》"("The Epistle Dedicatorie"zu"The Maximes of the Law",1596)，载 F. 培根(F. Bacon)，《英国普通法一些主要规则及箴言文集》(A collection of some principall Rules and Maximes of the Common Lawes of England, London 1630)，第3页；有关1596年的年代记载，参照 J. W. 高夫(J. W. Gough)，《英国宪法史中的根本法》(Fundamental Law in English Constitutional History, Oxford 1961)，第51页。

[266] 16世纪至18世纪的"政府"(government)概念——和今天一样——有许多含义。它可指政府或政府权力、统治的组织运行，也可指国家或国家性质的共同体。除此之外，它还具有明显相近"宪法"和宪法文件的含义——"政府文书"(instrument of Government)——尤其是在克伦威尔时代的讨论中更是如此。对此可参照：G. Stourzh, Vom aristotelischen zum liberalen Verfassungsbegriff, 现亦参照：Stourzh, Wege zur Grundrechtsdemokratie. Studien zur Begriffs-und Institutionengeschichte des liberalen Verfassungsstaates, Wien/Köln 1989, S. 7-10；W. 罗特席尔德(W. Rothschild)，《英国革命中的成文宪法思想》(Der Gedanke der geschriebenen Verfassung in der englischen Revolution, Tübingen/Leipzig 1903)，第28页。

[267] 参照本书上文第五章第一节第1小节。

"政府"(government)和"根本法"(fundamental laws)的词汇竞争中逐渐取胜,当然也没有把它们完全排挤掉。[268] 然而,这些概念获得了崭新的含义范围,并形成一种新的位阶关系。1727 年,罗格·阿克莱(Roger Acherley)在伦敦出版的《不列颠宪法:或不列颠根本的政府形式/政体》(The Britannic Constitution: or, The fundamental form of government in Britain)[269]恰好统一了英国宪法发展的三大主要概念:宪法(constitution)、根本(形式)[fundamental (form)]和政府(government)。但在这个位阶序列中占支配地位的崭新上位概念已经清晰可见。

格拉尔德·施图泽(Gerald Stourzh)的研究[270]表明,16 世纪的

---

[268] 此外,容易让人猜测的是,"constitution"概念在法国也有可能被读成"外来的英语词"。在法国的出版物和书籍标题中经常涉及英文的"constitution",这至少说明了这样的解释;亦参照:Schmale, Entchristianisierung(见本书上篇注释 264), S. 31 f. 。

[269] 明显准确的标题原文是,"不列颠宪法:或不列颠政府的根本形式。宣示:依照主要制度,国王和人民把最初契约引入本国。经证明,国王威廉三世座上放置的东西是最初宪法的……自然果实。并且,该王位的继承……是法理(De Jure),是经大不列颠根本法合法化了的"。亦参照:Roger Acherley, London 1727. 亦参照 G. 施图泽(G. Stourzh),"17、18 世纪英国和北美的政体学说与根本法"(Staatsformenlehre und Fundamentalgesetze in England und Nordamerika im 17. und 18. Jahrhundert. Zur Genese des modernen Verfassungsbegriffs),载 R. 菲尔豪斯(R. Vierhaus)主编,《统治契约、选帝协议、根本法》(Herrschaftsverträge, Wahlkapitulationen, Fundamentalgesetze, Göttingen 1977),"马普历史所文集"(Veröffentlichungen des Max-Planck-Instituts für Geschichte),第 56 辑,第 304 页。

[270] G. Stourzh, Staatsformenlehre(见本书上篇注释 269), S. 294-327;同上作者, Vom aristotelischen zum liberalen Verfassungsbegriff. Zur Entwicklung in England und Nordamerika im 17. und 18. Jahrhundert, in: Fürst, Bürger, Mensch. Untersuchungen zu politischen und soziokulturellen Wandlungsprozessen im vorrevolutionären Europa, hrsg. von F. Engl-Janosi u. a. (Wiener Beiträge zur Geschichte der Neuzeit 2), Wien 1975, S. 97-122;同上作者,《从反抗权到宪法司法审判:18 世纪违宪问题研究》(Vom Widerstandsrecht zur Verfassungsgerichtsbarkeit: Zum Problem der Verfassungswidrigkeit

英国在"政府形式/政体"(forms of government)这一组合词中也继受了亚里士多德的政体学说。在 16 世纪和 17 世纪,英语"government"(政府/政体/国家体制/统治方式/管理方法等)一词还覆盖了调整统治组织和统治行使的广泛含义谱系,但没有展现出缩小为行政权力的含义。[271]

"constitution"概念在 17 世纪变得占据优势的根源之一在于,人们把人的身体特性比照地运用到"政治身体"(body politic)这一名称上。1620 年 11 月 11 日朝圣先辈们的《种植协议》(Plantation Covenant)明显仿照《教会协议》(Church Covenants)起草。在《种植协议》中,"政治身体"、契约联合与——仍无法明确定义的——作为移民共同体权威的法律约束形式的"公约"(constitution)之间的这种早期关系变得众所周知:

---

im 18. Jahrhundert, Graz 1974),"格拉茨大学欧洲及比较法史所文丛"(Kleine Arbeitsreihe des Instituts für europäische und vergleichende Rechtsgeschichte... Universität Graz),第 6 辑,第 6 页及以下诸页[现亦载: G. Stourzh, Wege zur Grundrechtsdemokratie (Studien zu Politik und Verwaltung 29), Wien/Köln 1989, S. 1-36, 37-74];同上作者,"宪法:17 世纪早期到 18 世纪晚期该词的变化含义"(Constitution: Changing meanings of the term from the early seventeenth to the late eighteenth century),载 T. 波尔(T. Ball)与 J. G. A. 波科克(J. G. A. Pocock)主编,《概念变化与宪法》(Conceptual change and the constitution, University Press of Kansas 1988),第 35—54 页。

271 Stourzh, Staatsformenlehre(见本书上篇注释 269),S. 301—303;"政府概念使用的欧洲一览",亦参照 G. 厄斯特赖希(G. Oestreich),"从统治契约到宪法文件——作为宪法文书的 17 世纪政体"(Vom Herrschaftsvertrag zur Verfassungsurkunde. Die Regierungsformen des 17. Jahrhunderts als konstitutionelle Instrumente),载:Vierhaus, Herrschaftsverträge(见本书上篇注释 269),S. 50-61; W. 弗罗切尔(W. Frotscher),《作为法律概念的政府——兼顾英国和法国宪法发展之下的宪法法和国家理论基础》(Regierung als Rechtsbegriff. Verfassungsrechtliche und staatstheoretische Grundlagen unter Berücksichtigung der englischen und französischen Verfassungsentwicklung, Berlin 1975),"公法文集"(Schriften zum Öffentlichen Recht),第 285 辑,第 18 页及以下诸页。

第五章 "根本法"与"宪法"

……为了我们更好的秩序和生存,促进上述目的,在场的诸位在上帝面前郑重地相互签订协议,把我们一起联合成一个公民政治身体;由此不时地通过颁布、构建(constitute)和框定如此公正和平等的法律、法令、法案、公约(constitutions)和公职,这种对殖民地普遍的善被认为是最适合的和最便利的……[272]

"政治身体"这一比喻用法也符合欧洲大陆的研究结果。[273] 在1643年发表的佚名作品《涉及根本法或本王国的政治宪法》(Touching the Fundamental Laws, or Politique Constitution of this Kingdom)中,反对个体契约确立意义上的根本法多元化立场尤为明显:

"根本法不是国王与人民之间协定(capitulation)的东西……"而是"构造(constitution)的东西,它创造了这样的一种关系,给与……国王和臣民这样的生活与存在,像首领和成员一样,真正存在的宪法是一种法律……被真正写在国家的心中,这远比用笔和纸写下的东西更为牢固"。[274]

---

[272] 该处引自 J. A. 斯宾塞(J. A. Spencer),《美国史——从最初时期到约翰逊总统执政》(History of the United States, from the earliest period to the administration of President Johnson, New York: 1866),第1卷,第55页。

[273] 参照本书上文第四章第二节。

[274] 〔佚名〕《涉及根本法或本王国的政治宪法》(Touching the Fundamental Laws, or Politique Constitution of this Kingdom [1643]),该处引自:J. W. Gough, Fundamental Law(见本书上篇注释265), S. 100;对此亦可参照:Stourzh, Staatsformenlehre, S. 306 f.。

根本法的内容不明确，可以包括"古代法"、王位继承权利，也可以包括诸如臣民针对统治者的权利。[275] 在被引用的这篇 1643 年的作品中显示，"根本法"被囊括进了集合单数形式的"constitution"这一上位概念中，同时塑造了这一上位概念。不是各项"协定"（capitulation），而是通过"协定"在统治者与臣民之间建立的法律关系形成一个更高的"像首领和成员"的统一体。这种构想与 17 世纪帝国公法学中的德国法权观念明显不同。帝国公法学把选帝协议——还有帝国决议——解释为契约，并把它们归为根本法，对这种根本法还没有更高的概念单元可供使用。因此，词典从三个概念层面凸显了"宪法"（constitution）的英国概念，例如，科特格雷夫（Cotgrave）在 1611 年指出这三个层面是：1."法案、命令、法令"这样的法律类型，2.构建或创建行为："提高税收"，3."性情，或身体的特性"。[276]

人们可以追踪大约自 1640 年以来从器官学含义向带有国家秩序内容的政治含义的过渡。这一过渡带有由许多关系规定搭配的用语，诸如"古代……该王国的政府构成"（constitution）和"王国

---

275 对此参照：Gough, Fundamental Law, S. 80 ff.；81, Fn. 2；Stourzh, Staatsformenlehre（见本书上篇注释 269），S. 313-318。

276 R. 科特格雷夫（R. Cotgrave），《法语和英语词典》（A Dictionaire of the French and English Tongues, London 1611），"宪法（constitution）"；"constitution"用语例证，亦参照 S. B. 克赖姆斯（S. B. Chrimes），"约翰·考威尔博士的宪法思想"（The Constitutional Ideas of Dr. John Cowell），载《英国历史评论》[The English Historical Review (1948)]，第 476 页及下页；C. 康斯托克·韦斯顿（C. Comstock Weston），《英国宪法理论与贵族院（1556—1832）》（English Constitutional Theory and the House of Lords 1556-1832, New York/London 1965），第 99 页。

第五章 "根本法"与"宪法"

宪章"(Constitution of the Kingdom)。[277] 从这种过渡出发走向了17世纪中期独立使用"宪法"(constitution)的道路。[278] 这种使用在"公法"和"私法"清晰的概念区分中也清晰可见。其中公法变为用"宪法"(constitution)转述国家状态的化身,其中包括行政和司法制度,但处于顶端的仍是国家的教会-宗教制度。

> 我们称与真正的国家宪法(Constitution of a Commonwealth)有关的为公法;它由宗教事务、牧师和地方执法官组成……也有必要由执法官掌握,因为任命那些人像法官一样去处理事务,这种法律才会被施行;因为,过去用这种法律进行统治的地方不多,所以以前少有用这种法律的意图。[279]

"宪法"独立为国家秩序的化身,这种国家秩序服务于统治权力的合法化,[280] 而违反这种秩序有可能被刻画为逾越了对统治者

---

[277] 《政治教义回答,或以国王陛下(即查理一世)自己的语言回答牵涉本国政府的某些问题,……》[A Political Catechism, or Certain Questions concerning the Government of this Land, Answered in his Majesties (d. i. Charles I.) Own Words,… London 1643],重印本载:Comstock Weston, English Constitutional Theory(见本书上篇注释276),第270页和第272页。

[278] 用这些及其他例子所进行的证明,可参照:Stourzh, Staatsformenlehre(见注释269),S. 311。

[279] J. 考威尔(J. Cowel),《英国法律总论……》(The Institutes of the Lawes of England,… London 1651),约翰·考威尔用拉丁文撰写……并译成英文,第1页及下页。

[280] 这也符合大部分欧洲国家中"根本法"的功能;对此参照 H. 默恩豪普特(H. Mohnhaupt),"'根本法'学说与欧洲王朝的家族立法"(Die Lehre von der „Lex Fundamentalis"und die Hausgesetzgebung europäischer Dynastien),载 J. 库尼施(J. Kunisch),《王朝诸侯国——王位继承秩序与早期现代国家形成的意义》(Der dynastische Fürstenstaat. Zur Bedeutung von Sukzessionsordnungen für die Entstehung des frühmodernen Staates, Berlin 1982),"历史研究"(Historische Forschungen),第21辑,第13页、第19页。Comstock Weston, English Constitutional Theory(见本书上篇注释276),S. 99。

设置的行为边界:这在1643年的《政治教义问答》(Political Catechism)中的意思是:

……因为这将是对本王国的彻底颠覆……[281]

1688年在议会提起一项谴责决议,

詹姆斯二世国王已竭力颠覆王国的宪法(constitution),破坏了国王与人民之间的原初契约,……违反了根本法(fundamental laws)……[282]

该决议的论证让人们认识到,"宪法"的形成不仅要通过统治者和人民之间的契约约束,而且还要通过各项"根本法"。"根本法"的复数形式就像在欧洲大陆一样指明权利的形成凭借各项授予和契约。但"根本法"(fundamental laws)和"根本宪章"(fundamental constitutions)转而进入集合单数形式的"宪法"(constitution)中,这实质上是把个人的和集体的权利保障引入此概念中了。[283] 1647

---

[281] Comstock Weston, English Constitutional Theory(见本书上篇注释276), S. 279;亦参照1648/1649年起诉卡尔一世违反"本王国的根本宪法"案,引自S. R. 加德尔(S. R. Gardiner),《清教徒革命的宪法文件(1625—1660)》(The Constitutional Documents of the Puritan Revolution 1625-1660, Oxford 1906),第372页。

[282] W. 布莱克斯通(W. Blackstone),《英国法释义》(Commentaries on the Laws of England I, Oxford 1765),第1卷,第204页;亦参照:Stourzh, Staatsformenlehre(见本书上篇注释269), S. 312; W. Rothschild, Der Gedanke der geschriebenen Verfassung in der englischen Revolution, Tübingen/Leipzig 1903, S. 6 f.。

[283] 亦参照:Stourzh, Staatsformenlehre(见本书上篇注释269), S. 311-317。

年至1649年的"军队辩论"也把"财产"展示为"国家宪法的根本部分"。[284] 对此,把各个部分——即各项根本法和宪章——组合成一部包含全部秩序的"宪法"(constitution),这明显变成了"成文宪法"的任务。[285] 伯林布鲁克(Bolingbroke)勋爵在1735年把"宪法"转述为这样一种治理国家共同体的法律、行动原则和制度的全面统一:

> 至于宪法,无论何时我们恰当和准确地谈及,我们指的都是法律、制度和习惯的集合体,来自与某种固定的理性原则,指向公共善的某种固定目标,这些目标组成普遍体系,共同体据此同意被管理。[286]

因此,宪法就符合逻辑地变成了更高的规范和国家公共生活

---

[284] A. S. P. 伍德豪斯(A. S. P. Woodhouse),《清教主义与自由——来自克拉克手稿中的军队讨论(1647—1649)……》(Puritanism and Liberty, being the Army Debates (1647-9) from the Clarke manuscripts...,London 1938),第55页、第75页。

[285] 参照:McIlwain, Constitutionalism:ancient(见本书上篇注释45),S. 11;Gough, Fundamental Law(见本书上篇注释265),S. 214 ff.;O. 汉德林(O. Handlin)和M. 汉德林(M. Handlin)主编,《政治权威的大众来源——1780年马萨诸塞宪法文件》(The Popular Sources of Political Authority. Documents on the Massachusetts Constitution of 1780, Cambridge/Massachusetts 1966);亦参照:R. Koselleck, Begriffsgeschichtliche Probleme der Verfassungsgeschichtsschreibung(见本书上篇注释6),S. 17。

[286] 圣-约翰(Saint-John)、亨利(Henry)、V. 博林布鲁克(Viscount Bolingbroke),"政党论"(A Dissertation Upon Parties, London 1735),载《博林布鲁克勋爵文集》(The Works of Lord Bolingbroke, Philadelphia 1841, Reprint Farnborough 1969),第2卷,第88页;亦参照 D. S. 鲁茨(D. S. Lutz),《美国宪治的起源》(The Origins of American Constitutionalism, Lousiana State University Press 1988),第21页。

的上位行为框架,成为政府及其法律行为优良的评判标准:

> 当法律施行、制度和习惯得以遵守,简而言之,整个公共事务的管理都得到明智贯彻,并严格符合宪法的原则和目标,我们就称这是一个优良的政府。[287]

这样定义"宪法"的方式此时在欧洲大陆还无据可查。这一情形被评价为英国宪法文化比较高度发达的体现。

---

[287] Bolingbroke(见本书上篇注释286),S.88.

第六章　书面性："起草"与起草文本

一　习惯用语与词典层面

上文所描述的含义的发展路线在17世纪还继续[288]把文本的文字呈现称作"Verfassung"（书写、起草、草拟）。例如，在1619年"K. M. 费迪南多二世（K. M. Ferdinando II.）的和平行动"中这样写道："……在多处规定的法令起草文本（verfassung）中……"；书面抗议皇帝的八项声明本身这样写道："这是一项简略而坦率的文本草拟（Verfassung）。"[289]把习惯法转化为成文法可以通过以下方式获得一种用"起草"来进行转述的崭新的法律品质：

　　……据此，整个德意志的政体本身（ipsa totius reipublicae Germanicae）不是从罗马法律中，……而是从帝国普遍沿袭下

---

[288]　参照本书上文第三章第三节。
[289]　M. C. 伦托皮修斯（隆多普）[M. C. Luntorpius (Londorp)]，《公共档案——罗马皇帝……费迪南迪二世……帝国措施和文稿集》（Acta Publica, Das ist：Der Römischen Kayser... Ferdinandi II... Reichshandlung und Schrifften, Franckfurt am Mayn 1623），第4部分，第6页、第133页。

来的因而是激动人心的古老起草文本（Verfassungen）中，从黄金诏书、……选帝协议、帝国的决议和宪令（Constitutionibus）中得来的。[290]

在所谓"宪法律"（Verfassungsgesetze）*的书面性中完全能看出法律约束的影响维度，比如像1662年联合的普鲁士等级阶层为权利而与其领主的争辩让人们所认识到的那样：

> 宪法律就是对所有政府的合理巩固，与人的社会一样，开初在根据每个国家的天时和机会组建政府时通常想用书面拟定，或通过书面确定习惯来维系国家的根基与基轴（pro basi et fundamento reipublicae）（领主主权的所有现实性也栖息其中）……[291]

格奥尔格·亚当·施特鲁韦（Georg Adam Struve）的《法学或一般邦国法之状况》（Jurisprudenz, Oder: Verfassung derer Land-üblichen Rechte, 1732年）也被明确理解为一种德语转译，"在任何

---

[290] 《事实与法律的稳定信息》（Beständige Informatio facti et Juris..., o. O. 1611），引自：M. Stolleis, Geschichte des öffentlichen Rechts in Deutschland, 1. Band: Reichspublizistik und Policeywissenschaft 1600-1800, München 1988, S. 149, Fn. 140-142。

* 对该概念的解释和译法说明，详见本书上文译者注。——译者

[291] 参见1662年3月27日"联合的普鲁士等级阶层"从"本邦国自由和正义中得出最恭顺的结论"，载P. 鲍姆加特（P. Baumgart）主编，《普鲁士专制主义的表面形式——宪法与行政》（Erscheinungsformen des Preußischen Absolutismus. Verfassung und Verwaltung, Germering 1966），第30页。亦参照本书下文第十一章。

一位法律老师用德语,确切地说,用一个简略的起草文本(Verfassung)介绍一般邦国法时",[292]就可以看到其中的价值。"法律起草"就像"判决书的起草和宣判"一样属于习惯用语。[293] 1611年6月11日新的马尔克邦国议会决议对法院明确规定,"在起草判决书时"要注意当地的习惯和法律。[294] 作为书面化的"起草"也反映在17世纪和18世纪的词典中。名词"起草"(Verfassung)大多数都不作为单独词条被列出,而是和动词"fassen"或"verfassen"一起被提及。马勒(Maaler)(1661年)在词条的末尾处提到"Verfassung"(起草),并把它等同于"Astrictio"(聚合/压缩/集中),但没有明确说明这种聚合或聚合力与什么东西有关系。在此至少揭示出,起草是聚合许多单个部分的一种过程。但马勒在开头却提到起草名词化的动词不定式"Verfassen",他在把它转化为书面形式的语境下解释道:

起草成文本。起草东西。以文字形式起草和记录下所念

---

[292] 格奥尔格·亚当·施特鲁韦(Georg Adam Struve),《法学或一般邦国法之状况——最先由 J. Wilh. 施特鲁芬……初拟……修改,现由 H. 弗勒雷肯整理为完整的法律体系》(Jurisprudenz, Oder: Verfassung derer Land-üblichen Rechte, Vormahlen von... Johann Wilhelm Struven... ausgearbeitet, und in ein vollständiges Systema Juris... gebracht von Heinrich Ernst Flörcken, Leipzig 1732),第5版,序言(第2页)。

[293] 《我们的不伦瑞克大公……新补充的宫廷诉讼条例》(Unsers Augusti Herzogs zu Brunswyg ... erneuerte und vermeerte Hof Gerichts-Ordnung, Wolfenbüttel 1663),第127页(第68条)。

[294] Chr. O. 米利乌斯(Chr. O. Mylius),《勃兰登堡马尔克法律汇编》(Corpus Constitutionum Marchicarum, Berlin 1751),第6卷,第214栏。

出来的东西。确定。[295]

1691年,这在施蒂勒(Stieler)那里的首要含义也叫作"起草"(Verfaßen/concipere, suscipere)。他用"文字书写"(conceptio verborum, concinnatio, provisio)来翻译名词形式的"起草"(Verfaßung)。[296]

这些拉丁文对应词清晰地体现出文本书面拟定的秩序原则。关于这一含义,施蒂勒还在另一处的"战争状态/战争秩序"(Kriegsverfassung)组合词和"土耳其人处于糟糕状态"(schlechte Verfaßung)的表述中表明其状态和属性含义。他还把土耳其人当成与这样一句表达积极精神状态相对的例子,即"皇帝处于良好状态"(gute Verfassung)。[297] 1738年,海梅(Hayme)在被引用过的《词语理解》(Wortverstand)中直接用"Concipere, Constituere, Constitutio"(构建、构成、状态、宪法)翻译"书写/起草"的动词形式"Verfassen"和名词形式"Verfassung"。[298] 基尔施

---

[295] J.马勒(J. Maaler),《德语——所有词语、名字、标准德语中的非正式口语……附标准的拉丁文》(Die Teütsch Spraach. Alle wörter, namen, unarten zü reden in Hochteütscher Spraach ... und mit gutem Latein, Zürich 1561; 1661),第418页["Verfassen"(起草)](此段文字的原文为:"In ein copey Verfassen oder stellen. Verbis concipere aliquid. In geschrifft Verfassen und aufzeichnen so einer etwas angibt oder vorlißt. Excipere."——译者)。

[296] C.施蒂勒(C. Stieler),《德语及其发展或德语词汇传统》(Der Teutschen Sprache Stammbaum unhd Fortwachs oder teutscher Sprachschatz..., Nürnberg 1691),第438栏["Verfaßung"(起草)]。

[297] Stieler, 1691, Sp. 437.

[298] Th.海默(Th. Hayme),《通用德国法学辞典——当中讨论了德国所有一般法……》(Allgemeines Teutsches Juristisches Lexicon, Worinnen alle in Teutschland übliche Rechte... abgehandelt werden, Leipzig 1738),第1245页。

(Kirsch)在1739年也提出了这种等同对译。[299] 因此,"Verfassung"和"Constitutio"体现了从起草(Verfassen)到被起草的文本(Verfaßten)的量变过程,正如"Constitutio"本身也含义相同地意味着草拟一篇正文和法律正文那样。这两种含义交叠在一起了。但是,除了用"身体状态"外,基尔施首先只在后一种意义上用常见的法律名称"秩序、规章、法令、机构、决议……"(Ordnung, Satzung, Verordnung, Anstalt, Beschluß…)来翻译"constitutio"这个词条。[300] 这符合这个罗马概念稳固的传统实践。通过这种对译,与其说"constitutio"拥有与之直接相对应的"Verfassung"这个德国概念,毋宁说这个德国概念被人为地去适应它。"Verfassen, Verfassung"这一对词条完全缺乏与国家组织和法律相关的任何运用,然而却发现基尔施在"国家法、公法"这个词条之下提到了"基本法"以及"大区及其公约"(Verfassung)。[301]

二 莱布尼茨:国家铜表法的"起草"

"Verfassung"被提到的这些不同层面的含义,在莱布尼茨(Leibniz)写于1685年的一本题为"某种国家铜表法草案"(Entwurf gewisser Staatstafeln)作品中再次邂逅。莱布尼茨从定义开始起笔:

---

[299] A. F. 基尔施(A. F. Kirsch),《拉丁文和德文大词典》(Abundantissimum Cornucopiae linguae latinae et germanicae selectum, Ratisbonae 1739),第333页。
[300] Kirsch, 1739, S. 290.
[301] Kirsch, 1739, S. 1131.

我把国家铜表法（Staatstafeln）* 称为一种属于国家政府核心信息的文字简要起草文本（Verfassung），尤其与某一国家相关，由此形成如此好处，即位高权重的领主在其中可以轻而易举地找到所有东西……为了逐步解释这一定义，必须是一种起草文本（Verfassung），非常简短，言简意赅。用书面形式，因为人们按其本性不会……随时都把东西盯着。[302]

"Verfassung"在此就表现为文字草拟和这一活动的结果。莱布尼茨详细论证道，国家铜表法"能非常容易被起草和记录下来"。[303] 另一方面，就像标题所显示的那样，记载有关"国家"的"信息"是这部铜表法的唯一目的，"位高权重的领主可以从根本上获悉其王国"所有的"人力和财富"……"因为其中含有其整个国家概念"。[304] "国家"这个概念是独立的，并在该处使用的意义上——完全是功利主义思考——是由其"人力和财富"形成的，它们的总和关乎国家的属性。不是"理性结论和规则"这种法律准则，而是"事实上……必须要学会掌握的东西"[305]才形成这种"被起草的"状态描述对象。国家铜表法被想成是"手段……它使值得称赞的自我

---

* 该词的德文表达是"Staatstafeln"，字面意思是书写与国家相关信息的牌子。在此联想到刻在石板上的"圣经十诫"或刻在铜牌上的"十二铜表法"，因此把该词试译为"国家铜表法"。——译者

[302] G. W. 莱布尼茨（G. W. Leibniz），"某种国家铜表法草案"（Entwurf gewisser Staatstafeln, 1685），载《政治文集》（Politische Schriften），H. H. 霍尔茨（H. H. Holz）编，Frankfurt/Wien 1966，第 1 卷，第 80—89 页，此处见第 80 页。

[303] 同上书，第 86 页。

[304] 同上书，第 83 页。

[305] 同上书，第 81 页。

第六章 书面性:"起草"与起草文本

治理变得容易",[306]这其中体现出它的启蒙宗旨,而这一宗旨从 1749 年以来在阿亨瓦尔(Achenwall)及其继任者们的统计学文献中得到了全面实现。[307]

另一个重要因素是有关国家信息全貌的有序组合,它把所有单项信息整合成一种新的书面统一:

……因为铜表法的职责是在其中列出事物的关系,而以往经过殚精竭虑的查找都不能把这些关系汇聚在一起。[308]

尽管赫尔曼·康林(Hermann Conring)从 1660 年以来在其历史-经验的《国家知识》(Staatenkunde)中就已经在追求这同样的目标,[309]但莱布尼茨强调了其计划的新颖性:

在国家和政府事务中,人们还不曾有过类似尝试,绝大部分原因仍在于此。[310]

---

[306] G. W. 莱布尼茨(G. W. Leibniz),"某种国家铜表法草案"(Entwurf gewisser Staatstafeln,1685),载《政治文集》(Politische Schriften),H. H. 霍尔茨(H. H. Holz)编,Frankfurt/Wien 1966,第 1 卷,第 85 页。

[307] G. 阿亨瓦尔(G. Achenwall),《当今欧洲帝国和民族最优良的国家宪制纲要》(Staatsverfassung der heutigen vornehmsten Europäischen Reiche und Völker im Grundrisse,Göttingen 1749),第 1—2 卷。

[308] Leibniz,Entwurf(见本书上篇注释 302),S. 84。

[309] 参考 D. 维罗魏特(D. Willoweit),"赫尔曼·康林"(Hermann Conring),载 M. 施托莱斯(M. Stolleis)主编,《17、18 世纪的国家思想家》(Staatsdenker im 17. und 18. Jahrhundert,hrsg. von Frankfurt am Main 1977),第 132—141 页。

[310] Leibniz,Entwurf(见本书上篇注释 302),S. 84。

"起草（Verfassen）活动"仍然是"Verfassung"概念的一个含义。[311] 但在"Verfassung"概念中"草拟"（Abfassung）与法律文本的联系却越来越紧密：

> 强迫一位皇帝制定一部政治法律，要求他起草法律（Verfassung），这意味着……他在世俗事务中拥有权力……[312]

为了排除已经面世的《帝国法》（Reichs-Gesetze）汇编的缺陷，同时为了扩充这样的帝国法，"要么直接对内部的帝国宪制（Reichs-Verfassung）具有影响，要么仍和它连在一起……"，格里奇（Gritsch）1737年在其帝国基本法汇编中同样把这称为"当今文本起草"的一个目标。[313] 卢卡斯·芬德尔林（Lukas Fenderlin）在1770年用这些词语组合和含义组合出版了《对起草一部一般法典去完善司法秩序的想法》（Gedanken über die Verabfassung eines allgemeinen Gesetzbuches zur Verbesserung der Justiz-Verfassungen）。[314] 这一方面是描述性的总结，另一方面是内容上的概括，二者相依相存。J. 格林（J.

311　参照 J. Chr. 阿德隆（J. Chr. Adelung），《语法批判辞典》（Grammatisch-kritisches Wörterbuch, Leipzig 1808），第4卷，第1032栏。

312　W. 巴克莱（W. Barclaii），《论教皇在世俗事务中的权力》（Abhandlung von der Macht des Papstes in zeitlichen Dingen, München 1768），第206页（第39页，主要部分）。

313　J. G. 格里奇（J. G. Gritsch），《神圣罗马帝国基本法、和约与法规选编》（Der Auserlesenen Sammlung des Heil. Römischen Reichs Grund-Gesetze, Friedens-Schlüße und Satzungen Erster Theil, Regenspurg 1737），第1部分，前言。

314　1770—1773年在布雷斯劳出版。

Grimm)和 W. 格林(W. Grimm)对"Verfassung"这个概念首先区分了草拟或概括;其次区分了"在其中对内容进行阐明";第三区分了因相关制度而"形成的状态"。[315] 这些含义的发展路线经常相互交叉,尽管——非法律的和法律的——"状态"含义保持着支配性地位:

> 现在作者在这篇文章中只是如何展现罗斯托克城最古老的状态,并通过这种方式想阐明我们的城市和其他相邻城市在中世纪的秩序状态(Verfassung),还有古老的德意志法律与法权……[316]

---

[315] J. 格林(J. Grimm)和 W. 格林(W. Grimm),《德国词典》(Deutsches Wörterbuch, Leipzig 1886),第 7 卷,第 310 页。

[316] 《罗斯托克市上至 1358 年世俗事务首部公正宪法起源的历史—外交论文……》(Historisch-diplomatische Abhandlung von dem Ursprunge der Stadt Rostock Gerechtsame und derselben ersteren Verfassung in weltlichen Sachen bis ans Jahr 1358..., Rostock 1757),前言,第 10 页。

第七章　小的组织统一体和国家性质的总联合体

　　研究"Verfassung"在国家性质层面上的概念使用有双重观察领域：一是整个国家本身，二是其他各个地方的、领地的机构或全国的等级团体。其中"Verfassung"概念与小的组织统一体"联盟"（Bund）[317]和帝国大区（Reichskreis）的联系，相比较起来明显要比与上面的帝国或国家联合体的联系要早得多。* 联盟和大区的成员是等级阶层、城市、庄园、诸侯国等，他们一般都拥有扩大了的专有的既存权利。这些品质各异的既存权利（特权、抵押、习惯权利、邦国法令）决定了它们统治和组织形式的级别独立性。由于皇帝的权力越来越弱，15世纪以降，帝国中的帝国等级阶层、城市和小庄园的联盟实践和联盟政治获得了越来越大的重要性。联合成联盟或大区具有三个特征：1. 每个成员的既存权利不可动摇；2. 这种联合服务于上级的共同目的；3. 这种目的的约束和实现通过共同

　　317　参照：R. Koselleck, Bund, in: O. Brunner（u. a.）, Geschichtliche Grundbegriffe, Bd. I, Stuttgart 1972, S. 585 f. , 605 ff. 。

　　*　15世纪以降，德意志神圣罗马帝国内部出现了众多的区域化联盟或联合体，它们的功能主要以军事防御和捍卫宗教信仰为主，联盟或联合体加强区域立法，维护区域内的安全与秩序。——译者

第七章 小的组织统一体和国家性质的总联合体

决定的书面的组织规则得以保障。

"Verfassung"的概念运用也符合迈斯纳(Meisner)和施图泽(Stourzh)的观察,即实质意义上的"宪法"和宪法文件的雏形最开始形成于地方区域。[318] 这对国家形成和"国家"(Staat)概念也有意义。但相反的是,"城市"这种组织统一体也分有了亚里士多德政体学说的规范概念性,并在这种语境下参与了"Verfassung"这个词语的使用。例如,吕贝克的市议会在1668年左右这样强调道,

> 这个优良城市的城市统治的整个宪制(Verfassung)促成了这样的形态,即这样的统治不是寡头制,或……贵族制,而是一种混合政体……[319]

在议事会和市民之间争论行会主张的参与城市统治的权利,双方在争论中都不断引证"这个城市统治的古老宪制(Verfassung)"。[320] 它在此同时意指政体的组织结构和为之奠基的起草文本。同样的

318　H. O. 迈斯纳(H. O. Meisner),《近代的宪法、行政与政府》[Verfassung, Verwaltung, Regierung in neuerer Zeit (1962)],"柏林科学院会议报告·哲学—历史类"(Sitzungsber. d. Akad. d. Wiss. Berlin, Phil.-hist. Kl.),第1辑,第7页及下页。Stourzh, Staatsformenlehre(见本书上篇注释269),S. 319.

319　参照 J. 阿施(J. Asch),《吕贝克的议事会与市议会(1598—1669)》(Rat und Bürgerschaft in Lübeck 1598-1669, Lübeck 1961),"汉莎同盟吕贝克市的历史文集"(Veröffentlichungen zur Geschichte der Hansestadt Lübeck),第17辑,第140页。

320　Asch, Rat und Bürgerschaft, 1961, S. 145, 157.

例子也在"高级学校"这种组织统一体领域中得以证实。[321] 但"联盟""大区"和"家族"对"Verfassung"的概念发展具有优先意义。

一 联盟

1488 年建立在《帝国领地和平法令》(Reichslandfrieden)基础上的"施瓦本联盟",作为防卫联盟,它具有联盟司法的主权因素,以其规则内容成为 1531 年"施马尔卡尔登联盟"的样板。"施马尔卡尔登联盟"及其各项法令(1488 年、1496 年、1500 年、1512 年、1522 年)本身没有用"Verfassung"这一名称,其法律的形成形式,即在"联合"(Veraynigung)(1488 年)[322]、"协定"(Aynung)(1496 年、1522 年)[323]、"协定秩序"(Ordnung der Ainung)(1500 年、1512 年)[324] 的道路上同时形成了它的规则名称。仅仅在 1500 年的《埃斯林根的共同决议——依照通告的协定盟约而作出的决定》(Gemain

---

[321] 例如,黑森邦国伯爵莫里茨在 1598 年宣布建立毛里蒂安(Mauritianum)宫廷学校时使用了身体比喻,他组建了一所特别的社团/身体(Corpus),他作为首领管理该社团……这一建立要不少资金支持(第 54 页);引自 N. 康拉茨(N. Conrads),《近代骑士学院——16、17 世纪作为等级特权阶层的教育》(Ritterakademien der frühen Neuzeit. Bildung als Standesprivileg im 16. und 17. Jahrhundert, Göttingen 1982),"巴伐利亚科学院历史委员会文丛"(Schriftenreihe der Historischen Kommission bei der Bayerischen Akademie der Wissenschaften),第 21 辑,第 117 页。

[322] J. Ph. 达特(J. Ph. Datt),《德意志事务新编或帝国公共和平五论》(Volumen rerum germanicarum novum, sive de pace imperii publica libri V, Ulmae 1698),第 281 页。

[323] Datt, Volumen, 1698, S. 325, 405.

[324] Datt, Volumen, 1698, S. 349, 382.

第七章 小的组织统一体和国家性质的总联合体

Abschid zu Eßlingen/nach verfassung der obgemelten Aynung beschlossen)[325]中出现了这个概念,产生了它与同一年建立的"十二年协定秩序"之间的关系,即产生了它与以书面形式呈现的文本草拟之间的关系。书面起草形式与内容上的规则成分之间的一致性在此仍不明显。对依照"如此理解和起草的……文件内容"而接纳特里尔大主教加入联盟所进行的表述也证明了这一点。[326]内容上的调整对象被称作"联盟的书写文件"。

在施瓦本联盟——宗教改革运动期间的核心政治组织——的文本中,其面貌发生了变化。1531年以后,"Verfassung"这一表达在此非常频繁地出现,其含义当然摇摆不定,但仍可辨识其书面化和文本草拟含义。联盟成员应该"把他们的行动结果……起草(verfassen)成文字"[327]或"以文字确定……,这种盟约(Verfassung)*不能转让,像……被批准那样……"。[328] 在1531年12月27日的"法兰克福决议"中明确采纳了有关"盟约文件制作和签印"规定。其中这样说道:

---

[325] Datt,Volumen,1698,S. 366.

[326] „Gemain Abschied",1500,in:Datt,Volumen,S. 372 (Art. 30).

[327] "1532年6月19日与萨克森市和不伦瑞克联盟海边城市的谈判"(Verhandlungen mit den sächsischen Städten und Seestädten des Bundes in Braunschweig am 19.6.1532),载E. 法比安(E. Fabian),《施马尔卡尔登联盟决议(1530—1532)》(Die Schmalkaldischen Bundesabschiede 1530-1532,Tübingen 1958),"教会史与法律史文集"(Schriften zur Kirchen-und Rechtsgeschichte),第7辑,第67页。

* 联盟成员之间以书面形式达成的协议,它体现了书面性和协议性。在此试译为"盟约"。值得注意的是,由于该词的含义仍变化不居,在同一语境下可能含义不同,因此有不同的中文译法。另外,该词有不同的拼写形式,本中译本均附上原文拼写形式,以示其词义和拼写的历史演变。——译者

[328] Fabian,Bundesabschiede 1530-1532,S. 66 f.

> 当我们对本条款内容达成一致并在特定时间书面确定下来后,应以所有等级阶层的名义按照达成的盟约(verfassung)出具该盟约四份正本。[329]

但是,"正本"(originalbrieffe)和"盟约"(verfassung)这种分开的词语使用也显示出不一样的含义。这在"诺德豪森的联盟条款草案"(1531年12月6日/9日)中变得清晰可见:

> 因为我们指望基督拯救我们的……担忧……我们在这……艰难时刻为了紧急救护和捍卫自己而制定稳定的盟约(Verfassung),(……)如何在我们的书面协议中把这确定下来,我们也想把这(……)拟定(verfast)下来。因此,我们相互之间已经对这些条款共同地进行了协定商谈。[330]

"盟约"(Verfassung)在此成为协定目的和由协议联合起来的联盟成员实现这一目的的化身。这个协定目的是

> 紧急救护和防卫的盟约(verfassung)

或——正如在1531年12月27日的"法兰克福决议"中说道的那样——

---

[329] 载:Fabian,Bundesabschiede 1530-1532,S.54。
[330] 载:Fabian,Bundesabschiede 1530-1532,S.39。

第七章　小的组织统一体和国家性质的总联合体

依照……所确立的协议,并以提供紧急和坚定帮助的盟约(verfassung)来拯救和防卫我们神圣的基督教信仰。[331]

这种结盟服务于军事防卫和信仰保护,联盟成员为此"想娴熟地操作而进行文件拟定"。[332] 所用的这一动词形式清楚地表明,"盟约"(Verfassung)包含了秩序状态和使联盟能够实现联盟目的的能力。法律上的协议基础、对其进行的书面确定——"盟约文件"[333]——和从中引出来的在组织上的措施皆属于此。与之相应的是,人们谈到"对防卫盟约的接受和实施",[334]探讨"双方首领……依照盟约布置"的任务,[335]以及决定接收新的联盟成员加入"所公布的防御盟约"。[336] 这种"盟约"(vorfassung)要被批准,它需要完善并被限定为"十年"期限。[337] 如此定义的"盟约"仍限于施马尔卡尔登联盟的自身生活,没有体现出与帝国之间的关系。

---

[331] 载:Fabian,Bundesabschiede 1530-1532,S. 53。

[332] 载:Fabian,Bundesabschiede 1530-1532,S. 39。

[333] 参照"1536 年 5 月 10 日法兰克福决议"(Frankfurter Abschied vom 10. 5. 1536),载:Fabian, Die Schmalkaldischen Bundesabschiede 1533-1536(Schriften zur Kirchen-und Rechtsgeschichte 8),Tübingen 1958,S. 87。

[334] "1532 年 11 月 16 日联盟谈判"(Bundesverhandlungen vom 16. 11. 1532),载:Fabian,Bundesabschiede 1530-1532,S. 81。

[335] "1532 年 4 月 9 日决议"(Abschied vom 9. 4. 1532),载:Fabian,Bundesabschiede 1530-1532,S. 63。

[336] "1535 年 12 月 24 日一般决议"(Allgemeiner Abschied vom 24. 12. 1535),载:Fabian,Bundesabschiede 1533-1536,S. 69 f. 。

[337] Allgemeiner Abschied vom 24. 12. 1535,in:Fabian,Bundesabschiede 1533-1536,S. 69 f.

二 帝国大区

帝国大区*拥有双重影响领域：帝国法律所委托的帝国事务和大区内部任务。1521以来所存在的十个帝国大区按照1555年的《帝国执行条例》（Reichsexekutionsordnung）负责《领地和平法令》的保护和执行。在自己的影响领域里，帝国大区逐渐接收了帝国在自己的管理中无法承担的所有行政任务。[338] 大区层面和帝国层面的这种交叠反映在"Verfassung"这一用语中。1563年11月23日的"施瓦本大区决议"让人们认识到了这一点，这个决议体现了对1555年以来所颁布的所有大区法令的立法总结。其标题还用了"Verfassung"概念：

> 神圣罗马帝国的、其所属值得赞扬的施瓦本大区的等级阶层，经过一致同意的和最终的权衡与起草（Verfassung），按此……，在此基础上……保护和守护宗教和平与领地和平法令，还有帝国宪令，……大区决议不受国外势力破坏，……权

---

* 神圣罗马帝国在16世纪初划分了10大行政区即帝国大区（Reichskreis），这种大区行政体系一直延续到1806年帝国终结。——译者

[338] H.默恩豪普特（H. Mohnhaupt），"帝国大区的宪法法分类"，载 K. O. Frh. v. 阿雷廷（K. O. Frh. v. Aretin）主编，《迈因茨选帝候与大区联合（1648—1746）》，(Die verfassungsrechtliche Einordnung der Reichskreise in die Reichsorganisation, in: Der Kurfürst von Mainz und die Kreisassoziationen 1648-1746, Wiesbaden 1975)，"迈因茨欧洲史文集·大学史部分"（Veröffentlichungen des Instituts für europäische Geschichte Mainz, Abt. Universalgeschichte），第11辑，第1—29页（尤其是第16页）。

第七章 小的组织统一体和国家性质的总联合体

衡和决定抵抗那些外国势力。[339]

从这个内容丰富的标题中就已经得出建立大区的目的是，在帝国法律基础上对危险进行军事抵抗。这种决议的形成方式被称为"一致同意的和最终的权衡与起草（Verfassung）"。法律素材的书面化由此凸显出来，并被归档为"公约"（Verfassung）[*]。其文本内容由一个编辑委员会进行"编排"，并被"设定为一种形式"。[340] 书记员把这种编辑工作的结果称为

> 公约（verfassung），被如此理解……是因为神圣帝国领地和平法令与宗教和平法令被一起编排成典。[341]

1654年11月28日的《上施瓦本一般大区会议协议》（Receß des Ober-Sächsischen allgemeinen Crays-Convents）在军事防御能力的广泛意义上使用"Verfassung"概念。其目标是，"以真正强大之手首先把防卫实施措施和公约（Verfassung）编排成典……"[342]

---

339 引自F. C. 莫泽（F. C. Moser），《神圣罗马帝国所有大区决议汇编》（Sammlung des Heil. Römischen Reichs sämtlicher CraysAbschiede I, Leipzig und Ebersdorff 1747），第1卷，第173页。

[*] 为了和前面的联盟盟约区别，把帝国大区内部的书面协议试译为"公约"。——译者

340 引自A. 劳夫斯（A. Laufs），《施瓦本大区》（Der Schwäbische Kreis, Aalen 1971），"德意志国家史和法律史研究"（Untersuchungen zur deutschen Staats-und Rechtsgeschichte），续辑，第16辑，第335页。

341 Laufs, Der Schwäbische Kreis, S. 336 f.

342 引自F. C. 莫泽（F. C. Moser），《最受赞赏的上施瓦本大区决议》（Des Hochlöblichen Ober-Sächsischen Crayses Abschide, Jena 1752），第335页。

"Verfassung"在大区组织领域中的双重含义,在此体现在目的和基础的区分上。该"目的"被确定为,"当下的公约(Verfaßung)和大区防御应该被认为是和被看成是……为了……保护受压迫的大区和抵抗不合适的权力"。[343] 除此之外,"公约"(Verfassung)还意味着相关"帝国决议和大区决议"的总和,除非它们"不能被放进这部公约中"。[344] 然而,大区的军事状态成为"公约"概念中的支配性含义。大区为防御任务做全面准备,这叫作"创立公约"(Verfaßungen)。[345] 这意味着,"当……危险……结束时,这种防御状态(Verfassung)也该……到终结之时"。[346] 格斯特拉赫尔(Gerstlacher)在1787年还完全在大区状态的秩序意义上强调"公约"的含义范围:

> 人们有时对大区公约(Craißverfassung)这个词进行广义理解,把它理解为所有关于大区的东西。但帝国法律对这个词采取狭义理解,只把它解释为以下内容:1.大区有火炮和弹药,拥有能干的战斗民众……时刻准备着……在有这些东西的地方,……,人们习惯说,大区处于其战争状态(Verfassung)中。[347]

343　Moser, Des Ober-Sächsischen Crayses Abschide, S. 342 (§ 14).
344　Moser, Des Ober-Sächsischen Crayses Abschide, S. 342 (§ 15).
345　"1663年10月10日上施瓦本大区决议"(Obersächsischer Crays Abschid vom 10.10.1663),载:Moser, S. 393 (§ 14)。
346　同上。
347　C. F. 格斯特拉赫(C. F. Gerstlacher),《德意志帝国法律手册》(Handbuch der Teutschen Reichsgeseze, Carlsruhe 1787),第6—8部分,第1013页及下页(注释)。

第七章 小的组织统一体和国家性质的总联合体

因此,"帝国大区的内部公约"意味着广泛任务范围中的不同状态领域,以至于这些状态领域体现的"要么是战争秩序状态(Kriegsverfassung),要么是经济秩序状态(ökomische Verfassung),要么是民政秩序状态(Civilverfassung)"。[348]

"公约"在大区组织领域中常见的词语使用和概念使用,还延伸到上面的帝国中。例如,1570年,皇帝提议把帝国大区更强劲地纳入到所有的执行措施中,与这项提议有关的要求是,帝国法令和帝国决议"被放在如此持久、明确而简略的公约(Verfassung)中,真正准备着……,人们以此……在每种……紧急情况下……都能得到庇护"。[349] 在 1682 年 6 月 10 日的拉克森堡"联盟协议"(Allianz-Recess)中,作为有组织的军事防御努力措施,"有所裨益的帝国宪制"或"防卫公约"也变得清晰可见。这种防卫努力措施在皇帝和大区之间的联盟中"达至完美的正确性和现实性"。[350] 大区"公约"和帝国"宪制"的军事准备和状态上的防卫能力在契约道路上相得益彰。这是旧的——在今天意义上的说法——帝国宪制典型的协定程序表达,像皇帝与等级阶层之间直至帝国终结的实践过程一样,对其国家属性产生了影响。根据"公

348　M. 霍夫曼(M. Hoffmann),《试论德意志帝国大区国家法理论》(Versuch einer staatsrechtlichen Theorie von den Teutschen Reichskreisen, Kempten 1787),第 44 页。

349　引自 H. 诺伊豪斯(H. Neuhaus),《16 世纪帝国等级代表制形式——帝国议会-帝国大区议会-全帝国代表团议会》(Reichsständische Repräsentationsformen im 16. Jahrhundert. Reichstag-Reichskreistag-Reichsdeputationstag, Berlin 1982),第 434 页。

350　引自 J. A. 科普(J. A. Kopp),《以前帝国大区联合之全面探析》(Gründliche Abhandlung von der Association derer vordem Reichs-Craysse…, Franckfurth Mayn 1739),附录 14,第 56 页及以下诸页。

约"在状态上的军事含义,军人被称为"处于军事秩序状态中的民众"(Verfassungs-Völker),[351]"这种秩序状态也是按团队……进行管制",[352]或者把军事抵抗行为当作"回击状态"(Gegenverfassung)来加以实现。[353]

在18世纪中期,施瓦本大区联合谈判的会议文件和"决定"(1746—1747年)还在使用三种含义的"公约"概念:文本草拟、军事防御状态以及大区和帝国本身建立在帝国法律基础上的秩序,这种秩序就此而言在法律上得以确定。在围绕"联盟事务多数表决"(Majora in materia Associationis)的效力所展开的讨论中,"Verfassung"概念中的法律秩序原则变得有迹可循,这种多数表决以"源自帝国宪制的理据"而得以进行。[354]

三 "家族"与"家规"

17世纪初以来,"家族"(Haus)和"家规"(Verfassung)这两个

---

[351] Kopp, Abhandlung, 1739, Beylagen, S. 57.

[352] "库尔—莱茵之间的联盟协议"(Associations-Receß zwischen Chur-Rhein, Oesterreich... vom 20. 6. 1714)的第1条,载 F. C. 莫泽(F. C. Moser),《法兰克大区决议》(Des Fränckischen Crayses Abschide und Schlüsse...,Nümberg 1752),第2部分,第1082页。

[353] 参照"1620年1月29日'费迪南多二世的和平措施'"(Friedenshandlung under K. M. Ferdinando II vom 29. 1. 1620),载:M. G. 隆多普(M. G. Londorp),《皇帝防御措施、宣告和问题》(Der Römischen Keyserlichen... Mayestat... Kriegshandlungen, Außschreiben, Bedencken..., Franckfurt am Meyn 1621),第94页。

[354] 《施瓦本大区针对联盟和中立问题的谈判进程(1746—1747)》(Von dem eigentlichen Verlauff Deren Bey dem Löbl. Schwäbischen Creyß in materia Associationis et Neutralitatis in Anno 1746 et 1747 Gepflogenen Verhandlungen, o. O. 1748),序言的第6页。对此详见本书下文第十一章("帝国与领地")。

第七章 小的组织统一体和国家性质的总联合体

概念尽管并没有直接出现在这样的词语组合中,但它们的联系紧密。它们出现在君王家族或王朝的契约或类似法律的规定中,这些王朝在主要事务上牵涉王位继承顺序。[355] 因此,这些王朝为王位继承提供了由法律确定的明确性,而这种明确性使王朝失去了随意的、家族内部的、大多数是遗嘱式的支配特征。可见,最初的私法规则形式保存着公法特征,这种特征使具有国家性质的总联合体全新地显露出来。新的王位继承规定虽然首先牵涉统治者的家庭及其"家族",但是在其影响下决定了整个领地的统治条件。

"家族"的王位继承规定也是"家规"的规则例子,这些家规规则尤其被固定在且亮相于小的组织统一体中。按照古代模式,"家族"和"国家"的联系紧密。家族是社会界的最小统治单位。国家共同体的整体结构最清晰地反映在家族的社会结构中。国家被亚里士多德当成是最原初的统一体,其组成通过家庭(οἶχος, oikos)得以塑造。[356] 大的国家管理与小的"家族管理"[357]相通:

> 每个家族也是由长老像国王那样进行统治,基于亲属的

---

[355] 经常使用的名称在"Hausvertrag"(家族契约)、"pactum successorium"(继承协议)、"Sukzessionsordnung"(继承顺序)等之间变化不定;参照 J. 魏策尔(J. Weitzel),"法与法律发展框架下德意志王朝的家族规范"(Die Hausnormen deutscher Dynastien im Rahmen der Entwicklungen von Recht und Gesetz),与 H. 诺伊豪斯(H. Neuhaus)合著,载 J. 库尼施(J. Kunisch)主编,《王朝诸侯国——王位继承秩序对早期现代国家形成的意义》(Der dynastische Fürstenstaat. Zur Bedeutung von Sukzessionsordnungen für die Entstehung des frühmodernen Staates, Berlin 1982),"历史研究"(Historische Forschungen),第 21 辑,第 35 页。

[356] Aristoteies, Politik I, 1253 a 20.

[357] Politik III, 1278 b 20.

分支也是如此。荷马把这说成是:"每一位长老为孩子们和伴侣们提供法律。"[358]

像放大的家族管理那样去理解国家,这同时意味着把君主——在路德式的概念形成意义上——看成是基督教的"家父"(Hausvater)和国家层面上的基督教"国父"(Landesvater)。[359]"家族"和"国家"同样是一个整体,通过"主人"关怀备至的领导,在法律上组合成一个更小的或更大的统一体。最初在"父亲"(Vater)概念中所具有的法律秩序特征[360]刻画了这条概念发展的路线。家族秩序也意味着国家秩序。瓦尔希(Walch)在1733年用以下文字阐释了"国家"等概念:

> 人们还可以这样说,领导一个卓越的、伟大的国家,也就是说保持其家族在外观上处于一种赏心悦目的秩序状态(Verfassung)中,纵使人们有时还仅仅在这样的理解上使用国家(Staat)这个词。[361]

---

[358] Politik I, 1252 b 20.

[359] 有关基督教对亚里士多德的继受在"治理/公共管理"(Policey)文献范围中的相互交织,亦参照:G. Frühsorge, Der politische Körper, Stuttgart 1974, S. 69 ff.。

[360] 对此主要参照 O. 布鲁纳(O. Brunner),"'整个家族'与古老的欧洲'家政学'"(Das „ganze Haus" und die alteuropäische „Ökonomik"),载 O. 布鲁纳(O. Brunner),《宪法史与社会史之路》(Neue Wege der Verfassungs-und Sozialgeschichte, Göttingen 1968),第2版,第103—127页、第112页。

[361] J. G. 瓦尔希(J. G. Walch),《哲学辞典》(Philosophisches Lexicon, Leipzig 1733),第2428栏及下一栏["国家"(Staat)]。

第七章　小的组织统一体和国家性质的总联合体

王位继承规定牵涉进行统治的家庭联合的"家族",其目的和内容昭然若揭:领地统一和不可分割、统治稳定、统治权集中以及法律的规则文本清晰明确原则,应当按照这样的规定坚定不移地运行王位继承程序。[362] 16 世纪末,家规(Verfassung)概念在王位继承规定中仍无据可查。人们要额外地使用大量不同的名称表示相关的法律规定,这些名称缺乏一个缩略概念。在 1575 年 1 月 24 日霍恩索伦家族卡尔一世伯爵的《家父训令》(väterlichen Verordnung)[363]中,相关的继承规定逐渐被不确定地转述为"我们家父安排的遗训、继承协议、继承法规(Statuta hereditaria),像一直以来被称呼的那样"。[364] 17 世纪初,"家规"(Verfassung)这一用语活跃在王位继承规定的范围中,同样还活跃在书面化的含义领域里。1603 年 6 月 11 日的格奈(Gerai)家族契约还谈及"格奈家规"(Gerauischer verfassung),它在介绍性语境下意指转化为书面文字:

……从现在起……在我们最受赞美的选侯国该如何维持,通过我们的臣工……,……考虑写在纸上,……但这种行为和起草(verfassungk)(但它是否已经被授权),因此变成它为……奠定的基础,对所有争执提供明确规则……[365]

---

[362] 参照:H. Mohnhaupt, Die Lehre von der „lex fundamentalis" und die Hausgesetzgebung europäischer Dynastien, in: Der dynastische Fürstenstaat(见本书上篇注释 355),S. 28。

[363] 这个题目显然来自 H. 舒尔策(H. Schulze)主编的书,参照 H. 舒尔策(H. Schulze),《德意志统治诸侯家族的家族法》(Die Hausgesetze der regierenden deutschen Fürstenhäuser, Jena 1883),第 3 卷,第 691 页。

[364] Schulze, Hausgesetze Ⅲ, S. 707.

[365] 同上。

从书面化的含义内容逐渐变为被书面整合的规则内容的化身，这在1635年"安哈尔特君主继承协议"中变得清晰可见，在其中被引入的"王位继承顺序，作为我们君主家族的根本家规（Fundamental-Verfassung）……在我们这里……会得到维护"。领主和领地等级阶层在"后面的家规"意义上"得以相互平衡"。[366]

典型的是，"根本家规"这个组合词吸收了根本法（lex fundamentalis）因素，而根本法自16世纪以来在德国就作为国家最高的法律规范表征着实质的宪法品质。[367] 1636年12月10日的"布伦瑞克-吕纳堡家族协议"强调了继承统一的根本性，它是家族或邦国管理队伍规范性的行为戒律，大家要向"我们这个家规"宣誓：

> ……因为这一切为了保护我们君主的家族，意在保护其主权及其日益发展壮大，我们尊敬的祖辈……恰当地作出决定，各位臣工和最重要的仆人，关系公共状态和家族保护的继承统一和契约，诸位以此生活而不能作出……的行为，故下列臣工和重要的仆人们……也要对我们这个家规（Verfassung）宣誓负责……致以……[368]

1672年11月9日萨克森-哥达虔诚的恩斯特公爵的"训令"

---

[366] "安哈尔特所有君主之间的继承协议"（Erbeinigung zwischen denen gesambten Fürsten zu Anhalt ... 1635），载：Schulze, Hausgesetze I, 1862, S. 36。

[367] 有关根本法概念，参照本书下文第八章。

[368] Schulze, Hausgesetze I, S. 460.

第七章 小的组织统一体和国家性质的总联合体

除了王位继承规定外,还体现了它与"邦国政府和整个邦国共同事务指导"的明显联系。[369] 它替代了"为之前这类事务所起草的书面文件(Abfassung)"。[370] 这种邦国政府和行政全面的组织规定含有大量国家事务领域的行动指南,自 1674 年以来在阐释性的协议中被普遍称为"统治章程"(Regiments-Verfassung)。[371] 在贵族家庭联合的内部秩序中处于核心位置的规定那里,这种情况体现在所选用的"宗族家规"(Geschlechtsverfassung)(1695 年)这一名称中。[372]

王位继承规定的永久性和不可冒犯性在 18 世纪初成为"保护被我们邦国视为宪典……"的补充性因素。[373] 1713 年"施瓦茨堡的君主家庭协议"除了正常的保证性标准外,还明确强调:

> ……我们……通过相互传达这种……权衡与家庭协议(pacti familiae),它应拥有永久的法律强制力,我们君王家族应该通过重要文件,进入一种永久而不可动摇的协议结合、联合与和平秩序状态(Verfassung)中。[374]

---

[369] Schulze, Hausgesetze III, S. 122.

[370] Schulze, Hausgesetze III, S. 121.

[371] 对此文献参照:Schulze, Hausgesetze III, S. 143, 147, 171, 188。

[372] 参照 C. F. v. 格贝尔,《吉希领主及伯爵宗族的家族法》(C. F. v. Gerber, Hausgesetz im Geschlechte der Grafen und Herren von Giech, Tübingen 1858),第 95 页。

[373] 例如,1713 年 9 月 7 日"重要文件或经皇帝批准而订立的、双方都反复确认的施瓦茨堡诸侯的继承契约和家庭契约"("Sanctio pragmatica oder der mit kaiserlicher Genehmigung geschlossene, in beiden Linien wiederholt bestätigte Erb-und Familienvertrag der Fürsten zu Schwarzburg"vom 7.9.1713),载:Schulze, Hausgesetze III, S. 349。

[374] Schulze, Hausgesetze III, S. 340.

当1713年8月13日普鲁士弗里德里希·威廉一世关于领地财产不可侵犯的谕令在文本中使用"家规"(Verfassung)、"根本法"(Grundgesetz)和"宪典"(Constitution)这三个至关重要的概念时,它因而成了一个特例。对财产的自由支配问题"根据本王室选侯家族和诸侯家族的家规和根本法"来判定。[375] 家规和根本法在此以同样地位并排在一起。在谕令结尾处,这些"规章"本身也被称作"万世存续的宪典"(Constitution),因此采纳了这个拥有最悠久传统权威性的概念,并使用了"永久的"效力期限这一附加表述,从而赋予了它一种更高的——即不可改变的——家族和国家的规范性地位。国家和它的机构——仍被领主及其"家族"广泛人格化了——自身变成了规范规则的对象。[376]

---

[375] 弗里德里希·威廉一世(Friedrich Wilhelm I.),"1713年8月13日国家新旧庄园不可转让令"(Edikt von der Inalienabilität deren alten und neuen Domänengüter vom 13.8.1713),引自:Schulze, Hausgesetze III, S. 738。

[376] 在此意义上亦参照 D. 维罗魏特(D. Willoweit)和 J. 库尼施(J. Kunisch),"对 J. 库尼施《作为立法问题的国家形成》的讨论文"(Diskussionsbeitrag zu J. Kunisch, Staatsbildung als Gesetzgebungsproblem),载《作为国家发展因素的立法》(Gesetzgebung als Faktor der Staatsentwicklung),"1983年3月21/22日在霍夫盖斯迈尔的宪法史学会会议"(Tagung der Vereinigung für Verfassungsgeschichte in Hofgeismar am 21./22. März 1983);《国家》(„Der Staat"),副刊,第7期(1984年),第103页及下页。

第八章 "根本法"与"基本法"

在进入17世纪前后,"根本法"(lex fundamentalis)概念在德国也变得流行,并和"Verfassung"形成竞争。它含有现代宪法概念的实质性因素。按照格哈德·厄斯特赖希(Gerhard Oestreich)的观点,弗里德里希·普鲁克曼(Friedrich Pruckmann)——奥登河畔法兰克福的教授和勃兰登堡选帝候的首相——于1591/1592年首先在德国接受了这个概念,他把撒利安王位继承顺序称为"非常幸运的法兰西王国的根本法"(lex fundamentalis florentissimi Galliae regni)。[377] 这是来自法国的继受,法国早在1576年左右按其概念和地位把《萨利克法》(Lex Salica)列为王国最重要的"根本法"。[378] 与17世纪"Verfassung"这个未成形且五花八门的词语相反,"根本法"拥有受统治者和等级阶层决定的国家关系中明确和唯一的法律内容,它所体现的概念覆盖了大量最不相同的法律规则形式,这些规则形式可以存在于帝国、领地和大区层面。它们从

---

[377] G. Oestreich, Vom Herrschaftsvertrag zur Verfassungsurkunde. Die „Regierungsformen" des 17. Jahrhunderts als konstitutionelle Instrumente, in: R. Vierhaus, Herrschaftsverträge(见本书上篇注释269), S. 61;厄斯特赖希在该处以Th. 克莱因的作品为依据。本人仍无法确认厄斯特赖希所提供的摘引。亦参照格拉韦特(Grawert),"法律"(Gesetz),载:O. Brunner u. a., Geschichtliche Grundbegriffe, Bd. 2, 1975, S. 887 f.。

[378] 参照本书上文第五章。

选帝协议、帝国决议和邦国法令延伸至大区决议和特权中。对于领地的基本法层面，皮特（Pütter）解释道，"大多数邦国基本法……如今几乎在所有德意志邦国中都以协议、决议、契约、协定、条约、承诺等名义为世人所知……"[379] 与此相应的是，"基本法"（Grundgesetze）或"根本法"（leges fundamentales）的复数形式用法——像在欧洲普遍流行的那样——是常态。

从"根本法"所包含和代表的无数法律规则形式中，人们对这个概念指出以下也符合同时代学说的教义因素：1. 统治者和等级阶层在很大程度上是这些文件的起草者和相互的接受者，这些文件确立了二者之间的关系；2. 塑造这种关系的法律形式多数都是契约；3. 作为这些契约的目的和内容，一方面明显是对统治者权力划定界限，另一方面是保护等级阶层的权利；4. 这种类型的规则对于其他所有规范法源享有更高的稳定性和不可破坏性地位。可见，这其中还存在着接近现代宪法理解的法律性质。

"根本法"的一个教义核心问题是对主权者的约束力。在"市民法"（leges civiles）和"根本法"之间的划分，成为牵涉统治者个人的法律具有这种约束力的标准。与市民法相反，"根本法"把统治者置于高于他的规范之下，这从而使在法律上涵盖所有共同体参与者和成员的国家清晰可见。

毫无疑问是最初根据支撑房屋框架的基础来称呼根本

---

[379] J. St. 皮特（J. St. Pütter），"论邦国主权……"（Vom Ursprunge der Landeshoheit...），载皮特（Pütter），《德意志邦国法和诸侯法文集》（Beyträge zum Teutschen Staats-und Fürsten-Rechte, Göttingen 1777），第1卷，第128页。

第八章 "根本法"与"基本法"

法的。[380]

为了对"绝对权力"(absoluta potestas),更确切地说是为了对"绝对皇权"(imperium absolutum)取得"根本法"的约束力,教义的关键是"根本法"事实上的或拟制的契约特征——在帝国中是"皇帝与等级阶层之间的协议"(conventio inter Imperatorem et status)。把"根本法"称作法律,这在形式上虽然不符合这一特征,但是教义性的契约建构却阻止了"君主不受法律约束"这种专制主义的罗马法原则也去染指根本法或"有关统治权力或有权下命令的法律"(leges regnandi sive imperandi)。[381] 统治者的"立法权"(potestas legislatoria)所包含的"法律废除"(abrogatio legum)权[382]因而就不适用于"根本法"了。尽管这也会允许统治者在行使"立法权"中废除市民法,但不会侵犯"根本法"本身。其原因在于:

---

[380] C. Chr. 武赫雷尔(C. Chr. Wucherer),《罗马帝国一般根本法和特别根本法》(De legibus fundamentalis in genere et singulatim in imperio romano germanico..., Gissae-Hassorum 1709),第 4 页(此段文字的原文为:"Leges fundamentales haud dubie dictae sunt a fundamento, quod primo loco punitur et qui tota aedium structura innititur."——译者)。

[381] G. 安东尼(G. Antonius)(博导),《论辩文——论皇帝权力不受法律约束和帝国当今状况》(Disputatio de potestate Imperatoris legibus soluta et hodiemo Imperii statu, Giessae 1608),论题 17,答辩人:Chr. 卡尔特(Respondent: Chr. Kalt)。有关根本法的契约特征亦参照 Chr. 林克(Chr. Link),《统治秩序与公民自由——德国旧国家学说中国家权力的界限》(Herrschaftsordnung und bürgerliche Freiheit. Grenzen der Staatsgewalt in der älteren deutschen Staatslehre, Wien/Köln/Graz 1979),第 89 页及以下诸页、第 181 页及下页。

[382] 参照 H. 默恩豪普特(H. Mohnhaupt),《旧制度的立法权与法律概念》(Potestas legislatoria und Gesetzesbegriff im Ancien Régime),载《共同法》(Ius commune),第 4 期(1972 年),第 208 页及下页。

　　　　统治者意志创制的法律不是根本法和公法,而是且只能是私法。[383]

　　统治者行为的私法范围与公法范围划分和对比在此清晰地形成了。

　　直到18世纪中期,一般只有帝国层面和领地层面实证的法律规定才被归为"根本法"。帝国公法学没有让人们认识到清晰的归类标准。其结果是,这些从18世纪初以来也被称为"基本法"(Grundgesetze)的规则所涉及的范围广泛,其内容多种多样。格里奇在他的《神圣罗马帝国基本法汇编》(Sammlung des Heil. Römischen Reichs Grund-Gesetze,1737年)中试图把这些法律编排整理成一种"主要法源","从中引导出我们的国家法学说原则"。[384] 对帝国法律基础进行有序编排整理,这让我们想起莱布尼茨建议的"国家铜表法"。[385] 但格里奇在这些"法律"之下建立起一种位阶顺序。形成其中第一种类型的法律是:

　　　　要么是直接影响帝国内部宪制(Verfassung),要么是与

　383　G. D. 霍夫曼(G. D. Hoffmann)(博导),《论法律与颁布公法和私法的方式方法》(De uno eodemque iure et modo ferendi leges tam publicas et privatas, Tübingae 1775),答辩人:J. H. 哈普雷希特(J. H. Harpprecht),第 27 页(此段文字的原文为:"leges, quas voluntas superioris producit, non fundamentales, non publicas, sed civiles tantum et non nisi privatas esse posse."——译者)。

　384　J. G. Gritsch, Der Auserlesenen Sammlung des Heil. Römischen Reichs Grund-Gesetze, Friedens-Schlüße, und Satzungen, Erster Theil, Regenspurg 1737, Vorrede(前言)。

　385　参照本书上文第六章第二节。

第八章 "根本法"与"基本法"

之相联系的那些帝国法律。

他归入这类的法律是：

> 牵涉等级阶层公正东西的帝国法律，如黄金诏书……日耳曼民族条约等；然后是关于帝国安宁状态和对其保护及控制的那些法律，如领地和平法令、帕绍契约、宗教和约以及威斯特伐利亚和约，还有执行法令……被恰当地归为欧洲和平与安宁的基础。属于这类的还有其他如提供帝国政府度量衡的帝国法律……选帝协议……帝国决议……，这些涉及公法（qui concernunt jus publicum）。[386]

他归为其中第二种类型的法律有：

> 那些法律……，虽然也涉及一般帝国事务和权利，但按其本质并不十分显著；属于其中的有铸币管理和司法，还有关系军事状态的法令。[387]

可见，那些用于保护帝国等级阶层权利的法律仍位于牵涉广义的帝国组织的法律之前。"根本法"按"条约方式"的形成及其保护等级阶层权利的首要目标，记载下了帝国的等级国家结构和皇

---

386 Gritsch, Sammlung, 1737, Vorrede（前言）.
387 Gritsch, Sammlung, 1737, Vorrede（前言）（第2页）.

帝与等级阶层之间的契约地位,但仍是一种在进行约束的"根本法"概念中超越契约双方而延伸出来的超越人格的国家属性。[388] 领地层面的等级阶层还在维护其法律地位的地方,基本法概念同样代表了这种双重性的国家结构。例如,西波美拉尼亚的领地等级阶层在1720年就把要么牵涉等级特权,要么在等级阶层参与下形成的所有规定归属于

> 领地特权,其中同时也有领地法令,在西波美拉尼亚大公国中具有根本法地位。[389]

匈牙利等级阶层在1722年同样要求维护其"作为根本的和实用的……法律"的既存权利。[390] 然而,针对领主权力的领地等级权利很快就丧失了政治贯彻力,"根本法"概念在领地统治一方尤其接

---

388 对此亦参照:G. 克莱因海尔(G. Kleinheyer),"基本权利"(Grundrechte),载:O. Brunner u. a … (Hrsg.), Geschichtliche Grundbegriffe, Bd. II, Stuttgart 1975, S. 1055 f.；R. Grawert, Gesetz, in: ebd., S. 887 f.。

389 参照1720年1月19日西波美拉尼亚等级会议请示普鲁士国王确认的《被接管的西波美拉尼亚大公国的基本和特别邦国法之正式论述》(„Allerunterthänigste Specification derer fundamentalen und hauptsächlichsten Landessatzungen des cedirten Herzogthums Vorpommern"der Vorpommerschen Landstände vorn 19. Januar 1720 an den König in Preußen mit der Bitte um Bestätigung),载《博鲁斯卡学报》(Acta Borussica, Berlin 1901),第3卷:"18世纪普鲁士机构组织和一般国家行政"(Die Behördenorganisation und die allgemeine Staatsverwaltung Preußens im 18. Jahrhundert),第236—238页。

390 参照:Mohnhaupt, Die Lehre von der „Lex Fundamentalis"(见本书上篇注释362),S. 24 f.。

受了牵涉领主和国家组织的内容。一个早期的例子是费迪南多二世在1627年波西米亚王国的《邦国新法令》(*Verneuerte Landes-Ordnung*)中的专制主义立场。这种立场仅仅在"所有基督新教徒在统治宪章中为他们合理铺设的根本和稳定基础"中——在排除等级阶层到那时为止的所有参与权条件之下——就彰显出来了。[391]

18世纪中期以来,启蒙运动的自然法也引向基本法或根本法的超实证概念。例如,普鲁士的帕尔茨沃(Paalzow)在1781年引证契约的约束力,用以下语言摒弃了根本法的法律称号:

> 所有邦国的根本法是,人们想要烤面包时要去播撒麦种……[392]

充满主张要求并在其中保留了法律规则的根本法概念表明一种普遍的实际生活真理。施勒特温(Schlettwein)在1784年阐述道:

> 真正普遍正义的基本法是,一个人为他人所应该做的仅

---

[391] 参照1627年5月10日的委任状,载《奥地利等级阶层历史档案》(Historische Aktenstücke über das Ständewesen in Österreich, Leipzig 1848),第2卷,第4页。

[392] Chr. L. 帕尔茨沃(Chr. L. Paalzow),《试论法律——呈普鲁士王国首相卡梅尔殿下》(Versuch über die Gesetze. An Se. Excellenz, den Königlichen Preußischen Großkanzler von Carmer, Breslau 1781),第172页。

仅是为他本人所能够做的。[393]

"基本法"能够代表"正义的普遍规则",即普遍有效的抽象法权原则。其中也论证了超实证的高级因素。

然而,直到18世纪末,实证法上的"根本法"仍是常态。

---

[393] J. A. 施勒特魏因(J. A. Schlettwein),《人的权利或所有法律、规定和宪法的唯一真正原因》(Die Rechte der Menschheit oder der einzige wahre Grund aller Gesetze, Ordnungen und Verfassungen, Giessen 1784),第76页。

第九章 "状态/状况"概念与帝国政体

17世纪初以来,国家法文献深入探讨帝国应归为哪一种经典政体这个问题。[394] 对此,在1608年围绕帝国君主制政体和对博丹反常评价的内容讨论框架中,"政体/形式"(forma)、"根本法"(lex fundamentalis)和"宪制"(Verfassung)这些不同发展的概念工具的相互关联只是例外地变得清晰可见:

> 博丹的门徒们对此反驳道:从基本法中可以认出政体而不能认出其他东西,因为像人们今天所说的那样,它们包含了治理宪制(verfassung der Policey)。[395]

[394] 参照如:F. 蒂勒曼(F. Tilemann),《论辩文——论罗马帝国的状况》(Disputatio de statu lmperii Romani, Wittembergae 1598);G. 安东尼(G. Antonius),《论辩文——论皇帝权力不受法律约束和帝国当今状况》(Disputatio de potestate Imperatoris legibus soluta et hodiemo Imperii statu, Giessae 1608),答辩人:Chr. 卡尔特(Chr. Kalt);H. 阿尼塞乌斯(H. Arnisaeus),"论德意志帝国的当今状况"(De statu Imperii Germanorum hodiemo),载《论国家或政治作品二论》(De republica seu relectionis politicae libri duo, Francofurti 1615),第2篇,第6章。

[395] "来自普鲁士但泽的博士生 D. 帕特松的第一篇博士论辩文63个论题"(Disputatio prima…, respondente Daniele Pattersonio Dantiscano Borusso, Thesi Lxm),载《对立与一致——在帝国机构中出现的所有矛盾的联系》(Contraria non contraria id est conciliationes omnium antinomiarum, quae in institutionibus ImperiaIibus occurrent. Una cum quibusdam parergis, Marpurgi 1608),第1卷:"论帝国的状况……"(De statu Imperii…),作者格奥尔格·马丁诺·巴藤施泰因·博鲁索(Georgio Martino Bartensteinense Borusso)(此段文字的原文为:"Regerunt hic Bodini discipuli: ex legibus Rerumpubl. fundamentalibus ipsam formam Reipubl. et non aliunde cognosci posse. Denn sie halten in sich/(ut hodie loquuntur) die verfassung der Policey."——译者)。

通过阐释性的德文插入语"治理宪制"对"政体/国家形式"(forma Reipublicae)进行特别不同寻常的转述,表明德语概念开始确立。"宪制"(Verfassung)在此意味着诸如属性和状态等丰富含义;"Policey"(治理/行政管理)*等同于国家和统治["控制"(regimen)],[396]其含义逐渐限于"国家行政"。[397] 这个早期证据依然是一种例外。当时各种文章的标题大多数用"status"概念来称呼其研究对象,它意指状态、政体或帝国的政体状态,而不能简单地把它翻译为"国家"(Staat)。同样常见的不断积累起来的概念组合"关于政体和状态"(de forma et statu)[398]或替代性概念组合"关

---

* 这是一个特别富有德国特色的公法史概念,它的含义是"治理"或"行政管理",它是德文"警察"(Polizei)的前身,因此有的文献也它把广义地翻译为"警察",当然这个"警察"含义要比现代意义上的"警察"含义广泛得多。16世纪,在文献中频繁出现"gute Policey"这样的表达,其含义是"善治""良政"。"治理"或"行政管理"是后来德国行政法发展的重要历史渊源。——译者

[396] 参照 P. 普罗伊(P. Preu),《警察概念与国家目的学说——18世纪法学和国家科学对警察概念的发展》(Polizeibegriff und Staatszwecklehre. Die Entwicklung des Polizeibegriffs durch die Rechts-und Staatswissenschaften des 18. Jahrhunderts, Göttingen 1983),"哥廷根法学研究"(Göttinger Rechtswissenschaftliche Studien),第 124 辑,第 27 页及下页。

[397] 参照 B. 勒克(B. Roeck),《帝国体系与帝国习俗——17、18 世纪政治公法学对帝国国家性质的讨论》(Reichssystem und Reichsherkommen. Die Diskussion über die Staatlichkeit des Reiches in der politischen Publizistik des 17. und 18. Jahrhunderts, Wiesbaden 1984),"迈因茨欧洲历史所文集·大学历史部分"(Veröffentlichungen des Instituts für Europäische Geschichte Mainz. Abt. Universalgeschichte),第 120 卷,第 15 页。亦参照本书下文第 89 页及注释 533。

[398] 《神圣罗马—德意志帝国的政体与状况研究——与塞维利·德·蒙赞巴诺商榷……》(Disquisitio de sacri imperii Romano-Germanici forma et statu adversus Severinum de Monzambano... anno 1667),来自斯图加特的 M. Io. U. 策勒(M. Io. U. Zeller)引注。

于状态或政体"(de statu seu forma)[399]就清楚地说明了这一点,它们把这两个含义领域并列在一起,对此还没有一个统一的概念可供使用。在"理性状态"(De ratione status)标题下所出版的著作在其小章节中也会常规性地讨论"帝国状况"(de statu imperii)问题。[400]

萨穆埃尔·普芬道夫(Samuel Pufendorf)在1667年以假名发表的作品《塞维利·德·蒙赞巴诺·维诺纳论德意志帝国状况》(Severini de Monzambano Veronensis, de statu Imperii Gennanici, Veronae 1667)占据了这种讨论的核心位置。该作品的首次德文翻译是:

> 塞维利·德·蒙赞巴诺·维诺纳关于德意志帝国状况的报告(Bericht Vom Zustande des Teutschen Reichs durch Severinum de Monzambano Veronensem)

---

[399] J. H. 西布朗德(J. H. Sibrand)(博导),《博士论辩文——神圣罗马帝国的状况或政体》(Diss. de statu seu forma S. R. Imperii, Rostochi 1695),答辩人:H. A. 布茨梅尔(H. A. Butzmer)。莱布尼茨塑造了同样的交替概念组合词,参照莱布尼茨(Leibniz),《文集(1690—1695年)》[Tractatio (1690-1695)],载G. 格鲁阿(G. Grua),《未出版的文本》(Textes Inédits II, Paris 1948),第2卷,第801页:"公法在其真正意义上探讨国家中最高权力的政体或宪制(Jus publicum stricte dictum agit de reipublicae forma seu constitutione summae potestatis)。""constitutio"在此也可以翻译为"Zustand"(状态)或"Einrichtung"(组建、设立、组织)。

[400] 参照如 H. a 拉皮德斯(Hippolithus a Lapide),《博士论文——论我们罗马德意志帝国宪制的基本原则》[Diss. de ratione status in Imperio nostro Romano-Germanico, Freistadii 1647 (1. Aufl. 1640)],第22页及以下诸页。

以及

>……对德意志帝国真正属性和状况的坦率讨论或全面汇报……来自最受赞美的、成果斐然的学会中的一位无名小卒从拉丁文翻译为德文。1669年……印刷。[401]

这些翻译表明了"状态"含义[402]——在政体范畴意义上——这种含义在18世纪通常用"宪制/宪法"(Verfassung)来转述。克里斯蒂安·沃尔夫(Christian Wolff)称这种

>共同体的宪制……对帝国,其中要么是完全的、不受限制的和最高的统治,要么是……受限制的……由一人统治。[403]

1761年在美因茨/科布伦茨出版了 H. a 拉皮德斯(H. a

---

401 引自F. 萨洛蒙(F. Salomon)主编,《塞维利·德·蒙赞巴诺(萨穆埃尔·冯·普芬道夫):德意志帝国状况》[Severinus de Monzambano (Samuel von Pufendorf), De Statu Imperii Germanici, Weimar 1910],"德意志帝国宪制史文献及研究"(Quellen und Studien zur Verfassungsgeschichte des Deutschen Reiches),第3卷,第4部分,第15页。1667年首次德文翻译似乎只流传了几册。但萨洛蒙亲自买到了并做了简短描述(参照该书第15页)。在F. 帕拉蒂尼编辑整理的文献中没有提到它,参照F. 帕拉蒂尼(F. Palladini),《17世纪对萨穆埃尔·普芬道夫的讨论(拉丁文:1663—1700年)》(Discussioni seicentesche su Samuel Pufendorf. Scritti latini:1663-1700, Mulino 1978)。

402 G. 施托勒(G. Stolle),《法学史导论》(Einleitung zur Historie der juristischen Gelahrheit, Jena 1745),第163页。该书对普芬道夫的著作宣称,"的确,人们还没有见过对德意志帝国的状态进行如此坦率而生动的描写……"

403 Chr. 沃尔夫(Chr. Wolff),《自然法与国际法原理》(Grundsätze des Natur-und Völckerrechts, Halle 1754),第711页(第994节)。

Lapides)写于1640年的《博士论文——论理性状态》(Diss. de ratione status),其德文标题是"德意志民族罗马帝国国家宪制纲要"(Abriß der Staats-Verfassung des Römischen Reichs Deutscher Nation)。17世纪关于状况、状态或政体的讨论引向18世纪"宪制/宪法"概念中的政体含义。状态含义也反映在"国家法"或"公法"的概念中。施佩纳(Spener)在"一般定义"中这样确定公法：

> 德意志国家法学说是一般法学说的一部分,依此并在其中根据其成文的和不成文的基本法去衡量、评价、辩护,……罗马-德意志帝国的公共状况。[404]

尤其是在法国和英国的语言环境中,状态/状况和国家之间的紧密联系仍然清晰可见,像对普芬道夫作品的翻译所表明的那样。[405]法国历史学家梅泽莱(Mezerai)早在1666年就读过普芬道夫的拉

---

[404] J. C. 施佩纳(J. C. Spener),《德意志公法或神圣罗马-德意志帝国全部国家法学说》(Teutsches Ius Publicum oder des Heil. Römisch-Teutschen Reichs vollständige Staats-Rechtslehre..., Franckfurt/Leipzig 1723),第40页和第19页。

[405] 参照普芬道夫,《德意志帝国状态》(De statu Imperii Germanici)的法语翻译：„L'estat de l'empire d'Allemagne de Monzambano", Amsterdam 1669；„Etat de l'empire d'Allemagne", Strasbourg 1728；此处引自：Salomon(见本书上篇注释401), S. 17. 相应的英文翻译是："The present State of Germany, or An Account of the Extent, Rise, Form ... and Interests of that Empire ... Adaptet to the present Circumstances of that Nation", London 1690(《日耳曼的目前状态,或范围、兴起、形式……帝国利益的描述……适应该民族的目前情况》)；对此参照 H. 杜哈特(H. Duchhardt),"普芬道夫在英国——普芬道夫的帝国宪制作品在1690年不为人所知的翻译"(Pufendorf in England. Eine unbekannte Übersetzung von Pufendorfs Reichsverfassungsschrift aus dem Jahre 1690),载《文化史档案》(Archiv für Kulturgeschichte, 1990),第72卷,第143—152页。

丁语文本手稿，他在法语中称之为"德意志帝国的当今状况"(de l'Etat présent de l'Empire d'Allemagne)。[406]

普芬道夫对帝国政体性质的研究(第5章，第1节)完全处于古代政体学说和中世纪身体比喻的传统中：[407]

> 像自然的和人工的身体、它们的健康和能力产生于它们各部分井然有序的和谐与联系一样，人们根据无形的身体或社会形态的各部分是否相互正确联系在一起来判断它们强或弱，它们因此拥有一种有序的结构，抑或本身是一种不正常的东西和怪物。德意志帝国具有什么样的性质，不能被归为像政治学导师们那样描述的一般政体，这足够……清楚了。

---

[406] 德文翻译重印版：《萨穆埃尔·普芬道夫男爵对德意志民族神圣罗马帝国状态简短但全面的报告，之前用拉丁文出版，标题是塞维利·冯·蒙赞巴诺……对此还进行了补充……男爵对一个非正常国家特性的权威研究，……》(Samuels Freiherrn von Pufendorff kurtzer doch Gründlicher Bericht von dem Zustande des H. R. Reichs Teutscher Nation, vonnahls in Lateinischer Sprache unter dem Titel Severin von Monzambano herausgegeben... Dem noch beygefüget...2) des Herrn Autoris Untersuchung von der Beschaffenheit eines irregulairen Staats,..., Leipzig 1715)，前言。

[407] 参照本书上文第一章、第二章第一节、第四章第一节和第二节(此段文字的原文为："Quemadmodum corporum naturalium juxta, atque artificialium sanitas, et habilitas ex apta partium inter se hannonia, et connexione resultat: ita quoque corpora moralia, seu societates finnae, aut invalidae judicantur, prout earundem partes inter se bene, aut secus invicem innexae deprehenduntur; adeoque prout concinnam fonnam, aut irregulare quid, et monstrosum prae se ferunt. Satis… apparuit, in Gennanorum Rep. latitare nescio quid, quod eandem ad simplices Rerump. formas referri, prout vulgo apoliticis illae describuntur, non patiatur."——译者)。

第九章 "状态/状况"概念与帝国政体

在用"德意志帝国政体"和翻译为"论德意志帝国属性"[408]来作标题的章节中,普芬道夫使用在政治学文献中常用的亚里士多德的政体模式,证明其不适合于帝国的政体规定性,他对帝国既不称之为君主制,也不称作邦联制["既不体现为君主制……,又不体现为一种正常的国家身体或通过联盟联系在一起的国家体系……"(neque regnum..., neque exacte corpus aliquod aut systema plurium civitatum foedere nexarum...)],"而毋宁是一种游离于这两种形式之间的东西"(sed potius aliquid inter haec duo fluctuans)(第6章,第9节)。他从中得出帝国是"非正常的身体"或"非正常的体系"[409]这一结论,也就是说,它是雌雄同体["类似于怪物"(monstro simile)]。使用身体比喻、把整体的和谐强调为关系平衡和所有组成部分相联系的体现,从而——在医学上观之——国家共同体的"健康"(sanitas)继续被认为是真实可靠的,——这整个词语范围和概念范围与中世纪晚期的词语使用和概念使用相吻合。[410] 因此,库尔皮斯(Kulpis)在他对普芬道夫作品这一章(第6章,第9节)的评注中,也是在身体状态(Körperverfassung)意义上的"构成/体质"(constitutio)观点下讨论"我们的政体"(forma reipublicae nostrae):

……自然性质表明,人体根据什么样的法则形成,像我们

---

408 Pufendorf(f), Gründlicher Bericht, 1715(见本书上篇注释406), S. 667.
409 普芬道夫的体系概念及其使用,也可参照:Roeck, Reichssystem(见本书上篇注释397), S. 30 ff.。
410 参照本书上文第四章第一节和第二节。

可以说的那样，它偏离人体的一般构成（constitutione）及其形式和形态有多远。[411]

对普芬道夫来说，帝国的政体规定性不是目的本身，而是与国家理性（Staatsräson）* 概念及目标紧密联系着的。"理性状态"（ratio status）转而表达了国家利益，并试图对应该和能够被用于实现国家利益的手段进行命名。就此而言，国家理性取决于在作品开头分析过的政体。当普芬道夫从帝国的政体状态中发展出被归为"理性状态"（第八章）的行为准则时，他的研究进路也与此相吻合。所以在他对帝国所有状况和现实属性进行描述和确定中，"国家状况"（status rei publicae）除了拥有状态性的——法律上的——政体含义外，还具有第二个维度。这个研究框架（第7章）包括：人口和城市、矿产、农业、手工业、商业、交通以及与外国

---

[411] J. G. 库尔皮斯（J. G. Kulpis），载塞维利·德·蒙赞巴诺（萨穆埃尔·冯·普芬道夫）（Sev. de Monzambano），《对德意志帝国状况诸篇的学术评注》（De Statu Imperii Gennanici Librum Commentationes Academicae, Stutgardiae o. J.），出版年或许是1688年，第242页（此段文字的原文为："... natura ostendit, secundum quam legem moliatur corpus humanum, monstrosum utique dicere possumus, quod a communi corporum humanorum constitutione, fonna, figura recedit."——译者）。然而，库尔皮斯拒绝了"道德存在与物质存在"之间的等同。在普芬道夫那里，"constitutio"的概念使用也是如此，参照普芬道夫（Pufendorf），《博士论文——论人的自然状态》（Dissertatio de statu hominum naturali），载《学术博士论文选集》（Dissertationes Academicae selectiores, Upsala 1677），第458页及下页："鉴于对自然身体状态的研究，处于争执之中的那些人……"（Qui circa corporum naturalium constitutionem investigandam solliciti fuerunt...）

* 这是15世纪下半期在意大利外交活动中广泛流行的概念（raginone di stato），表达了在外交活动中要维护国家利益。这个概念后来被用于论证政治独立于道德的合法化。马基雅维利被认为是国家理性学说的典型代表。有的论著也把它译为"国家理由"。——译者

第九章 "状态/状况"概念与帝国政体

的关系,并在"有关强壮与虚弱"(de viribus et morbis)的医学比喻下探讨了这些问题。[412] 国家的整个状况被作为"公法"的一部分,部分地被当成"国家状况的知识"(notitia status reipublicae)。[413] 自17世纪80年代以来,英国对"当前状况"的国家知识和科学描述也有利于这种普遍的国家信息兴趣和启蒙的信息兴趣。人们也可以从中看出早期对普芬道夫的《论德意志帝国状况》(De statu imperii Germanici)进行英文翻译(1690年)[414]的一个原因。[415] 在18世纪,这种研究对象在德国普遍都在"国家知识/国家志/国家学"(Staatenkunde)这一标题下展开。

两种状态因素、政体和国家的物质条件都得自于真实的经验,而不是来自亚里士多德理想的政体理论,即便这种不可颠覆的传统权威力量在德国仍长期继续存在。[416] 两种状态因素关乎国家的全部状态,并进入德文的"宪法"(Verfassung)概念中。

---

[412] E. 奥托还在1726年用这个比喻来评价帝国的"理性状态"(ratio status):"……除了肢体的各种分解,除了竞争和不能通过医术治疗疾病的矛盾之外,在地球上没有更强壮的身体了"(... nec ullum robustius corpus foret in orbe terrarum, nisi varia membrorum distractio, aemulationes et controversiae... enatae, morbos nulla medicabiles arte genuissent.).参照 E. 奥托(E. Otto),《国家艺术的首要方针路线》(Primae lineae notitiae rerum publicarum, Trajecti ad Rhenum 1726),第98页。

[413] 参照如 L. A. 雷兴贝格(L. A. Rechenberg),《国家状况的知识》(De notitia Status Reipublicae, Lipsiae 1698)。

[414] 参照本书上篇注释405。

[415] 如此正确的判断参照:H. Duchhardt, Pufendorf in England(见本书上篇注释405),S. 151 f.。

[416] 参照 M. 里德尔(M. Riedel),"18世纪末的亚里士多德传统"(Aristoteles-Tradition am Ausgang des 18. Jahrhunderts),载《旧欧洲与现代社会》(Alteuropa und die moderne Gesellschaft, Göttingen 1963),"O. 布鲁纳贺寿文集"(FS Otto Brunner),第285页及下页。

第十章　作为法律状态和非法律状态的双重"宪制"概念：国家与统计学

　　泽肯多夫（Seckendorff）在1656年出版的《德意志诸侯国》（Teutscher Fürsten-Staat），以这种划分作为出发点，即一方面"按照明显的和外在的特点，一般划分为对邦国的描述和对诸侯国的描述"，另一方面划分为"邦国和诸侯国的政府与构成状况（Verfassung），划分为宗教等级和世俗等级"。值得注意的是，用"Verfassung"概念来表示法律领域，而这个概念在泽肯多夫那里一般还只是出现在"防御和战争状态作品"的语境中。[417] 对"诸侯国"是关于行政和政府的描述，"之前报告的是，诸侯国和邦国按照其外在情况被塑造和被创造成什么，以及被如何塑造和创造"。[418] 把对邦国的经验－现实描述放在前面，这符合利普修斯（Lipsius）、格奥尔格·奥布雷希特（Georg Obrecht）和伯克勒（Boecler）的论述形式，[419] 而这些人尤其受到赫尔曼·康林

---

[417]　V. L. v. 泽肯多夫（V. L. von Seckendorff），《德意志诸侯国》（Teutscher Fürsten-Staat, Jena 1737），第1页、第31页、第267页。

[418]　Seckendorff, Fürsten-Staat, 1737, S. 2.

[419]　参照施托莱斯（Stolleis），"法伊特·路德维希·冯·泽肯多夫"（Veit Ludwig von Seckendorff），载同上作者，《17、18世纪的国家思想家》（Staatsdenker im 17. und 18. Jahrhundert..., Frankfurt a. M. 1977），第153页。

(Hermann Conring)的影响。[420]

政治学-亚里士多德方向的文献力图通过启蒙运动获得尤其是关于欧洲国家及其"状况"的世界知识。1720年,Chr. G. 霍夫曼(Chr. G. Hoffmann)在他关于"欧洲当今状况知识"的作品中解释了这一意图：

> 世界知识是人们最必要的一门科学,因为他们生活在世界上,也应该正确地知道国家处于何种宪制(Verfassung)中。这种知识在公共领域要比在私人领域多。[421]

"宪制"(Verfassung)知识意味着"欧洲……国家的状态知识",这种状态被分为"内部宪制"(innerliche Verfassung)和"外部宪制"(äusserliche Verfassung)。[422] "内部宪制"——被霍夫曼等同

---

[420] 康林于1660年左右在《世界强权国家研究》(*Examen rerum publicarum potiorum totius orbis*)和《各国知识的历史和政治习练》(*Exercitatio historico-politica de notitia singularis alicuius rei publicae*)中提出其国家知识的大纲,载 J. W. 格贝尔(J. W. Goebel),《赫尔曼·康林文集》(Opera H. Conringii IV, Brunsvigae 1730), 第4卷,第47页及以下诸页,亦参照：D. Willoweit, Hermann Conring, in: Stolleis, Staatsdenker(见本书上篇注释419), S. 136。

[421] Chr. G. Hoffmann, Entwurf einer Einleitung..., 1720(见本书上篇注释187), S. 6.

[422] "内部宪制/内部宪法"(innere Verfassung)的划分已经出现在这本作品中：J. C. 克赖登曼(J. C. Kreidenmann),《对整个帝国骑士团的尤其是施瓦本的状态、缺陷、内部宪制、要建立的秩序和要采用的基本原则的思考》(Bedencken über den Zustand, Gebrechen, innere Verfassung, zu errichtende Ordnung und anzunehmende Grund-Sätze der Reichs-Ritterschafft übedtaupt und der Schwäbischen insbesondere, Esslingen 1644),并被以下这本书所引证：F. C. v. 莫泽(F. C. von Moser),《国家法与国际法阐释短文集》(Kleine Schriften zur Erläuterung des Staats-und Völker-Rechts, Frankfurt a.

于"内部状态"(innerer Zustand)——牵涉

最重要的问题,即寻找主权居于何处(Sedes Majestatis),以及取决于主权的法律如何划分?……因此,这种知识被经常称赞的原因是,人们要熟悉每个国家的政体,要研究通过谁和谁的权力来运行政治身体这台机器。在许多国家,人们有特殊的基本法……其中有些完全涉及政体:有些关系到王位继承权,以及在未来该如何保持住国家的宪制(Verfassung)。[423]

依照霍夫曼,"外部宪制"牵涉欧洲国家相互间的"经济发展属性"。霍夫曼把这种只限于政体或"政府形式"的法律状态的"内部宪制"概念,放在"国家公法"这一标题之下。[424] 18世纪初,"宪制/宪法"(Verfassung)和"状态"(Zustand)在公法确立之时依然是可以相互交换使用的概念。1700年左右,雅各布(Jacob)自问自答"德意志民族罗马帝国"的公法是什么,其答案是:

M. 1764),第63页及下页。整个18世纪都没有停止"内部宪制/内部宪法"(innere Verfassung)和"外部宪制/外部宪法"(äußere Verfassung)的划分;参照如 B. D. 内特尔布拉特(B. D. Nettelbladt),《对一些德意志国家法学说的阐释》(Erörterungen einiger einzelner Lehren des teutschen Staatsrechtes, Halle 1773),第10页:"如果这种法律现在运用到国家上,那本身就如此清楚,在其中存在着一个国家的公共状态,这叫作国家宪制/国家宪法(Staatsverfassung),它是内部宪制/内部宪法或外部宪制/外部宪法,据此处于国家的内部或外部公共状态中。"

423　Hoffmann, Entwurf(见本书上篇注释187),S. 7 f.;亦参照 H. 默恩豪普特(H. Mohnhaupt),"17、18世纪的'欧洲'与'公法'"(„Europa"und„ius publicum"im 17. und 18. Jahrhundert),载《欧洲法律史各方面——赫尔穆特·科英贺寿文集》(Aspekte europäischer Rechtsgeschichte. Festgabe für Helmut Coing, Frankfurt/M. 1982),《共同法》(Ius commune),增刊,第17辑,第220页及下页。

424　Hoffmann, Entwurf(见本书上篇注释187),S. 8.

第十章　作为法律状态和非法律状态的双重"宪制"概念：国家与统计学

这是所有公共契约概念，这些契约主要涉及德意志帝国的政治状态，不仅涉及它的统治，而且还要涉及对它的维护。[425]

因此，作为公法——尤其是政体上的——状态的"Verfassung"逐渐出现在组合词"Staats-Verfassung"（国家宪制/国家宪法/国家状况）*或"Regierungs-Verfassung"（政府组织法/政府状态）中，它与某种君主制和共和制统治的国家相关，并被用于这样的国家。[426] 例如，约翰·雅各布·莫泽（Johann Jacob Moser）采用"论德意志帝国当今国家宪制学说"（Von der Lehre der heutigen Staats-Verfassung des Teutschen Reichs überhaupt）和"意大利……王国当今的国家宪制"（Die heutige Staats-Verfassung des Italiänisehen... Königreichs）这样的章节标题。[427]

他主要在法律上把

---

[425] J. 布吕内曼（J. Brunnemann），《德意志最新公法研究》（Examen juris publici Germanici novissimi），第1篇，第1章，载 J. Chr. 吕尼希（J. Chr. Lünig），《德意志帝国档案》（Das Teutsche Reichs-Archiv, Leipzig 1713），第1卷，整个部分中的第2部分，第3页。

* 由于这个时期，"Verfassung"和"Zustand"规范频繁交替使用，所以在此语境下把"Staatsverfassung"翻译为"国家宪制""国家宪法"和"国家状况"。——译者

[426] 参照 J. J. 施毛斯（J. J. Schmauß），《德意志公法学术演讲及讲义》（Academische Reden und Vorlesungen über das teutsche Staatsrecht, Lemgo 1766），J. A. H. 黑尔德曼（J. A. H. Heldmann）主编，第5页及下页："公法是法学的一部分，在该部分中按照法律处理一个国家的政府组织法（Regierungsverfassung）……当一群人进入公民社会，他们必须首先选择一种统治，而且关键的是，政府应该如何以及以何种方式被领导。人们把这称作国家宪制/国家宪法（Staatsverfassung）或公共状态（statum publicum）……"

[427] J. J. 莫泽（J. J. Moser），《德意志帝国当今国家宪制纲要》（Compendium juris publici moderni regni Germanici. Oder Grund-Riß der heutigen Staats-Verfassung des Teutschen Reichs, Tübingen 1742），第1页、第761页。

德意志帝国当今国家宪制学说

定义为：

> 现在称呼和理解德意志帝国的完整概念？当它被看成是一个统一的身体时，它拥有……什么性质的政体、结构划分、特权，然后，在其中……观察它的首脑和成员（肢体）。

这种判断的取得是

> 根据德意志帝国的渊源、基本法和契约、帝国的成员（肢体）、特权……[428]

莫泽作品的这种经验主义-实证主义基本特征，对帝国公法学中的国家思考和宪制描述具有代表性。他对主标题中"当今"国家宪制的强调清楚表明了要全面真实描述帝国的这一目标，[429]其中仍常用古老的身体比喻去阐明"首脑与成员（肢体）"之间的复杂关系。"宗教事务和世俗事务中的国家宪制如何存在？"这一法律问题不能替代国家的全面现实及其状态性宪制问题和研究，即"所有

---

[428] Moser, Compendium（见本书上篇注释427），S. 1 f.
[429] 亦参照 J. J. 莫泽（J. J. Moser），《欧洲当今国家宪制学的起始原因》（Anfangs-Gründe der Wissenschafft der heutigen Staats-Verfassung in Europa, Tübingen 1732）；同上作者，《当今普遍的欧洲国际法要义……》（Grund-Sätze des jetzt-üblichen Europäischen VölckerRechts..., Hanau 1750）。

第十章 作为法律状态和非法律状态的双重"宪制"概念:国家与统计学

欧洲新教徒及其国家的自然属性和权力如何获取?"[430]"国家状况的某些知识,像如此多的可能那样……"适合于解释"对国家属性有根据的评价"。[431] 这种作为"国家智慧"而亮相的"科学"能够"作出的成果越丰硕,人们就越关注帝国和邦国真正的国家宪制(Staatsverfassung)"。[432] 比兴(Büsching)在 1759 年把以下这些算作是国家的当前信息:

> 国家最重要的自然物资,其居民数量,在手工作坊、工厂、商店、美术和科学中的人力,其收入,战争能力,政体,还有其他属于对其国家宪制(Staatsverfassung)的有利认识……[433]

这种全面的宪制概念也可以一道包含法律上的国家状况(Verfassung des Staates)。但自 18 世纪中期以来,这种法律上的状态因素日益独立变得清晰了。在瓦尔希那里,"国家宪制(Staatsverfassung)仍表现为全面的整体对象,但也可以根据历史学家、法学家和政治学家设定的不同任务,对这种整体对象提出

---

[430] 参照:J. J. Moser, Anfangs-Gründe, 1732, S. 2。

[431] Chr. W. F. 瓦尔希(Chr. W. F. Walch),《欧洲主要帝国和民族的国家宪制纲要》(Entwurf der Staatsverfassung der vornehmsten Reiche und Völker in Europa, Jena 1749),前言。

[432] J. H. 埃伯哈特(J. H. Eberhard),《探讨德意志国家智慧的概念研究》(Abhandlung von dem Begriffe der Bearbeitung der Deutschen Staatsklugheit, Wittenberg und Zerbst 1768),第 61 页。

[433] A. F. 比兴(A. F. Büsching),《欧洲帝国和国家的地理特性和国家宪制的基本和有用知识之准备》(Vorbereitung zur gründlichen und nützlichen Kenntniß der geografischen Beschaffenheit und Staatsverfassung der europäischen Reiche und Republiken, Hamburg 1759),第 2 版,序言。

各种各样的问题"。在"国家宪制"的对象上,法学、历史学和政治学学科的独立化及其专业代表们的专业化变得十分清晰:

> 只有当一位法律学者评判帝国这种或那种国家宪制时,他才会解释当局和臣民必须据此安排自己行动的帝国基本法,他要么研究整个国家的宪制……简而言之,一位历史作者说,一个事物形成了以及是如何形成的,它就在其中;一位世界智者和政治家展示运用对国家有利的事物的手段,以及避免从中可能产生损害;但法学家作出判决,它是否和帝国基本法真正一致或不一致。我描绘的不是国家法,而是欧洲帝国和民族的国家宪制(Staatsverfassung),因此……把所有属于真正国家法的东西都束之高阁……[434]

在有关国家宪制的一般论述中,"关于政体"的问题作为"无用的争论"而相应地越来越失去了意义。[435] 经验主义的国家描述把政体规定性的讨论弃之为理论小把戏。例如,阿亨瓦尔宣称:

> 我盼望国家科学,不渴求国家学说,它是最不理性的。[436]

---

[434] Walch, Entwurf(见本书上篇注释 431),前言;相同的可参照:Eberhard, Abhandlung(见本书上篇注释 432),S. 23。

[435] Eberhard, Abhandlung, 1768, S. 38. E. Otto, Primae lineae(见本书上篇注释 412),S. 23. 该处已经把古代关于政体优先地位的争论描述为"无用的争议"(inutilis controversia)。

[436] G. 阿亨瓦尔(G. Achenwall),《当今主要欧洲帝国和国家的国家学准备》(Vorbereitung zur Staatswissenschaft der heutigen fürnehmsten europäischen Reiche und Staaten, Göttingen 1748),第 6 页;同样参照 G. 阿亨瓦尔(G. Achenwall),《当今欧洲主要帝国和国家的国家宪制》(Staatsverfassung der heutigen vornehmsten Europäischen Reiche und Völker im Grundrisse, 7. Aufl., Göttingen 1790),第 7 版,第 3 页及下页。

第十章 作为法律状态和非法律状态的双重"宪制"概念:国家与统计学

这种法律上的宪制领域,在自阿亨瓦尔以来把"国家知识/国家志"(Staatenkunde)或"国家状况"(Staatsverfassung)称为"统计学"(Statistik)的概貌中只扮演着次要角色。[437] "作为更狭义理解的国家状况",这种法律上的宪制领域只是处于上位的"更广义理解的国家状况"的一部分。[438] 这种"国家科学"对"市民社会真实奇特的东西进行描述",[439]并徒劳地试图用亚里士多德的政体学说尺度去衡量帝国。黑格尔在其宪制论著(1802年)中恰恰把这种国家科学与另一种权力和国家的理念现实性对立起来,而这种理念现实性的结果是:"这不再是关于德意志宪制(Verfassung)落入何种概念之下的争论了。不能再被理解的东西,就不再有了。"[440]

---

[437] 有关"统计学"(Statistik)的发展史及其对象,尤其参照:M. 拉塞姆(M. Rassem)、J. 施塔格尔(J. Stagl)主编,《近代尤其是16世纪至18世纪的统计学和国家描述》(Statistik und Staatsbeschreibung in der Neuzeit vornehmlich im 16.-18. Jahrhundert, Paderborn/München/Wien/Zürich 1980);H. 克吕廷(H. Klueting),《国家权力学说——18世纪实践哲学和"政治学"中的外部政治权力问题》(Die Lehre von der Macht der Staaten. Das außenpolitische Machtproblem in der „politischen Wissenschaft" und in der praktischen Politik im 18. Jahrhundert, Berlin 1986),"历史研究"(Historische Forschungen),第29辑。

[438] 参照:G. Achenwall, Staatsverfassung der heutigen vornehmsten europäischen Reiche(见本书上篇注释436), S. 4 f.。

[439] 参照:Achenwall, Vorbereitung(见本书上篇注释436), S. 7。

[440] G. W. F. 黑格尔(G. W. F. Hegel),"德国宪制"(Die Verfassung Deutschlands, 1802),载《二十卷文集》(Werke in 20 Bänden, Frankfurt a. M. 1971), E. 莫尔登豪尔和K. M. 米歇尔在1832年至1845年作品基础上的新修订,第1卷(早期作品),第461页、第472页。

第十一章　领地国家与"邦国宪制"

17世纪上半叶不仅仅王朝家族训令开始书面化,[441]而且在等级阶层能够维护其地位的地方,领主和邦国等级阶层之间的整个法律关系也被书面确立和调整了。私法学几乎无时间间隔地跟上了这一形势,为了对在德国被看成是共同法的罗马法进行补充,它操持对本土邦国法——"祖国的法"(ius patrlae)或"领地的法"(ius territorale)——的体系论述和分析。[442] "法律教师用德语,更确切地说,用一种简略的起草文本(Verfassung)介绍一般邦国法……",从中看出这种文献类型的一个特征。[443] 典型的是C. A. 施特鲁韦(C. A. Struve)的《法学》(Juris-Prudenz)副标题,他在"Verfassung"概念里结合了书面化和体系化的内容顺序:

或一般邦国法的状况(Verfassung)……从共同的皇帝的

441　参照本书上文第七章第三节。

442　K. 卢伊格(K. Luig),"德国私法科学的开端"(Die Anfänge der Wissenschaft vom deutschen Privatrecht),载《共同法》(Ius commune,1967),第1辑,第195—222页;同上作者,"17、18世纪民族法的法学阶梯教科书"(Institutionenlehrbücher des nationalen Rechts im 17. und 18. Jahrhundert),载《共同法》(Ius commune),第3期(1970年),第64—97页(尤其是第78—82页)。

443　参照H. E. 弗勒尔肯(H. E. Flörcken)为G. A. 施特鲁韦的《法学》(G. A. Struvens Jurisprudenz,1706)撰写的前言(如同下一个注释)。

第十一章　领地国家与"邦国宪制"

帝国和萨克森的法律中……制定出来,并被 H. E. 弗勒雷肯(H. E. Flörcken)创建成……一种完整的法律体系……[444]

可见,在等级-"国家"双重性的领地层面为公法领域赢得了一种法律秩序,它是书面"起草"的,并且——在布鲁纳的意义上——常常是在"邦国与领主"之间商定的。格哈德·厄斯特赖希用令人信服的证据把这一发展放在全欧洲的框架下。[445]

在领主和等级阶层的共同参与下所产生的各项文件,起初对文本的书面草拟使用"起草"(Verfassung)这一表达。[446] 1663 年的"瑞典-波默君主政体"也和"1634 年拟定的和公开的统治形式"有关系,该统治形式本身被称作"决议和宪法"(Verfassung)。[447] 在这个意义上,施瓦茨堡君主国的领主和等级阶层在 1721 年也"认为这不错,并且有必要在我们……邦国部分地制定一部更准确的宪法(Verfassung)……"[448]然而,这些"宪法"的法律内容变得至关重

---

[444] 格奥尔格·亚当·施特鲁韦(Georg Adam Struve),《法学或一般邦国法之状况》(Juris-Prudenz, oder: Verfassung der Land-üblichen Rechte..., Franckfurt/Leipzig 1706),第 2 版。

[445] 对此以及以下内容参照:G. Oestreich, Vom Herrschaftsvertrag zur Verfassungsurkunde, in: Vierhaus, Herrschaftsverträge(见本书上篇注释 269),S. 50-62。

[446] 参照本书上文(第六章第一节)普鲁士例子。

[447] J. C. 德纳特(J. C. Dähnert),《波默和吕格共同的和特别的邦国文件、法律、特权、契约、宪令和条例汇编——新旧邦国宪制知识……》(Sammlung gemeiner und besonderer Pommerscher und Rügischer Landes-Urkunden, Gesetze, Privilegien, Verträge, Constitutionen und Ordnungen. Zur Kenntnis der alten und neueren Landes-Verfassung..., Stralsund 1765),第 1 卷,第 359 页(1663 年的《政体》)和第 337 页、第 358 页(1634 年的《政府条例》)。

[448] 引自 J. J. 莫泽(J. J. Moser),"论德意志帝国等级邦国"(Von der Teutschen Reichs-Stände Landen, Franckfurt/Leipzig 1769),《新德意志国家法》(Neues teutsches Staatsrecht),第 13 卷,第 1 部分,第 386 页。

要，因为这种法律内容在 17 世纪和 18 世纪日益超越"草拟"（Abfassung）这一形式因素而等同于"起草"的书面形式。人们在帝国层面观察不到这种情况。所以，领主和等级阶层在领地层面之间的相互作用所塑造出来的国家属性，因其"被起草的"富有活力的规则而有别于帝国保守的整体结构。

文本中涉及领地统治和邦国等级阶层的这些规则，其最重要的内容是保护等级阶层特权和"政府"的或"统治"的秩序。路德宗被确立以后，在 1634 年的《波默政体》（Die Pommersche Regierungs-Form）中提到"邦国特权和根本规章"，甚至还在有关"整个政府"规则之前就提到对它们的确认。[449] 其中待确认的等级阶层"共同和特殊的特权、规章和规定"不仅被看成是个体权利，而且还被看成是集体权利，"因而涉及公共领域"。[450] 可见，等级阶层的"邦国特权"是邦国整个现存法律的一部分，它会被邦国统治者单方面处置而被取消掉。1663 年的《政体》前言描述了这一目标：

> ……因此，某些法律和统治宪法调整着……共同的邦国福利。[451]

---

[449] Dähnert, Sammlung（见本书上篇注释 447），S. 340 f.

[450] "1663 年的瑞典－波默政体"（Schwedisch-Pommersche Regierungs-Form von 1663），载：Dähnert, Sammlung, 1765, S. 362。

[451] Dähnert, Sammlung, 1765, S. 360；同样的亦参照梅维乌斯（Mevius）在 1650 年"呈交瑞典王国委员会的文章"，载：J. J. Moser, Von der Teutschen Reichs-Stände-Landen（Neues teutsches Staatsrecht 13, 2），Franckfurt/Leipzig 1769, S. 1020；莫泽（Moser），"论世俗事务中的邦国主权"（Von der Landeshoheit im Weltlichen, 1772），《新德意志国家法》（Neues teutsches Staatsrecht），第 16 卷，第 1 部分，第 396 页及下页。该作者也援引了作为"健康的邦国宪制"（Heilsame Landes-Verfasung）的"政体"（Regiments-Form）。

第十一章 领地国家与"邦国宪制"

1661年11月14日普鲁士大公国的《文书——与邦国特权有关的新的政府组织法和确认书》(Instrumentarum. Die neue Regierungsverfassung undt confirmation, deß Landes Privilegien betreffend)同样把有关领地政府和等级特权的规定统一于一份书面文件,该文件本身在文本中也像在选候之间的书信中一样只被称为"政府组织法"(Regierungsverfassung)。[452]"政府组织法"被赋予"不可被破坏的""永世长存的""永久不变的"效力主张,之所以如此,这是因为另一种官职分配"对我们普鲁士邦国大有助益"。[453] 1749年7月6日,弗里德里希大帝确认了克莱韦-马尔克等级阶层的特权和参与邦国政府的权利,其之实现"依照邦国宪制"得到明确保障。[454] 18世纪初以来,邦国等级特权的刊印出版物越来越多。在强大的诸侯国中,刊印出版有助于保护等级阶层针对领主的自由和权利,因此也是一种等级阶层主张意志的政治-公法文件。[455] 等级特权因而也是"邦国宪制"的一部分。1763年出版的标

---

[452] 亦参照:Oestreich, Vom Herrschaftsvertrag, in: Vierhaus, Herrschaftsverträge (见本书上篇注释269), S. 58。

[453] 引自W. 阿尔特曼(W. Altmann),《勃兰登堡-普鲁士宪法史和行政史文件选集》(Ausgewählte Urkunden zur Brandenburgisch-Preussischen Verfassungs-und Verwaltungsgeschichte, Berlin 1897),第1部分,第61页及下页(序号6、7、9)。

[454] 《北莱茵-威斯特法伦州宪法——前身、典范、形成》(Die Verfassung des Landes Nordrhein-Westfalen. Vorläufer, Vorbilder, Entstehung, Düsseldorf 1984),"北莱茵-威斯特法伦州国家档案文集"(Veröffentlichungen der staatlichen Archive des Landes Nordrhein-Westfalen, Reihe D, Ausstellungskataloge staatlicher Archive), D序列,国家档案陈列目录第17号,第31页及下页。

[455] 参照H. 默恩豪普特(H. Mohnhaupt):"特权中的私法"(Privatrecht in Privilegien),载《欧洲私法史讲演录》(Vorträge zur Geschichte des Privatrechts in Europa, Frankfurt a. M. 1951),《共同法》(Ius commune),特刊,第15期,第63页及下页。

题为"符腾堡邦国基本宪制"(Württembergische Landes-Grund-Verfassung)的文件汇编,明确强调符腾堡邦国等级阶层"享有特权的宪制":

> 因此,等级阶层及其显著特权及自由主要属于符腾堡邦国宪制,也属于大公国的基本宪制。[456]

在领主与等级阶层之间由法律确定的关系,在领地层面构建起被双重塑造的国家属性和作为"宪制"的特殊政体或政府形式。策德勒(Zedler)在"国家"这个词条下表明了"国家"和"宪制"之间紧密的概念联系:该词

> 尤其在公法学家和国家学者那里都无异于政府(Regierung),或者政体(Regiments-Forme)和当局与臣民之间的宪制(Verfassung)。[457]

---

[456] 《符腾堡邦国基本宪制简要的且大多是一般的报告——兼顾大公国的等级阶层及其与领主和邦国的关系……的全面披露》[Kurze und meistens generale Nachricht von der Württembergischen Landes-Grund-Verfassung, in Rucksicht eines Theils, auf des Herzogthums Stände, und ihre Verhältniß gegen Herrn und Lande... gründlich ans Licht gestellt, (o. O.) 1763],序言,第 4 页及以下诸页;亦参照《符腾堡邦国基本宪制——尤其考虑邦国等级阶层及其与最高邦国统治的关系……》[Württembergische Landes-Grund-Verfassung, besonders in Rucksicht auf die Landstände und deren Verhältniß gegen die höchste Landes-Herrschafft..., (o. O.) 1765]。

[457] J. H. 策德勒(J. H. Zedler),《科学与艺术通用辞典大全》(Großes vollständiges Universallexicon aller Wissenschaften und Künste, Halle/Leipzig 1744),第 39 卷,第 639 页[词条:"Staat"(国家)、"Stand"(等级)]。

在涉及邦国等级阶层的既存权利和等级阶层普遍的参与原则时，莫泽也谈到"德意志所有省中所有邦国等级宪制的渊源"，他把这些宪制——明确的实证主义定义——和"邦国基本法"进行了区分。[458]

---

[458] J. J. Moser, Von der Teutschen Reichs-Stände Landen (Neues teutsches Staatsrecht 13,1), Franckfurt/Leipzig 1769, S. 840.

第十二章　帝国秩序

一　"宪制"与帝国的"基本法"

在帝国层面，皇帝与帝国等级阶层之间也存在着选帝协议形式的书面契约。它们属于帝国基本法范围，[459]为每位皇帝和帝国等级阶层重新确定当时商定好的权利与义务。因此，它们受制于不断的变化，以至于莫泽符合逻辑地把他的《当今国家宪制纲要》(Grundriß der heutigen Staats-Verfassung)称为"按照现在选帝协议的新改版"。[460] 通过被纳入选帝协议和帝国决议，契约和文件被提升到帝国基本法的地位，因而分有宪法法的更高义务等级地位。例如，这种情形因 1648 年的《奥斯纳布吕克和约文书》(instrumentum pacis Osnabrugense)就出现过，该和约应该是因《选帝协议》(Capitulationi Caesareae)的以下典型话语而被合并囊括了：

---

[459] 参照 G. 克莱因海尔(G. Kleinheyer)，《皇帝的选帝协议》(Die kaiserlichen Wahlkapitulationen, Karlsruhe 1968)，第 125 页及以下诸页。

[460] Moser, Compendium(见本书上篇注释 427)，Titelblatt(封面).

第十二章　帝国秩序

　　为了整个协议和各个协议更大的稳固性和安全,本契约协议是一项永久法律和帝国的一项郑重规定,同时其他法律和帝国基本法也要在书面上被补充进后来的帝国决议和选帝协议中,应负有义务,要一直遵守所规定的规则。[461]

"宪制"(Verfassung)概念出现在选帝协议情景中和"永久的"选帝协议的问题讨论语境中,人们应以"永久的"选帝协议而力求规则的书面稳定性去对抗选候们的支配地位。因为

　　国家的法律几乎总是摇摆不定,帝国状态肯定会经受无休止的突变和转变,处于不能一劳永逸地制定出一项持久的协议的境遇中……因此应该需要某种关于帝国福祉短期的或长期的宪制(Verfassung)……[462]

---

[461] 《威斯特伐利亚和约》(IPO)第17条第2款,载 K. 撺伊默(K. Zeumer),《中世纪和近代德意志帝国大会文献》(Quellensammlung zur Geschichte der Deutschen Reichsversammlung in Mittelalter und Neuzeit, Tübingen 1913),第2部分,第432页(此段文字的原文为:"Pro maiori etiam horum omnium et singulorum pactorum firmitudine et securitate sit haec Transactio perpetua lex et pragmatica Imperii sanctio imposterum aeque ac aliae leges et constitutiones fundamentales Imperii nominatim proximo Imperii Recessui ipsique Capitulationi Caesareae inserenda, obligans… tanquam regula, quam perpetuo sequantur, praescripta."——译者).

[462] 引自 J. 沙克(J. Schack)(博导),《博士论辩文——论罗马-德意志帝国依照所有帝国等级阶层的表决达成的协议和帝国稳定政体的一些公法理由》(Disputatio Carolina sistens argumenta quaedam Juris Publici, de Capitulatione Imp. Rom. Germ. ex suffragiis omnium Imperii Ordinum concipienda; et de ejus perpetua forma, defendet P. Haselberg, Gryphiswaldiae),无出版时间,可能在1702年左右,论据8,答辩人:P. 哈泽贝格。

冯·黑登(von Heerden)在17世纪末按照选帝协议——施毛斯(Schmauß)在1746年干脆称之为"真正的公法纲要"[463]——对帝国秩序的意义从三方面进行了特征描述:

> 选帝协议本身是一项规范,体现了政体和帝国状态(ipsa norma ac forma Regiminis ac status in Imperio),在此基础上建立起首脑和成员之间的合适联系,由此奠定合适的、不动摇的基础,从而融合和调控二者的权力,还有自由。[464]

除了众所周知的在政体和状况意义上的状态性之外,基本法意义上的这种"基础"铺设还包括作为皇帝和帝国等级阶层行动戒律的选帝协议的规范性。"规范"被放置在"根本法"概念中,但同时也让人们注意到了刻画帝国特征的整个秩序。"我们德意志帝国的国家宪制直接建立的基础",这对于莫泽来说——像对所有帝国公法学家来说一样——是作为"德意志国家法主要渊源"的"帝国成文的基本法"。[465] "基本法"(Grundgesetze)的复数因而定义了"国家宪制"(Staatsverfassung)的单数,而这个"国家宪制"单数由此被证实是大量实证基本法的上位概念。1740年,施毛斯在其"最重要的基本法"汇编中,"收集了所有为我们德意志帝国的当今

---

[463] J.J.施毛斯(J. J. Schmauß),《神圣罗马帝国公法纲要》(Compendium iuris publici S. R. I., Leipzig 1746),前言。

[464] 引自:Schack, Disputatio(见本书上篇注释462), Argumentun Ⅷ(论据8)。

[465] J.J.莫泽(J. J. Moser),《德意志国家法》(Teutsches Staats-Recht, Nürnberg 1737),第1卷,第30页及下页(第1节、第4节)。

宪制奠定基础的那些帝国法律和法规……"[466]通过体现从皇帝选举到帝国税收划分的"所有……国家事务和政府事务",皮特看到了"德意志帝国的内部宪制"。[467] 德纳特(Dähnert)把这种规范性——鉴于"瑞典的国家宪制"——也明确理解为判决的基础:

> ……或许是第一批根本法,这些根本法是整个宪制的基础,应该是所有判决的规范,……[468]

在基本法中,莫泽把皇帝与帝国等级阶层之间变得越来越复杂的关系及其离心的独立趋势的判决标准,看成是"帝国宪制"的基础,当然没有把"帝国宪制"本身描述成行为准则:

> ……每个人必须承认,……基本法是准绳,最大和最强的帝国等级阶层也按此安排其行为,被判决有罪,不允许发生任何违反帝国基本法的行为,直到通过普遍的、具有所有法律特性的帝国惯例废除旧的基本法,和引进新的帝国宪制为止。[469]

---

[466] J.J.施毛斯(J.J. Schmauß),《国际法学术大全——包含欧洲……最重要的基本法》(Corpus juris gentium academicum, enthaltend die vornehmsten GrundGesetze... von Europa, Leipzig 1730),前言。

[467] J. St. 皮特(J. St. Pütter),《德意志帝国实践与邦国实践的进一步准备》(Nähere Vorbereitung zur Teutschen Reichs-und Staats-Praxi, Göttingen 1750),第 30 页。

[468] J. C. 德纳特(J. C. Dähnert),《瑞典帝国基本法》(Des Schwedischen Reiches Grund-Gesetze, Rostock 1759),前言(尤其是第 3 页)。

[469] J.J.莫泽(J.J. Moser),"论整个德意志帝国等级阶层的邦国主权"(Von der Landeshoheit derer Teutschen Reichstände überhaupt, Franckfurt/Leipzig 1773),《新德意志国家法》(Neues teutsches Staatsrecht),第 14 卷,第 258 页。

与此相应的是，莫泽论述"国家宪制"追求三个方面的目标：

1.要介绍我们德意志的国家宪制，它根据帝国法律应该是哪样；然后是，2.但也要展现它在有些实践中如何偏离帝国法律太远，以及如何被实际造成这样；3.最后要进行思考，如何在现今的宪制中……维护德意志帝国……[470]

宪制(Verfassung)在此作为规范的总体框架变得清晰可见，这个总体框架在应然秩序意义上由基本法塑造，不过这绝非总是符合现实。政体意义上的帝国宪制，在理论上不管怎么样最终由基本法来加以定义。[471] 但帝国习惯法在许多方面胜过了实证的基本法，它无疑也被赋予了规范力，因为一个不可争议和不可置疑的事实情况是，"在我们的德意志宪制中，许多事情只是不成文地依据……惯例和习惯……"[472] 所以基本法关乎宪制；但宪制不单单是实证的基本法规则的总和。基本法虽然涉及"帝国被塑造的和稳

---

[470] 参照 J. J. 莫泽(J. J. Moser)，《生平……，由他本人撰写》(Lebens-Geschichte..., von ihme selbst beschrieben, 1768, Franckfurt/Leipzig, 1777)，第3版，第3部分，第80页；此处引自 R. 吕鲁(R. Rürup)，《约翰·雅各布·莫泽——虔诚主义与改革》(Johann Jacob Moser. Pietismus und Reform, Wiesbaden 1965)，第119页。

[471] 参照如 J. St. 皮特(J. St. Pütter)，《德意志公法制度》(Institutiones iuris publici Germanici, editio tertia, Goettingae 1782)，第3版，第38页："帝国的政体和取决于其政体的东西由帝国的基本法详细定义，在帝国的基本法中……"(In legibus imperii fundamentalibus, quibus forma imperii, et quidquid ab ea pendet definitur...)，第39节。

[472] 参照如 J. St. 皮特(J. St. Pütter)，《法律百科全书新尝试》(Neuer Versuch einer juristischen Encyclopädie, Göttingen 1767)，第225页。亦参照：Roeck, Reichssystem und Reichherkommen(见本书上篇注释397)，S. 75 ff.。

定的状态"(formatum Imperii statum stabiliendum),[473]但不符合人们期待不可置疑的和明确的书面性立场,而这种立场在莫泽那里也清晰可见。他在1766年解释道:

> 帝国基本法虽然应该为我们帝国的国家宪制奠定某种基础:在这种情况下它仍有许多方面的缺陷,但是只要德国当今的宪制仍存续,那这将一直存在;皇帝和帝国等级阶层的各种国家利益……从不被承认他们在这些……依赖于……帝国惯例的问题上拟定了充分的、明确的帝国基本法和决议。当然,我们的国家宪制和我们的国家法学说遇到……经常出现……重要问题,因为人们不知道能把稳固的基础安放在何处。[474]

皇帝与等级阶层之间以及等级阶层之间受制于"利益"的关系,在普芬道夫那里已经按照联盟性质被解释为"体系"(Systema),并被转译地称为"状况/宪制"(Verfassung),[475]以及在大区议会文件中表现为"大区公约和……被确定的体系",[476]这

---

[473] J. Chr. d. 布兰德(J. Chr. de Brand),《博士论文——法院法整合的教义-历史论述……》(Dissertatio... de ordine, juris cameralis compendio dogmatice historice conscribendo..., Marburgi 1741),目录1。

[474] J. J. 莫泽(J. J. Moser),《论德国及其整个国家宪制》(Von Teutschland und dessen Staats-Verfassung überhaupt, Stuttgart 1766),第198页及下页。

[475] 参照 R. 科泽勒克(R. Koselleck),"联盟"(Bund),载:O. Brunner(u. a.),Geschichtliche Grundbegriffe, Bd. 1, Stuttgart 1972, S. 632, Fn. 258。亦参照本书上文第九章。

[476] 《档案报告》(Actenmäßiger Bericht, 1748),带有1748年的文献证据:编号42、43、44。

种关系不再仅仅从实证法上加以理解。皮特在1750年解释道：

> 没有每一阶段的历史，就不可理解每一种国家宪制。因此，这二者是绝对必然的。[477]

"历史的国家科学"以此为出发点，即"越是接近我们以往的时代，每种国家宪制在当今的影响就越直接……"[478]

此外，自然法方法对帝国的论述和分析也产生了影响。埃伯哈德（Eberhard）试图以自然法风格划分"根本的东西"和"偶然的东西"，并在把握事实情况的抽象道路上探究帝国超实证的法律基本原则：

> 因此，依照我们的宪制必然要求我们拥有一位自由选举的国王，他真正进行统治，但其政府受到限制；帝国等级阶层被允许参与这个政府：但这种限制有……多强，……这是偶然的……德意志邦国的每一位市民必须认识他的法官。这是根本的。双方的正义是否必须按照现在的宪制进行调整，是否必须按照最高的帝国法院进行掌管，这是偶然的……当我可以描述国家宪制时，我也就是把国家宪制权力理解为从我们帝国根本特性中抽取出来的主要基本法，德国就是因为这种主要的基本法，所以才是一个国家……[479]

477　J. St. 皮特（J. St. Pütter），《了解最重要的德意志邦国的进一步准备》（Nähere Vorbereitung zur Kenntnis der vornehmsten deutschen Staaten, Göttingen 1750），第14页。
478　Pütter, Vorbereitung, 1750, S. 20.
479　Eberhard, Staatsklugheit（见本书上篇注释432），S. 32 f.

第十二章 帝国秩序

莫泽还在1766年描述"由头脑和肢体组成的国家身体",[480]在这种难于理解的情况印象下,"宪制"(Verfassung)这个概念——其现状性含义因素仍不全是单一的——被缩减为准则和法律基本原则。借助于"国家智慧"学说或"政治学","主要的帝国宪制"——尽管它"不是在单一意义上被提及"——可以与"这样的体系"有关,即"它能决定,即便是特殊的基本法,要么不是现存的,要么是没被列举出来的基本法"。[481] 启蒙运动的国家哲学完全从帝国的现实中解脱下来,把"宪制"(Verfassung)确定为"社会的基本宪制"。[482] 施勒特温解释道:

> ……通过它而规定宪制的契约叫宪制契约(Vefassungsvertrag)……里面所包含的规定本身关乎社会的基本法。[483]

从"共同体福祉普遍的最终目的"出发,尤斯蒂(Justi)要求国家有"另一种宪制,它作为社会状态完全不同于自然的自由状态;

---

480 Moser, Von Teutschland(见本书上篇注释474),S. 182.
481 Eberhard, Staatsklugheit(见本书上篇注释432),S. 30 f.
482 J. A. Schlettwein, Die Rechte der Menschheit oder der einzige wahre Grund aller Gesetze, Ordnungen und Verfassungen, Giessen 1784, S. 364.
483 Schlettwein, Die Rechte, 1784, S. 364. 有关理性法讨论范围,参照 D. 克利佩尔(D. Klippel),《18世纪德国自然法中的政治自由与自由权利》(Politische Freiheit und Freiheitsrechte im deutschen Naturrecht des 18. Jahrhunderts, Paderborn 1976),第153—158页。

第一种因此也被称为公民社会或公民状态"。[484] 所以对国家来说，"许多内部制度和宪制"是必不可少的，尤斯蒂把它们整合在"治理"（Policey）概念及其有意识效仿《雅典政制》（Αϑηαίων πολιτεία）的科学之下。他把雅典政制称为"雅典城邦的内部宪制（Verfassung）""它的政体"或"国家的一般概念"。[485] 所有的"内部宪制和法律"[486]因而成了促进国家和社会最大可能福祉的工具性条件。启蒙的、法治国的因素也在这条道路上汇入宪制概念中。所以对尤斯蒂来说，"政治自由……或公民自由"对"基本宪制和……刑法的构建"变得具有决定性，[487]"国家利用其基本权力稳固国家的基本宪制或基本法"。[488] 在不牵涉把帝国作为理论国家模式的情况下，克里斯蒂安·沃尔夫（Christian Wolff）阐述了基本法的效力范围。[489]

484　J. H. G. v. 尤斯蒂（J. H. G. von Justi），《国家权力与幸福的基础；或全部治理学的详细介绍》（Die Grundfeste zu der Macht und Glückseeligkeit der Staaten; oder ausführliche Vorstellung der gesamen Policey-Wissenschaft, Königsberg/Leipzig 1760），第 1 卷，第 3 页及下页。

485　Justi, Grundfeste, 1760, S. 4 f.

486　J. H. G. v. 尤斯蒂（J. H. G. von Justi），《作为所有治理学和法律来源的国家性质与本质》（Natur und Wesen der Staaten als die Quelle aller Regierungswissenschaften und Gesezze, Mitau 1771），H. G. 沙伊德曼彼特尔编注，第 94 页，第 61 页。

487　Justi, Natur, 1771, S. 92 f.

488　Justi, Natur, 1171, S. 102 f.；有关这些法治国因素，亦参照 Th. 维滕贝格尔（Th. Würtenberger），"处于宪法国家的门槛"（An der Schwelle zum Verfassungsstaat），载《启蒙》（Aufklärung），第 3 期（1988 年），第 2 册："理性与法律改革"（Vernunft und Rechtsform），第 53—88 页（尤其是第 62—66 页）。

489　Chr. 沃尔夫（Chr. Wolff），《自然法与国际法基本原则，其中所有义务和所有权利从人性中……推导出来》（Grundsätze des Natur-und Völckerrechts, worinn alle Verbindlichkeiten und alle Rechte aus der Natur des Menschen... hergeleitet werden, Halle 1754），第 705 页；"但是，因为基本法要由人民制定，人民按自己的喜好把统治委托给君主。"启蒙运动自然法中的宪法概念发展，详细参照本书下文格林所撰写的部分（本书下文第 100 页及以下诸页）。

二 同时代公法学对帝国宪制的褒贬

政治的现实性和理性法理论的理念性把帝国及其秩序置于保守称赞和改革批判之间的高度紧张关系中。18世纪末,这一情形决定性地受到法国大革命理念和之后使人变得清醒的"恐怖"经历的影响。法国的公法学家对17世纪和18世纪的帝国宪制尤感兴趣,并对它进行了善意评价。[490] 伏尔泰(Voltaire)、卢梭(Rousseau)和米拉波(Mirabeau)对帝国宪制也表达了赞美性看法。[491] 当然,这种评价在1789年之后发生了变化,并让位于有差异的评判:

> 在今天存在的所有宪制中,德意志宪制是最复杂的。[492]

---

[490] 全面的分析,参照K. 马勒特克(K. Malettke),"17世纪法国法学家和历史学家眼里的神圣罗马帝国及其宪制"(Das Heilige Römische Reich und seine Verfassung in der Sicht französischer Juristen und Historiker des 17. Jahrhunderts),载《德国州史报》(Blätter für deutsche Landesgeschichte),第124期(1988年),第455—476页。同上作者,"法国百科全书中的旧帝国与帝国宪制"(Altes Reich und Reichsverfassung in der französischen Enzyklopädie),载《近代法律史期刊》(ZNR),第9期(1987年),第129—151页。作者明显修改了F. H. 舒伯特对法国针对帝国宪制批判态度的评价(尤其是第475页)。

[491] 对此,又一最新的参考:M. 施托莱斯(M. Stolleis),"16世纪至18世纪帝国公法学与帝国爱国主义"(Reichspublizistik und Reichspatriotismus vom 16.-18. Jahrhundert),载《启蒙》(Aufklärung),第4期(1991年),第2册;G. 比尔奇(G. Birtsch),"爱国主义",第20页及下页。

[492] J. V. 德拉克鲁瓦(J. V. Delacroix),《欧洲特殊国家的宪制……》(Constitutions des principaux états de l'Europe…, Paris),约1790年,第1卷,第139页(论题4)(此段文字的原文为:"De toutes les constitutions qui existent aujourd'hui, la plus compliquée,…c'est la constitution germanique."——译者)。

积极的声音在帝国中本身占据优势。[493] 皮特把帝国宪制甚至称之为一种"整体上……幸运的宪制",尽管他也认识到"德意志宪制完全特有"的"两块礁石",即最重要的是不容许领主像物主对待私产那样的行为。[494] 对帝国宪制的积极评价主要与期待通过帝国保护自由关联在一起:

> 帝国宪制自身带有的是,最卑贱的农民也可以在法院……起诉他的领主。[495]

当然,现实很少与之相符。像皮特一样,他一方面也把最高的帝国法院称之为一种不可超越的"更深感欢心的国家机构",但他另一方面又强调这种"经验"即"德国的这种优点真的不敢恭维"。[496] 这

---

[493] 对此参照:B. M. 克雷默(B. M. Kremer),《启蒙解释中的威斯特法伦和约——直至18世纪晚期……神圣罗马帝国宪制理解的发展》(Der Westfälische Friede in der Deutung der Aufklärung. Zur Entwicklung des Verfassungsverständnisses im Hl. Röm. Reich... bis ins späte 18. Jahrhundert,Tübingen 1989),第49页及下页。

[494] J. St. 皮特(J. St. Pütter),《德意志帝国当今国家宪制的历史发展》(Historische Entwicklung der heutigen Staatsverfassung des Teutschen Reichs,Göttingen 1798),第3版,第2部分,第183页及下页。

[495] 引自:J. H. Eberhard,Staatsklugheit(见本书上篇注释432),S. 29。对帝国宪制的这种积极评价,亦参照H. 迪佩尔(H. Dippel),《德国宪治的开端——18世纪末德国宪法草案文本》(Die Anfänge des Konstitutionalismus in Deutschland. Texte deutscher Verfassungsentwürfe am Ende des 18. Jahrhunderts,Frankfurt a. M. 1991),导论,第13页、第29页。

[496] J. St. 皮特(J. St. Pütter),《对两个最高帝国法院当今状态的爱国主义描绘——其中阐述……司法的衰落……》(Patriotische Abbildung des heutigen Zustandes beyder höchsten Reichsgerichte,worin der Verfall des Justizwesens... erörtert...,o. O. 1749),第6节、第7节。

第十二章 帝国秩序

种宪制类型的缺陷促使弗里德里希·卡尔·冯·莫泽（Friedrich Carl von Moser）抱怨"宪法爱国主义"不能得到发展。[497] 这一表述证明，尽管"宪制"概念仍常常缺乏法律具体化，[498]像它引起法国大革命那样，但它日益承载着对法治国的内容期待。法国大革命事件唤起有利于旧帝国宪制的捍卫态度，其中的讨论主要利用法国的"宪法"（Constitution）*概念，[499]并试图论证法国宪法不可置疑的进步立场早已存在于帝国宪制当中。黑伯林（Häberlin）的作品"论德意志国家宪制的优点"（Ueber die Güte der deutschen Staatsverfassung）[500]遵循这条论证道路。该作品把皇帝与帝国议会之间的分权、个人安全、皇帝选举、帝国议会的期限、代表形式和等级自由歌颂为优点，并评价这些是对"反肆意权力或暴政"的保护。[501] 尽管黑伯林不否认其缺陷，但"这不是基本宪制的瑕疵"，他

---

[497] F. C. v. 莫泽（Friedrich Carl von Moser），《论德意志民族精神》（Von dem Deutschen Nationalgeist, o. O. 1766），第 23 页。

[498] 亦参照：Th. Würtenberger, Verfassungsstaat（见本书上篇注释 488），S. 81-84。

* 由于法国在大革命之后拥有了现代意义上的1791年宪法，因此在涉及法国的相关语境下，把该词译为"宪法"而不再是"宪制"。但此时德意志还没有真正意义上的现代宪法，所以在涉及德意志帝国或邦国的语境下，"Verfassung"或"Constitution"一般仍译为"宪制"。——译者

[499] "宪法"（Constitution）概念在德国 1789 年的光辉历程，其概要参照 A. 阿布德尔费塔（A. Abdelfettah），《德国公共习惯用语对法国大革命的继受——对所选历史-政治期刊（1789—1802年）的研究》[Die Rezeption der Französischen Revolution durch den deutschen öffentlichen Sprachgebrauch. Untersucht an ausgewählten historisch-politischen Zeitschriften（1789-1802），Heidelberg 1989]，第 78—81 页。

[500] C. F. 黑伯林（C. F. Häberlin），"论德意志国家宪制的优点"（Güte der deutschen Staatsverfassung），载《德意志月刊》（Deutsche Monatsschrift, Berlin 1793），第 1 卷（1793 年 1 月至 4 月），第 3—33 页。

[501] Häberlin, Güte der deutschen Staatsverfassung, 1793, S. 15-23.

强调,"……我们的宪制受人喜爱胜于其他宪制"。[502] 黑伯林获得的这种判断来自于"德意志国家宪制"一方面与法国和波兰新宪法的比较,另一方面与英国、瑞典和匈牙利传统旧等级宪制的比较。[503] 弗洛伦科特(Florencourt)同样在1793年捍卫黑伯林的辩护立场,但同时还是指责道,"对我们的处境和宪制的所有缺陷进行如此掩饰,以至于人们几乎相信,我们生活在一个柏拉图式的理想国里……"[504]除了批评帝国法院不作为外,他还这样评价道:

> 黑暗、不确定和漫不经心遵循基本法因此属于对它的普遍指责,我们的德意志宪制不能完全回避这样的指责。

机械比喻再次出现,并展示出一种机械-建构论的宪法理解:

> 我们……研究,在此是否……见到可以瘫痪掉机器中弹簧弹性的铁锈。[505]

尽管有这些缺陷,但为了想"尽全力捍卫和维护"其"德国宪制",弗洛伦科特还是认为它的"巨大优点"是主要的。[506] 他在孟德

---

[502] Häberlin, Güte, 1793, S. 29, 4.
[503] Häberlin, Güte, 1793, S. 4, 14.
[504] W. F. Ch. v. 弗洛伦科特(W. F. Ch. von Florencourt),"德国不是乌托邦"(Deutschland ist kein Utopien),载《杂文集》(Vermischte Aufsätze, Altenburg 1793),第25—61页(第27页)。
[505] Florencourt, Deutschland, 1793, S. 40.
[506] Florencourt, Deutschland, 1793, S. 59.

第十二章　帝国秩序

斯鸠的意义上要求符合"民族精神"的宪法,这种宪法不"单单从自身获取其内部力量及其价值"。[507] 这些言辞中存在着一种反平等原则、反"自由晕眩和无政府精神"的反革命冲动情绪。[508] 鉴于法国大革命的经历,黑伯林再次捍卫其观点,对他的"优秀文章"还愉快地提及他"珍贵的朋友"弗洛伦科特:

> 我本人属于赞美我们宪制的一帮发言人……,我们的宪制是最卓越的,恶劣的东西……不是宪制本身的主要弊端,而是其不完善的行政及其文件的后果。[509]

这明显是指统一法典化的宪法文本的弊端,像在美国、波兰和后来法国所制定的带有模式特征的宪法文本。但黑伯林没有再遵循其中所显现出来的对"德国宪制"的批评,而"德国宪制"的依据"主要是德意志帝国的基本法"。[510] 黑伯林对帝国宪制的争辩在京特·海因里希(Günter Heinrich)那里又重新出现。海因里希在主标题为"德意志宪制的优点"(Vorzüge der teutschen Verfassung)之下,按照"一部优良国家宪法(Staatsverfassung)*的要求"去验

507　Florencourt, Deutschland, 1793, S. 60.
508　Florencourt, Deutschland, 1793, S. 61.
509　C. F. 黑伯林(C. F. Häberlin),《按内阁司法大臣皮特体系的德意志国家法手册》(Handbuch des Teutschen Staatsrechts nach dem System des Herrn Geheimen Justizrath Pütter, Berlin 1794),前言(第2页及下页、注释)。
510　Häberlin, Handbuch, 1794, S. 172.
*　鉴于海因里希评论的时代背景,根据上下文语境把"Staatsverfasssun"翻译为"国家宪制"或"国家宪法"。——译者

证"法的精神",从而获得的政治判断是,"德国的国家宪制具有人们习惯于对一部良好宪法所要求的许多特性"。[511] 其弊端不在于"国家宪法",而只在于"行政"。[512] 其中明显反革命的并以法国经验为依据的论证——书的标题已经强调"维护德国的公共安宁"——试图唤醒"民族精神"和"宣扬其祖国的宪制优点"。[513] 在此意义上,哈特勒本(Hartleben)也把这看成是

> 当今的神圣义务,……指明我们宪制的优点,不要让对自然的国家法的正确运用变为滥用……恰恰因为这台机器如此错综复杂,所以必须要……花大力气获取其知识……[514]

但最终,"如此脆弱地相互关联在一起的德意志帝国宪制骷髅"不再被视为有生命力了。[515] 随着以下问题被提出来,即:

---

511 G. H. v. 贝格(G. H. von Berg),《关于德国宪制与德国公共安宁的维护》(Ueber Teutschlands Verfassung und die Erhaltung der öffentlichen Ruhe in Teutschland, Göttingen 1795),第 56 页及以下诸页。

512 v. Berg, Teutschlands Verfassung, 1795, S. 63 f.

513 v. Berg, Teutschlands Verfassung, 1795, S. 64 f.

514 Th. K. 哈特勒本(Th. K. Hartleben),《德意志国家法方法论》(Methodologie des deutschen Staatsrechtes, Salzburg 1800),第 83 页。

515 对此参照《对埃尔福特迈因茨选帝候科学院关于其悬赏征文公告的批复:对德意志公民有价值的何种手段和能正确感受到帝国宪制的何种好处,能让他仍忠诚于帝国宪制?》(Sendschreiben an die Kurmaynzische Akademie zu Erfurt über die von derselben ausgesetzte Preisfrage: Welches sind die Mittel dem teutschen Bürger den Werth und die Vortheile der Reichs-Konstitution recht fühlbar und ihn derselben noch anhänglicher zu machen?, o. O. 1792),第 23 页。

第十二章　帝国秩序

> 思考的对象不是德意志各个邦国和省的幸福与富庶……而是以帝国中每个邦国特别的内部宪制为依据？

这个问题从帝国层面转移到了领地层面,从"帝国宪制"转移到了"邦国宪制",[516]对此被认为找不到什么神丹妙药。

但相反,与保守态度相对的是,从"启蒙理性法"或"自然国家法"的革命思想或改革思想中也推导出"宪法爱国主义"和"祖国的宪法",这些思想认为每种宪法的实质性组成部分在于平等、自由和人权:

> 能够产生普遍参与和思考所有思想的东西都不存在于德国的政治属性中。既没有一部在法律上组织起来的宪法,也没有一位以聪明才智来统治大家的君主,……也没有思想和信仰自由吸引观察家的精神、引起居民的重视、能不加注意地激起维护德意志帝国的兴趣……如今哪里存在有什么爱国主义?这是一种真挚的爱和对外在权利的坚毅忠诚,而这些外在权利是通过一部宪法组织起来的。我们要认真遵从一部保护我们人权和认为我们的自由是其义务的宪法。[517]

516　Sendschreiben,1792,S. 20 f.
517　J. A. 贝克(Johann Adam Bergk),《自然法、国家法和国际法研究——对法兰西共和国最新宪法的评判》(Untersuchungen aus dem Natur-、Staats-und Völkerrechte mit einer Kritik der neuesten Konstitution der französischen Republik, Leipzig 1796),第210—212页。

讨论日益从"帝国"这一思考对象中解脱出来,转向个人权利和社会权利的普遍效力上,或者带有民族色调地选择"德意志政治"。在约翰·威廉·彼得森(Johann Wilhelm Petersen)那里宣称的目标是,"为了获得一部使自由完全发展……成为可能的社会宪法……"。[518] 彼得森作为德国第一人在 1798 年塑造了"法治国"(Rechts-Staat)概念。[519] 克卢格(Klug)在 1797 年涉及"德国"时要求"另一种宪法……,对天生的人权是最合适的,这种要求能提供一部无异于共和的宪法"。[520] 但是,既不是这样的"宪法爱国主义",也不是这样的共和"宪法"暂且能在帝国或在领地拥有实现的机会,[521]哪怕在 18 世纪末已经不缺乏宪法草案。[522] 所以在 19 世纪初,古老的帝国宪制在政治完全发生变化的欧洲国家秩序中越来越沾染上了无政府主义特征。对此,中肯的断言这样说道:

> 在国家制度史上,德意志帝国宪制就是一种如此罕见的

---

[518] J. W. 彼得森(Jo. W. 彼拉茨杜斯)[J. W. Petersen (Jo. Wilhelm Placidus)],《国家法文献——一种尝试》(Litteratur der Staatslehre. Ein Versuch, Strasburg 1798),第 1 部分,前言。

[519] Petersen, Litteratur, 1798, S. 73. 作者在斯特拉斯堡谈到"法治国教师的学校"。

[520] W. T. 克鲁格(Wilhelm Traugott Krug),《一位真理烈士描绘的德意志一般共和国的基本方针》(Grundlinien zu einer allgemeinen deutschen Republik, gezeichnet von einem Märtyrer der Wahrheit, Altona/Wien 1797),载:Dippel, Die Anfänge des Konstitutionalismus(见本书上篇注释 495),S. 118。

[521] 详见本书下文格林撰写的部分(本书下文第 100 页及以下诸页)。

[522] 对此最新提供的例子可参照:H. Dippel, Die Anfänge des Konstitutionalismus(见本书上篇注释 495),S. 45-234。

第十二章 帝国秩序

奇特现象……；对公众来说是一个谜……；对政治家来说是一只变色龙……[523]

这与黑格尔著名的话相吻合：

不能再被理解的东西，就不再有了。[524]

---

[523] 《吕内维尔和约以来的德意志帝国宪制——基于其形式和性质的思考兼对改善其弊端的建议》(Die Deutsche Reichsverfassung seit dem Lüneviller Frieden, in Hinsicht auf ihre Form und ihre Natur betrachtet. Mit Vorschlägen zur Verbesserung ihrer Gebrechen, Deutschland 1803)，序言，第5页及下页。有关最后一批帝国公法学家们对旧帝国的评价，最新参照：M. 施托莱斯(M. Stolleis)，《德国公法史——国家法学说与行政学》(Geschichte des öffentlichen Rechts, 2. Band: Staatsrechtslehre und Verwaltungswissenschaft, München 1992)，第2卷，第53—57页和本书下文格林撰写的"下篇"，本书下文第100页及以下诸页。

[524] G. W. F. Hegel, Verfassung Deutschlands, 1802, S. 461,472；亦参照本书上篇注释440。

第十三章 在词典层面和文献上的定义尝试：组合词的多样性与实质差异化

不仅在词典中，而且还在公法文献中，18世纪上半叶的"宪法"保留着三条含义路线：书面化、[525]状态和最广义的秩序。但它与"帝国"和"国家"的法律关系逐渐占据上风。弗里施（Frisch）的词典（1741年）把"一个国家的宪制"等同于"法律和地方习俗"（leges, consuetudines regionis），但他把它作为独立概念只在动词形式"fassen"（书写/起草）之下的第四处和最后一处进行了列举。[526]阿德隆（Adelung）在1780年明确地描述了它向传统含义领域一个崭新位阶顺序的转变，他对其频繁的使用这样评价道："书写行为"——在第一处就提到——"只是偶尔在一般生活中使

---

[525] 参照本书上文第一章第一节；同样地亦参照弗雷斯修斯（Fresius），《拉丁文－德文词典》（Dictionarium Latino-Germanicum, Coloniae 1736），第259页。用"Ordnung"（秩序）以及"Leibes Beschaffenheit"（身体特性、身体状态）翻译"Verfassung"（状态、宪法）和"constitutio"（构成、体质、宪法）；1721年在莱比锡出版的《艺术与科学通用辞典》没有列举"Verfassung"（状态、宪法），但本身却在前言中的"该著作的纲目"（Verfassung des Wercks）的意义上用到了这个概念。

[526] J. L. 弗里施（J. L. Frisch），《德拉词典》（Teutsch-lateinisches Wörterbuch, Berlin 1741），第250页；弗里施尤其说明的是："拟定一份文件"（Eine Schrift abfassen）、属性和状态（Bereitschaft und Zustand）。

用";在第二处列举的"部分与整体联系的类型和方式"而"只在少许情况下使用"。接着在第三处强调：

> 尤其是,一个国家的宪制或国家宪制是,按照所有部分如何进行统治和治理国家的类型和方式;在此情况下也使用复数。[527]

"大区公约"(Kreisverfassung)作为例子被提到;接着是人的状态和机构状态的各种含义情况。策德勒把"德意志国家宪制"(1745年)这个独立词条主要理解为政体和代表政体的选项表达,如"政府类型、国家体系、统治形式、帝国国家,或德意志民族神圣罗马帝国的国家宪制",他在这些词汇旁边附上了拉丁文表达"状态、政体、体系"(Status, Forma, Systema)。[528] 政体规定的不确定性表征着宪法概念的开放性：

> 我们德意志帝国许多政治学家和其他学者都这样碰到过国家宪制(Staats-Verfassung),以至于他们几乎不知道,他们在一个名称面前究竟该把这样的东西解释成什么。[529]

这是欧洲等级结构国家的一个普遍的命名问题,是夹杂亚里

527　J. Chr. 阿德隆(J. Chr. Adelung),《语法批判词典大全……》(Versuch eines vollständigen grammatisch-kritischen Wörterbuches... Leipzig 1780),第4卷,第1416页。

528　Zedler, Großes vollständiges Universallexicon..., Bd. 43, 1745(见本书上篇注释457), S. 202.

529　Zedler, 1745, S. 202；在策德勒那里,"Zustand"(状态)出现在"Staat"(国家)概念之下；"'Staat'或'Etat'(国家)也叫特殊的'Verfassung'(状态/宪法),它是整个统治或统治中部分的'Verfassung'(状态/宪法)。"1744年,第39卷,第639页。

士多德政体学说的结果。[530]

由于不仅单从每个单独来看还是从相互关系来看,帝国和领地的国家属性都表现为可以在等级阶层上、领地上和事务上进行决定的制度复合体,所以也相应地命名了许多"单项宪制"(Teil-Verfassungen),即便整合为上位概念的趋势已经显而易见。[531] 施佩纳把他在1723年之前出版的《帝国邦国和诸侯国》(Reichs-und Fürsten-Staat)的结构划分为以下法律领域,即"统治宪法、宫廷章程、战争秩序状态、封地宪章、法院组织法、邦国宪法、法律秩序⋯⋯国家宪制"。[532] 同样地,尤斯蒂按照"国家内部宪制"的"基本法和国家法""治理法/公共管理法"(Policey-Gesetze)和"私法"对这些单项"宪制"进行了区分。[533]

530　参照《丹麦-瑞典帝国的私法属性二论》(De indole juris privati pro habitu Imperii Danico-Norvegici libri duo, Hafniae 1756),第5页(注释):"几个国家中最高权力的不同臣民的不同帝国类型,按照亚里士多德、西塞罗和孟德斯鸠,这些国家牵涉状态、政体和政体形式(Modum imperii pro diverso summae potestatis subjecto in variis civitatibus diversum, quem vel πολιτείαν vel εἶδος τῆς πολιτείας statum, forrnam et speciem reipublicae noncupat Aristoteles, Cicero genus, Montesquieu naturam, promiscue appello formam, modum, genus, constitutionem.)。"

531　比较本书上文第七章。

532　引自:Weinacht, Staat(见本书上篇注释185), S. 108(此段文字的原文为:"Verfassung des Regiments-, Hofs-, Kriegs-, Lehens-, Cammer-, Landes-, Gesetz-…Staats."——译者)。

533　J. H. G. von Justi, Natur und Wesen der Staaten(见本书上篇注释486), S. 90;亦参照:Koselleck, Begriffsgeschichtliche Probleme(见本书上篇注释263), S. 18 f.。直到18世纪末,治理(Polizei,公共管理、警察)和国家(Staat)概念与希腊的政制(Politeia)概念相吻合,它们没有明显分开,经常等同于"国家的行政和统治宪法"(Verwaltung und Regimentsverfassung eines Staats)。沙伊德曼特尔在此意义上解释道:"⋯⋯今天的口头用语还一直在使用好的或错的治理(gute oder fehlerhafte Polizei),把它们当作相同含义和普遍的谈话用语。"参照 H. G. 沙伊德曼特尔(H. G. Scheidernantel),《按照理性和最主要民族风俗的国家法》(Das Staatsrecht nach der Vernunft und den Sitten der vornehmsten Völker, Teil II, Jena 1771),第2部分,第64页。

第十三章　在词典层面和文献上的定义尝试:组合词的多样性与实质差异化

策德勒按事务区分列出与"Verfassung"相组合的概念组合词*:"宗教宪法、宗教界(1739年)""货币宪法""罗马矿业章程"。17世纪以来出现了与一个宏大语义域有联系的概念,这种语义域来自文献和文件中非常丰富的事务范围和组织范围,但这些概念联系没有被收录进词典中:"稳定的章程,如何用职位……维持令人称赞的议事会"(1611年,哥廷根)[534]、"战争状态/战争秩序"(1621年)[535]、"骑士议事会及其章程"(1694年)[536]、"战争秩序与和平秩序、宗教宪制和世俗宪制"(1705年)[537]、"邦国宪制和税收章程"(1765年)[538]、"司法组织法"(1774年)[539]、"政治宪制和经济宪制"(1780年)[540]、"商会章

---

*　以下组合词后面都带有"Verfassung"字样,本中译本根据具体组合词含义选择不同的对译(这些组合词的原文是:Münchs-Verfassung, Müntz-Verfassung, Römische BergwerckVerfassung, Kriegsverfassung, Ritter-Rath und dessen Verfassung, Kriegs- und Friedens-, Religions-und weltlichen Verfaßungen, Landes-und Steuer-Verfassung, Justiz-Verfassung, politische und ökonomische Verfassung, Verfassung der Handelsgesellschaft, Universitätsverfassung, Zinsverfassung, Toskanens moralische Verfassung. ——译者)。

[534]　H. 默恩豪普特(H. Mohnhaupt),《16世纪至19世纪哥廷根的议事会章程》(Die Göttinger Ratsverfassung vom 16.-19. Jahrhundert, Göttingen 1965),第58页。

[535]　Luntorp (Londorp), Acta publica IV, 1623(见本书上篇注释289), S. 311.

[536]　载《神圣罗马帝国……法兰克最新……秩序中六个地方的骑士领地》(Des Heiligen Römischen Reichs... Ritterschaft der sechs Ort in Francken erneuerte... Ordnung, 1694),第34页。

[537]　F. L. v. 弗兰肯贝格(F. L. von Franckenberg),《欧洲信使》(Europäischer Herold, Leipzig 1705)。

[538]　载 J. St. 皮特(J. St. Pütter),《法律案件选集》[Auserlesene Rechtsfälle, Göttingen 1768 (1760)],第1卷,第558页。

[539]　参照 J. J. 莫泽(J. J. Moser),《新德意志国家法》(Neues teutsches Staatsrecht, Franckfurt/Leipzig 1774),第8卷,第1部分。

[540]　A. L. 施勒策(A. L. Schlözer),《书信集》(Briefwechsel, Göttingen 1780),第6卷,第178页。

程"(1781年)[541]、鉴于"大学团体……长期低下"而"新创建和改善当前的大学章程"(1782年,美因茨)[542]、"利息规章"(1791年)[543]、作为表达"其国家风俗习惯"的"托斯卡那道德宪典"(1791年)[544]。施佩纳在1723年涉及帝国等级结构时把他的《德意志公法》(Teutsches ius publicum)划分为1项帝国宪制、9项选侯国宪制、26项宗教阶层宪制、24项"世俗等级的国家宪制",并分成"大区公约"和"基于邦国宪制"的"权利"。[545] 该书仍缺乏对抽象的整体概念和上位概念进行汇聚。莫泽对其《德意志国家法》(Deutsches Staatsrecht,1737—1754年)的50个部分所做的"主要

---

541 J. H. K. v. 卡默尔(J. H. K. von Carmer),《试论法律》(Versuch über die Gesetze I,Breslau 1781),第1卷,第305页及下页。作者按照亚里士多德的政体类型研究"英国印度公司"——一家股份公司——的"章程"(Verfassung),他现在把"起初基于其章程……是民主的公司"评定为"寡头制"(第310页)。

542 引自E. 皮克(E. Pick),《启蒙与法律学习的革新——以迈因茨大学法律系为例,其档案中的章程、学习和改革……》(Aufklärung und Erneuerung des juristischen Studiums. Verfassung, Studium und Reform in Dokumenten am Beispiel der Mainzer Fakultät…,Berlin 1983),"历史研究"(Historische Forschungen),第24辑,第94页、第186页(编号24、28);亦参照:本策尔(Benzel),《完善迈因茨高校的新章程》(Neue Verfassung der verbesserten hohen Schule zu Mainz,Mainz 1784),第167页。该作者在标题"选帝侯高校的内部社团章程"下把自然法社会契约模式完全转移到大学上:"每一个团体,或每一个社团组织的实现要有一个客体,这个社团为何结成一体,其次要有主体,或者为了实现共同体目的而必须有的人。"比较本书下文格林撰写的部分有关社会契约的基本思想(本书下文第100页及以下诸页)。

543 《关于高利贷的意见——从一个没有特定建议的人到该问题》(Ein Votum über den Wucher, von einem Manne sine Voto, Nörtlingen 1791),第55页及以下诸页。

544 H. B. v. D.,《彼特·利奥波德二世政府下的托斯卡那国家宪制》(Die Staatsverfassung von Toskana, unter der Regierung Peter Leopold des Zweiten, Prag 1791),第85页。

545 J. C. 施佩纳(J. C. Spener),《德意志公法……》(Teutsches Ius Publicum…,Franckfurt/Leipzig 1723),第1部分,第3—9篇、第9篇和第14篇的目录。

索引"(1754年)中没有列出"宪制"(Verfassung)词条,但有"大区公约"(Crays-Verfassung)词条。不过莫泽在1775年对《新德意志国家法》所做的"总索引"中参阅大区、邦国和帝国等级阶层时却列出了"宪制"(Verfassung)词条。

18世纪末在理性法征兆下形成了一批新的科学学科名称,它们试图实现——"基本的宪法政治"[546]——或政体——"一般国家宪法学说或政体学说"[547]——这一目的。

---

[546] G. F. 兰普雷希特(G. F. Lamprecht),《国家学说完整体系尝试》(Versuch eines vollständigen Systems der Staatslehre, Berlin 1784),第1卷,第62页及以下诸页。

[547] A. L. 施勒策(A. L. Schlözer),《一般国家法与国家宪制学说》(Allgemeines StatsRecht und StatsVerfassungs-Lere, Göttingen 1793),第112页及以下诸页。

第十四章 "宪法"与瓦特尔的"民族"概念

18世纪,"宪法"(Constitution)概念在法国政治语言中变成一个被大量使用的主要概念。[548] 1758年,爱默·德·瓦特尔(Emer de Vattel)在其《国际法》(Droit des gens)(第1篇,第3章)中首先以一种崭新的内容维度为"宪法"概念提供了定义上的独立性,尽管它与政体、公共福祉、国家体、基本法和约束力这些传统因素部分地联系在一起。他解释道:

> 决定公共权力行使类型和方式的基本规则是国家的宪法形式,人们从中看出作为政治体的民族的行动形式。[549]

---

[548] 亦参照:Schmale, Entchristianisierung(见本书上篇注释264), S. 32 f.; M. Valensise, The French Constitution in Prerevolutionary Debate, in: The Journal of Modern History 60, 1988, Supplement, S. 22-57。

[549] 爱默·德·瓦特尔(Emer de Vattel),《国际法与自然法原则》(Le droit des gens ou principes de la loi naturelle, à Leide 1758),第15页(第27节)(此段文字的原文为:"Le règlement fondamental qui détermine la manière dont l'Autorité Publique doit être exercée, est ce qui forme la Constitution de l'Etat. En elle se voit la forme sous laquelle la Nation agit en qualité de Corps Politique."——译者)。有关瓦特尔对这个概念和教义理论形成的影响,可参照H. 霍夫曼(H. Hofmann),"论国家基本法理念",载同上作者,《法律－政治－宪法》(Zur Idee des Staatsgrundgesetzes, in: Ders., Recht-Politik-Verfassung, Frankfurt a. M. 1986),第277页及下页。

第十四章 "宪法"与瓦特尔的"民族"概念

国家机构组织因素回溯至亚里士多德。[550] 瓦特尔引入了民族（Nation）作为崭新的上级权力机关，作为政治体的民族拥有自决权。

> 该宪法归根结底无异于秩序构建。在这种秩序下，该民族鉴于政治社会而共同努力维护其好处。（第 27 节）*

瓦特尔以下列方式区分了"政治法、根本法和市民法"：

> 直接为公共利益制定的法律就是政治法；在该类型中那些与社会体和本质相关的形成政体。一言以蔽之，这些概括起来就是国家宪法形式，即根本法。（第 29 节）**

"政治法"或"根本法"形成"宪法"，而这种"宪法"不是独立和自身封闭的宪法文本，而是在概念上把带有大量内容描述的基本法统一于自身，并作为意义统一体涵盖了这些基本法。这也符合 18 世纪有关帝国基本法的帝国公法学观念。但作为最高权力机

---

[550] Politik Ⅲ.1278 b；Ⅳ,1289 a；对此亦参照本书上文第 7 页和本书上篇注释 40,以及：Stourz,Staatsformenlehre(见本书上篇注释 269),S.294。

* 此段文字的原文为："Cette constitution n'est dans le fonds autre chose, que l'établissement de l'ordre dans lequel une Nation se propose de travailler en commun à obtenir les avantages en vue desquels la Société Politique s'est établie."——译者

** 此段文字的原文为："Les Loix qui sont faites directement en vue du bien public sont des Loix Politiques；et dans cette classe, celles qui concernent le Corps même et l'essenee de 1a Société, la forme du Gouvernement, celles en un mot, dont le concours forme la Constitution de l'Etat, sont les Loix Fondamentales."——译者

关,"民族"的全新原则优势地位意味着,只有它才有资格颁布"宪法":

> 这表明民族全权制定、维护和完善自己的宪法,并按照其意愿规范一切与政府相关的事务,任何人无权阻止。政府只为民族而建。(第 31 节)*

其结果是,"宪法"也是最高规范,处于其他所有市民法之上,被委托进行市民法立法的机构也不允许对其进行改变(第 34 节)。不是来自民族本身的任何干预,宪法都会被撤销了(第 33 节)。因此,"民族"的这种独立地位抽掉了到那时为止流行的"根本法"的契约建构根基,例如,伯拉马克(Burlamaqui)——与有关帝国基本法的帝国公法学一样——把这种建构评价为"真正的契约"(véritables conventions)。[551] 瓦特尔否认有一部普遍适用于所有民族的"宪法"的可能性——这完全是在孟德斯鸠意义上的,[552] 因为宪法与特殊情况相适合是绝对必要的:

> 另外,各个国家的法律和宪法必须根据人民和各种情况

---

* 此段文字的原文为:"Il est donc manifeste que la Nation est en plein droit de former elle-même sa Constitution, de la maintenir, de la perfeetionner (perfectionner), et de régler à sa volonté tout ce qui concerne le Gouvernement, sans que personne puisse avec justice l'en empêcher. Le Gouvernement n'est établi que pour la Nation…"——译者

[551] J. J. 伯拉马克(J. J. Burlamaqui),《政治法要素之原则》(Principes ou éléments du droit politique, Lausanne 1784),第 71 页。

[552] 参照本书上文第五章第一节第 3 小节。

特点进行必要的区分。(第 29 节)*

可见,这体现出与实质性宪法概念之间的距离,像 1791 年第一部《法兰西宪法》(Constitution Française)第 16 条《人权宣言》表述的那样:

> 凡权利无保障和分权未确立的社会,就没有宪法。**

---

* 此段文字的原文为:"D'ailleurs les Loix et la Constitution des divers Etats doivent nécessairement varier suivant le caractère des peuples et les autres circonstances."——译者
** 此段文字的原文为:"Toute société dans laquelle la garantie des droits n'est pas assuré,ni la séparation des pouvoirs déterminée,n'a point de constitution."——译者

第十五章 "宪制"与立法

邦国宪制或它所囊括的基本法的更高地位,不仅会意味着对统治者的约束作用,而且还可以被看成是邦国一般立法的标尺。在18世纪围绕私法法典化的讨论领域中,"宪制"(Verfassung)概念展现出双重含义,[553]即作为实证的基本法规范复合体和作为在自然法上论证的邦国的特有属性。

1. 帝国公法学进行实证主义争辩。莫泽从等级阶层的法律地位对邦国等级阶层参与领地层面上的立法问题进行了评价,他把等级阶层的法律地位等同于"邦国宪制":

> 立法时为何要把邦国等级阶层请到……议事会去,其目的是……人们确信,其中没有什么违反邦国宪制、契约和自由的东西……[554]

---

[553] 参照本书上文第十章。

[554] J. J. Moser, Von der Landeshoheit im Weltlichen (Neues teutsches Staatsrecht 16,1),1772,S. 307;亦参照 H. 默恩豪普特(H. Mohnhaupt),"邦国等级阶层对立法的参与"(Die Mitwirkung der Landstände an der Gesetzgebung),载 M. 施托莱斯(M. Stolleis)等主编,《词语含义——欧洲法律史研究》(Die Bedeutung der Wörter. Studien zur europäischen Rechtsgeschichte. FS Sten Gagner zum 70. Geburtstag, München 1991),"施滕·加格纳尔七十岁贺寿文集",第249—264页(尤其是第261页)。

第十五章 "宪制"与立法

同样地,特权授予只有在这种程度上才被允许,即它"不被神法和自然法,或帝国法律,或特别的邦国宪制所禁止"。[555]

因帝国整个结构受到等级邦国的撕裂,以及帝国失灵的机构组织状态,帝国层面上的全面立法失败了。比纳(Biener)在1787年把机构组织状态称为"宪制"(Verfassung):

> ……我把目光完全投向整个宪制(Verfassung);尤其是整个私法与帝国宪制的联系,……在我看来,所有基本的完善建议在普遍的帝国立法中都没有用,连假设都不可能……[556]

赖特迈尔(Reitemeier)在1800年批评道,"德国的政治宪制对完善的立法来说其益处是多么的微乎其微……"[557]他就其"宪制"展开了对帝国的批评,而对其"宪制"缺陷的描述同时也投射出要求有一部具有实际国家性的全新"宪法"。[558]

2. 理性法方向的争辩把"邦国宪制"看成为"立法"这一塑造手段预先确定的、自然的,但也是法律上的邦国内在条件关系。孟

---

[555] J.J.莫泽(J.J. Moser,),"恩赐事务中的邦国主权"(Landeshoheit in Gnaden-Sachen, Franckfurt/Leipzig 1773),《新德意志国家法》(Neues teutsches Staatsrecht),第16卷,第7部分,第42页。

[556] Chr. G. 比纳(Chr. G. Biener),《把源自国外的法律剔除德国和引入一般德意志民族法典之疑虑……》(Bedenklichkeiten bey Verbannung der ursprünglich fremden Rechte aus Deutschland und Einführung eines allgemeinen deutschen National-Gesetzbuches..., Halle 1781),第22页。

[557] J. F. 赖特迈尔(J. F. Reitemeier),《论德意志法典编纂……》(Ueber die Redaction eines Deutschen Gesetzbuchs..., Frankfurt a. d. O. 1800),第5页。

[558] 有关对帝国宪制的评判,参照本书上文第83—87页。

德斯鸠的"政府性质"(nature du gouvernement)、"国家的自然特点"(physique du pays)、"宪制"[559]被看成是"法的精神"的邦国属性因素。这些基本原则在整个欧洲属于启蒙运动立法箴言准则。[560]皮特认为下列因素决定了立法框架：

> 越是完全按照公正与合理来权衡这些法律；它们越是适合于每个国家和民众的特殊情况，只要规模大小、位置、气候、思想意识、宗教、政体，以及更多这样的东西能对权利和义务的差别有影响；……法典就会越完美……[561]

当然，怀疑占了上风，

> 制定这样的法典，……既会违背依照事物本性公正的东西，也会违背邦国宪制。[562]

在这种讨论语境下，政体、等级阶层的既有权利和"国家的自然特点"常常汇聚成"宪制"这个意义复合体，其中按语境而论，一

---

[559] 对此参照本书上文第五章第一节第3小节。

[560] 对此证明的还有《凯瑟琳二世命令委员会完成起草新法典的指示》(Katharinä der Zweiten Instruction für die Verfertigung des Entwurfs zu einem neuen Gesetzbuche verordnete Commißion, Riga und Mietau 1768)，第12页(第45条)、第14页(第56条、第57条)。

[561] 皮特(Pütter)，"论法典与习惯法之间的关系"(Vom Verhältnisse zwischen Gesetzbüchern und Gewohnheits-Rechten)，载《德意志邦国法和诸侯法文集》(Beyträge zum Teutschen Staats-und Fürsten-Rechte, Göttingen 1779)，第2卷，第4页。

[562] Pütter, Vom Verhältnis, 1779, S. 4 f.

第十五章 "宪制"与立法

种因素或另一种因素占据优势,但没有出现可供体系把握使用的纯粹形式。而亚里士多德的"政制"(Politeia)作为政体,具有概念上的清晰度。它也汇聚到理性法时代立法讨论语境下的"宪制"概念中。亚里士多德是这样看待"政制"和"法律"(Nomoi)之间的关系:

> ……人们必须努力探求最好的法律,探求适合各种政制的法律。因为像实际发生的那样,人们必须让法律指向政制,而不是相反。[563]

法律要适合"宪制/政制",而"宪制/政制"受当时的政体和后来的国家状态性条件决定,亚里士多德的这一信条在模式上和在孟德斯鸠的术语上变成了一种普遍的理性法的"宪制"信条,而这一信条也在保守意义上影响了18世纪的法典化讨论。[564] 例如,在1786年涉及瑞士的国家法时,迈斯特(Meister)在此意义上谈及

> 这个共和国的法律,谈及与民族特征和风俗有关的那些法律,然而那些法律受到一个国家的宪制、该国的政治观点的

---

[563] Politik IV,1289 a 10.亦参照本书上文第二章第一节。
[564] 亦参照如 W. X. A. v.克赖特迈尔(W. X. A. v. Kreittmayr),《马克西亚利安巴伐利亚民法典评注》(Anmerkungen über den Codicem Maximilianeum Bavaricum Civilem,1758,München 1791),第64页:"……如果人们在每一个邦国看一看其中特殊的宪法,那么就会发现它们普遍不一样,如果人们想所有的都一模一样,那就差得远了。"

塑造，当然还受到各种自然环境的明显塑造。[565]

然而，在这种旨在发挥维护作用的"宪制"概念这里却提出了以下问题，即：

> 法律是否必须如此制定，以至于它们和一个国家当下的宪制完全适合，或者很少可能与之偏离？如果我只能设想，每种宪制都如此完美，以至于人们有理由保留它的话，那么我非常愿意肯定地回答这个问题。[566]

无论如何，由政体含义静态决定的宪制不让立法有改变宪制的余地。菲兰杰里（Filangieri）在其《立法学》（Scienza della Legislazione）的德文翻译中宣称：

> 我再说一遍，立法不许也不能摒弃宪制；它应该只是补救其缺陷和纠正其错误。[567]

普鲁士的立法者也受到这种方式的约束，

---

[565] L. 迈斯特（L. Meister），《瑞士国家法概论……》（Abriß des Eydgenößischen Staatsrechtes..., St. Gallen 1786），第50页。

[566] 参照 J. 克拉普罗特（J. Claproth），《法典的非权威起草……》（Ohnmasgeblicher Entwurf eines Gesetzbuches..., Frankfurt am Mayn 1773），前言。

[567] 菲兰杰里（Filangieri），《立法体系》（System der Gesetzgebung, Frankfurt und Leipzig 1794），第1卷，第234页；菲兰杰里的《立法学》形成于1780年至1788年之间。

第十五章 "宪制"与立法

制定一部只建立在理性和邦国宪制基础上的德意志一般邦国法。[568]

这意味着维护在"宪制"概念中被取消的等级权利,以及维护由这种"宪制"一起体现的自然的和文化的国家属性。[569] 另一方面,对法典编纂者来说清楚的是,"新法典将会影响既存的制定法……制度和宪制"。[570] 这种可能的"宪制"改变需要一种合法性基础,而依照内阁敕令通过邀请等级阶层共商法典就获得了这种合法性基础。

如果"宪制"——无论是哪种内容约束性的——提供一种更高地位的规范行为框架,那么"宪制"本身也可以是实施行为的评判标尺。18世纪中期以后在帝国大区档案中出现的用语就证明了这一点,这些用语有"自然的、依照宪制的联系"(1745/1746年)、"与帝国基本法相联系的保护"(1747年)和"依照其帝国宪制的公

---

[568] 参照1746年12月31日向科克采伊(Cocceji)的委托,引自《普鲁士邦国法令文献研究》(Beyträge zu der juristischen Literatur in den Preußischen Staaten, Berlin 1779),第3编,第174页中的注释10。

[569] 其他例子亦参照H.默恩豪普特(Mohnhaupt),"18世纪特权与法典化之间的关系"(Untersuchungen zum Verhältnis Privileg und Kodifikation im 18. Jahrhundert),载《共同法》(Ius commune),第5期(1975年),第103—106页;H.默恩豪普特(H. Mohnhaupt),"孟德斯鸠与德国启蒙运动期间的立法环境理论"(Montesquieu und die legislatorische Milieu-Theorie während der Aufklärungszeit in Deutschland),载G.林格尔巴赫(G. Lingelbach)、H.吕克(H. Lück)主编,《在〈萨克森法鉴〉到启蒙运动期间的德国法》(Deutsches Recht zwischen Sachsenspiegel und Aufklärung. Rolf Lieberwirth zum 70. Geburtstag, Frankfurt a. M. /Bern/New York/Paris 1991),"庆贺罗尔夫·利贝维尔特七十华诞",第177—191页。

[570] 参照普鲁士威廉二世1786年8月27日的敕令,载《普鲁士-勃兰登堡宪法新汇编》(Novum Corpus Constitutionum Prussico-Brandenburgensium, Berlin 1791),第8卷,编号52,第143—147栏。

约来维护大区"(1748年)。[571] 霍夫曼在1787年确定了作为大区议会决议约束力的前提条件：

> 以依照法律和宪制的方式所形成的大区决议约束所有人和每个大区的等级阶层……[572]

"符合宪制的法律称号"或"符合宪制的国家特权"，这些用语同样展现了帝国国家法和"内部教会国家宪制"(1782年)当中的上位规范性。[573] 莫泽在1751年谈到"由神圣罗马帝国基本法及其一般宪制所确定的规范"，根据这种规范裁决帝国等级阶层之间的纠纷，他把这种规范解释为"符合帝国宪制和基本法"。[574] "颠三倒四地使用判决法源"因此也被评定为"违反宪制的行为"。[575] 莫泽阐释道：

> 当一位德意志君主被授予主权者称号时，皇宫就已经被授权记录下那些违反帝国宪制的文件类型。[576]

---

[571] 《档案报告》[Actenmäßiger Bericht (o. O. 1748)]，编号4、25、43。

[572] M. 霍夫曼(M. Hoffmann)，《试论德意志帝国大区国家法理论……》(Versuch einer staatsrechtlichen Theorie von den teutschen Reichskreisen..., Kempten 1787)，第210页。

[573] 参照涉及美因茨"大学章程"(Universitätsverfassung)的评阅书，载：Pick, Aufklärung und Erneuerung(见本书上篇注释542), S. 116-119。

[574] 引自M. 利彭流斯(M. Lipenius)，《法律藏书增补》(Bibliothecae realis juridicae supplementa, Lipsiae 1775)，与A. F. 肖特(A. F. Schott)合著，第345页。

[575] 参照1782年对"大学章程"的评阅书，载：Pick, Aufklärung(见本书上篇注释542), S. 118。

[576] J. J. Moser, Von der Landeshoheit derer Teutschen Reichsstände überhaupt (Neues teutsches Staatsrecht 14), Frankfurt/Leipzig 1773, S. 17.

第十六章　私法法典化与"宪法"

在 18 世纪理性法的法典化时代,把基本法的宪制规则法典化为一部统一的"宪法"变得具有现实意义,私法的法典化在两方面也牵涉"国家宪制"。一方面是按照"邦国宪制"构建普遍立法。[577] 另一方面——像苏亚雷斯(Suarez)在 1791 年所解释的那样——

> 普遍立法,其法典确立了有关法与不法的稳固的、确定的和持续的基本原则,在某种程度上可以取代尤其是在没有真正基本宪法的国家中的立法……[578]

在奥地利,约瑟夫·冯·索南费尔斯(Joseph von Sonnenfels)——早在 1768 年就受玛丽亚·特蕾西亚(Maria Theresia)女王的委托编纂一部"政治法典"——在 1790 年强调:

> 没有一部国家宪法,就不会想到一个依法的政府,因为缺

---

[577] 参照本书上文第十五章。
[578] 苏亚雷斯(Suarez),"论启蒙运动中的立法影响"(Über den Einfluß der Gesetzgebung in die Aufklärung,1790),载 H. 康拉德(H. Conrad)、G. 克莱因海尔(G. Kleinheyer)主编,《法与国家演讲录》(Vorträge über Recht und Staat,Köln/Opladen 1960),第 635 页。

少宪法使人太多地想起权力肆意,在权力肆意的地方就没有政府,那只是无政府状态。[579]

作为最初自然状态的"无政府状态"长久以来虽然被"公民状态/公民宪法"(bürgerliche Verfassung)所克服,[580]但是国家组织和权力约束规则仍缺少统一的和体系引导的文本规定。鉴于基本法繁杂,人们在帝国中寻求一种封闭统一的"宪法"规则,这种寻求在相应的要求中要比在相应缺乏的描述中体现得更少。莫泽早在1742年就宣称:

> 德意志帝国没有几部成文法,可以完全彻底地处理纯粹牵涉德意志帝国当今国家宪制的事务……[581]

克拉普沃特(Claproth)在1773年让人们认识到,对国家宪制

---

[579] 引自 S. 阿德勒(S. Adler),"政治立法与一般民法典的历史关系"(Die politische Gesetzgebung in ihren geschichtlichen Beziehungen zum allgemeinen bürgerlichen Gesetzbuche),载《一般民法典百年纪念文集》(Festschrift zur Jahrhundertfeier des Allgemeinen Bürgerlichen Gesetzbuches, Wien 1911),第1卷,第100页,注释30。

[580] 有关"公民状态/公民宪法"(Bürgerliche Verfassung)的概念,参照 M. E. 托岑(M. E. Tozen),《一般的和特别的欧洲国家知识导论》(Einleitung zur allgemeinen und besondern Europäischen Staatskunde I, Bützow/Wismar 1779),第1卷,第12页。"我们发现……一些民族有正式的国家宪法……其他一些民族尽管也以一种政体方式……生活着……另外还有一些民族根本就没有公民宪法(bürgerliche Verfassung),他们靠树根和野菜为生……和非理性的动物一样,好像听从于纯粹的自我保存和繁衍本能"。亦参照本书上文第十二章第一节。

[581] Moser, Compendium(见本书上篇注释427),S. 19(§2);同样地参照:Pütter, Encyclopädie(见本书上篇注释472),S. 223:"但在德国少有邦国和城市,除了这些一般邦国法或城市法外,还将会提供有关邦国宪法或城市宪章各个部分的特别规定。"

第十六章　私法法典化与"宪法"

也有"确定的法"(ius certum)这一启蒙要求：

> 在我们这个时代，我们看到很少有关于国家宪制的立法，这是否同样是人们所愿望的，这种宪法不是从不确定的传统中或从古代的废墟中被推导出来的，而是受自己的一段时代决定的。[582]

沙伊德曼特尔(Scheidemantel)在1782年解释道，"每种国家宪法"都要求"一致性和秩序"。[583] 人们要求一部自身封闭的并通过书面确定的"国家宪法"，这种要求在那个时代被启蒙的意识中普遍存在。在法国，例如，在1763年出版了德文译作的杜·布拉特-南赛(Du Buat-Nançay)宣称：

> 在欧洲没有这样的国家，它的宪法由唯一的一般法律这样来确定，即：该法律使所有先前的法律和立法权本身都无用。[584]

当然，现代意义上的宪法起草在帝国和在领地中还没有到来，尽管围绕古老帝国宪制的价值和无价值所进行的讨论[585]以及一些

---

[582] Claproth, Entwurf (见本书上篇注释566), Vorrede (前言).

[583] H. G. 沙伊德曼特尔(H. G. Scheidemantel)，《德意志邦国和采邑法索引》(Repertorium des Teutschen Staats und Lehn Rechts, Leipzig 1782)，第1卷，第8页。

[584] L. G. D. 布拉特-南赛(L. G. Du Buat-Nançay)，《法国、德国和意大利古老国家宪法史(Geschichte der alten Staatsverfassung in Frankreich, Teutschland und Italien, Frankfurt und Leipzig 1763)，由C. F. 特勒尔奇(C. F. Tröltsch)译自法文"导言"，第16页。

[585] 参照本书上文第十二章第二节。

宪法草案[586]，体现了启蒙运动的现代意识状况。然而，理性法时代的自然法、体系思想或私法典（一般邦国法）超越了对自由政治理论的传递，承担了帝国和领地——与法国相反——在政治上仍未实现成文的宪法功能。[587]

在等级阶层围绕普鲁士[588]和波西米亚[589]恢复"等级宪制"的讨论中，"基本法"的传统概念在 1790 年左右再次被采纳，但它承载着通过法国大革命经验而获得的新认识。波西米亚的等级阶层补充地使用"宪法"概念：

> 因为一个国家的幸运只能在这种程度上才会持久，即它的宪法（Constitution）和为该宪法奠基的根本法是稳固和不可动摇的时候；因为它自身带有国家基本法的本质，即契约本质、主权者与人民联合的本质；为了形成这种基本法，主权者和人民这两个部分要共同形成完全的、自由的和非强制的同意，……请求……等级阶层：把这种……新的邦国法规在形式

586　参照：Dippel, Anfänge（见本书上篇注释 495），S. 45 ff. 。

587　亦参照：D. Klippel, Politische Freiheit und Freiheitsrechte（见本书上篇注释 483），S. 206. D. 克利佩尔（D. Klippel），"从对统治者的启蒙到启蒙的统治"（Von der Aufklärung der Herrscher zur Herrschaft der Aufklärung），载《历史研究期刊》（ZHF），1990 年，第 193—210 页（尤其是第 209 页）。

588　参照 G. 比尔奇（G. Birtsch），"专制主义晚期的立法与代议制"（Gesetzgebung und Repräsentation im späten Absolutismus），载《历史期刊》（HZ），第 208 期（1969 年），第 265 页及以下诸页、第 285 页。

589　对此最新参照：A. M. 德拉贝克（A. M. Drabek），"波西米亚等级阶层在 1791 年的期望"（Die Desiderien der Böhmischen Stände von 1791），载 F. 赛布特（F. Seibt）主编，《在东部和西部之间的波西米亚等级阶层——K. 博斯尔贺寿文集》[Die böhmischen Länder zwischen Ost und West（FS K. Bosl），München/Wien 1983]，第 132—142 页。

上解释为一种根本的邦国法律……[590]

等级阶层的要求旨在保护他们的特权和重新恢复旧的等级地位,像在1627年公布费迪南多二世旧的波西米亚邦国法规之前所存在的那种地位。他们把统治者的立法垄断解释为"与根本法的本质相违背"。[591] 其话风和论证都体现出,波西米亚等级阶层准确了解到革命启蒙时代的进步国家理念,知道披着与传统概念性("根本法""契约")有关的这些概念("宪法""人民")外衣,去维护他们保守的等级法律地位,这种维护会产生政治影响。[592] 在传统旧等级权利基础上的论证在实质性法律上占据了上风,而古老的等级自由或特权属于那些旧等级权利。1800年出版的《上巴伐利亚和下巴伐利亚的邦国自由宣言》(Erklärung der Landesfreyheit von Ober-und Niederbaiern)因此合并统一了自1508年以来最古老的《邦国自由》(Landesfreyheiten)版本,其理由是对"宪法"的需要变得越来越迫切。其描述性副标题的原文是:"当今巴伐利亚邦国宪制的主要文件"。[593] 当然,出版人清楚,"宪法文件"只允许包含诸如"三权分立"这种属于"国家宪制"的材料,

---

[590] "波西米亚领主等级在1791年的第二部主要作品"(Zweite Hauptschrift der böhmischen Herrenstände vom Jahre 1791),载《奥地利等级阶层历史档案》(Historische Aktenstücke über das Ständewesen in Österreich, Leipzig 1848),第2卷,第93页。

[591] Aktenstücke Ⅱ, S. 94.

[592] 亦参照:Drabek, Desiderien(见本书上篇注释589), S. 137。

[593] 《上巴伐利亚和下巴伐利亚邦国自由宣言——当今巴伐利亚国家宪法主要文件》(Erklärung der Landesfreyheit von Ober-und Niederbaiern. Haupturkunde der gegenwärtigen baierischen Staatsverfassung, o. O. 1800)。

而不包含"私法"。此外,在起草时"人民"没有"被拉去商议",人们因此对这种文本也"不能授予宪法之名"。结束该宣言的评注原文是:"人们更多的是深信必然性,深信一种崭新的——建立在稳固的和普遍有效的法律原则基础上的——宪法文件。"[594]

---

[594] Erklärung der Landesfreyheit, 1800, Vorrede, S. 3-6.

下篇

从启蒙时代到当代的宪法、基本法

迪特·格林[*]

---

[*] 作者感谢早期同事、教授格特鲁德·吕贝-沃尔夫博士（Pof. Dr. Gertrude Lübbe-Wolff）、公证员阿尔方斯·许贝尔博士（Dr. Alfons Hueber）、拉尔夫·亨森（Ralf Henssen）法官和埃克哈德·克雷默（Eckhard Krämer）法官甄选和编辑整理无数材料，本文只能再现其中极小一部分。

第一章 发展方向

人们观察到 18 世纪后半叶国家统治法律化的一般趋势,"宪法"(Verfassung)概念也参与其中。起初,一个全面反映国家政治状态的经验性概念,日益摆脱"宪制"的非法律组成部分,缩小为在法律上塑造的国家状态,在过渡到现代宪治(Konstitutionalismus)*之后最终落为调整构建和运行国家统治的单一法律概念,它本身因此从描述性概念变成规范性概念。在此发展过程中,也可以再认识宪法概念的一些特征。根据《历史基本概念》大辞典(第 1 卷,第 15 篇至第 19 篇)具有启发性的率先研究,这些特征刻画了 1770 年以来政治话语的含义转变。宪法概念被规范装填和被意识形态化。只有表明某种形式或内容性质的秩序才因此被当成是"宪法"。如此地强调这一点,以至于这个概念在语言上不再需要客体,而是代表它本身。与此同时,"宪法"变成传递某些期待的目标概念,而这些期待在历史上才会被兑现,"宪法"在此意义上被时代

---

* 德文"Konstitutionalismus"与英文"constitutionalism"一样表达的是近代以分权和人权保护等为核心要义的法治思想,国内近些年把它译为"宪制"。如同"法制"与"法治"的区别一样,本中译本把古典意义上的"Verfassung"译为"宪制",而把"Konstitutionalismus"译为"宪治"。尽管"Konsitution"和"Verfassung"可以互用,但事实上,尤其是 18 世纪末期以来在德文文献中出现的"Konsitution"(或"Constitition")在很多情况下或多或少蕴含有"宪治"意味,这也是它们之间的微妙差别。——译者

化了。可是,缩小为法律上的宪法概念又从未获得不可动摇的统治地位。不仅现代宪治的对手们试图保留更古老的、在状态上中立的宪法概念,当然这种观念本身因而又被政治化了。而且在宪法国家巩固之后,一旦宪法律(Verfassungsgesetz)没有实现与之联系在一起的期待,那么追问法律性宪法背后存在的决定因素问题也会浮现出来。人们的注意力接着各自转回到更广泛的政治-社会宪法。在魏玛共和国,这种政治和社会双方的相互关系被挪到宪法讨论的中心位置,直至纳粹把这个问题彻底地判定为对规范性宪法的不利为止。"二战"之后发生了向法律性宪法概念的重新转向。而如今仍显示出规范操控力的丧失,这威胁着与现代宪法概念联系在一起的主张。

第二章　宪治的开端

一　革命前的术语

当北美和法国两场成功的革命导致颁布现代宪法之时,同时代的德国把"宪法"(Konstitution)仍理解为皇帝颁布的法律,而不是取决于其含义或内容。与之相反,调整统治运行的规范叫作"基本法"(Grundgesetze)或"根本法"(leges fundamentales)。最终,"宪法"(Verfassung)不是当作规范概念,而是当作表明一个国家状态的经验概念在使用。这种状态可以体现为历史发展、事实条件和法律规定的产物。但它也可以只受基本法的塑造。自然法契约学说习惯于更狭义地理解它。[1] 在德国受青睐的三分契约模式的组成是,同意离开自然状态并结合成国家[社会契约(pactum unionis)]、确定政体[政制契约(pactum ordinationis)]和宣布臣服于统治者[臣服契约(pactum subiectionis)],其中第二种契约被日益称为"宪法契约"(Verfassungsvertrag),其对象被称作"国家宪

---

[1]　沃尔夫冈·克斯廷(Wolfgang Kersting),"契约、社会契约、统治契约"(Vertrag, Gesellschaftsvertrag, Herrschaftsvertrag),载:Geschichtliche Grundbegriffe, Bd. 6,1990,S. 901。

制"(Staatsverfassung)。

> 规定宪法的契约叫宪法契约。其中包含的规定本身关乎社会的基本法。[2]

宪法契约和基本法因此表现为同一个事物的两个方面：宪法契约针对程序，而基本法表示结果。宪法接着就是在契约上被创造出来并在基本法上被决定的国家政治状态。帝国公法学的情况同样如此，这当然是在皇帝和帝国等级阶层之间的契约取代人民的政制契约（pactum ordinationis）的地方。作为建立在契约基础上的基本法不容许统治者对宪法进行单方面修改。

> 最高权力本身也是因这些法律而产生；这些法律因此不能来源于最高权力。所以，最高权力也……无权超越国家的基本法，而只有全体人民才能对其进行修改。[3]

人们由此必须区分国家中的两种权力，一种是由国家基本宪法引入的积极工作的最高权力，另一种是全体人民的基本权力，由它产生前一种权力。在他们的基本宪法出现问题之前，或在国家处于最危险的没落之前，它一直处于静止

---

[2] Johann August Schlettwein, Die Rechte der Menschheit oder der einzige wahre Grund aller Gesetze, Ordnungen und Verfassungen, Gießen 1784, S. 364.

[3] Joh. Heinr. Gottlob v. Justi, Natur und Wesen der Staaten als die Quelle aller Regierungswissenschaften und Gesezze, Ausg. Mitau 1771; Ndr. Aalen 1969, S. 1.

状态。[4]

基于这样的宪法理解,不存在没有宪法的国家。国家存在的地方,就是宪法存在的地方;缺乏宪法的地方,就是充满自然状态的地方。但宪法内容可能会完全不同。契约样态使宪法问题可以被决断。由于要考虑到政体,这种学说完全遵循亚里士多德的模式。宪制概念没有发展成为一种特别接近于某种政体的概念,它也没有排除任何政体。它也同样少有地被确定为一种文件形式。在这一点上,现代宪治(Konstitutionalismus)走上了另一条道路。

二 英国的"宪法"含义

现代宪治发展于英国,但没有在那里圆满结束。"宪法"(Constitution)在盎格鲁-萨克森语言圈[5]中的含义无异于正式颁布的各项法律,但它在此含义中随着贵族和民众参与立法而逐渐被"制定法"(statute)这个词语所替代。相比之下,统治运行的类型和方式叫作"政体/政府形式"(form of government)。然而,"宪法"在17世纪浮现出新含义,部分意思与"政体"相同,部分意思与"根本法"一样。在1610年一次关于詹姆斯一世新的征税要求的议会讨论中,怀特洛克(Whitelocke)发言表态说,国王的决议

4　Joh. Heinr. Gottlob v. Justi, Natur und Wesen der Staaten als die Quelle aller Regierungswissenschaften und Gesezze, Ausg. Mitau 1771; Ndr. Aalen 1969, S. 9f.
5　我在此主要以文后参考文献中提到的 G. 施图泽的作品为依据。

"违反了本王国政制(policy)的自然框架和宪制(constitution)"。[6] 在这些简短措辞中,"宪法"仍不代表其本身,而需要一种客体、政制(policy)("政治身体"意义上的),而这些措辞又出现在1642年为查理一世起草一份给议会的书面答复中,他在这份书面答复中引证"本王国政府古老的、平等的、幸福的、泰然自若的和永远赞美不够的宪制",其目的是为了稍后只简短地谈起"本王国优良的宪制"。[7] 随着1642年内战爆发,"宪法"(constitution)以复数形式被频繁使用,也就是在含义上等同于"根本法"(fundamental laws)。"宪法"这一表达可以从被拔高的正规性中获得好处,这种正规性使它从"诸法律"(laws)中脱颖而出。1643年出版了一部佚名著作《涉及本王国的根本法或政治宪法》(Touching the Fundamental Laws, or Politique Constitution of this Kingdom)。[8] 查理一世在1649年的控告中指控违犯了王国的"根本宪法"。[9] 然

---

6 詹姆士·怀特洛克(James Whitelocke),引自 J. R. 坦纳(Joseph Robson Tanner),《詹姆士一世统治的宪法文件》(Constitutional Documents of the Reign of James I., Cambridge 1930; Ndr. 1961),第 60 页;参照:Charles Howard McIlwain, Constitutionalism, Ancient and Modern, 3rd ed., Ithaca 1966, S. 25。

7 "(查理一世)对议会两院19个提议的回答",[(Charles I.), Answer to the 19 Propositions of Both Houses of Parliament, London 1642],重印本载科林·康斯托克·威斯顿(Corinne Comstock Weston),《英国宪法理论与上议院(1556—1832年)》(English Constitutional Theory and the House of Lords 1556-1832, London 1965),第263页及下页。

8 引自约翰·维德霍夫特·高夫(John Wiedhofft Gough),《英国宪法史中的根本法》(Fundamental Law in English Constitutional History, Oxford 1961),第2版,第99页。

9 "高等法院在1649年1月27日对国王的判决",重印本载《清教徒革命的宪法文件[1628—1770年(1889年)]》[The Constitutional Documents of the Puritan Revolution 1628-1770 (1889), Oxford 1906; Ndr. 1968],塞缪尔·罗森·加德尔(Samuel Rawson Gardiner)主编,第3版,第372页。

而，在处决他而废除君主制后所颁布的1653年克伦威尔成文宪法却不叫"宪法"(constitution)，官方称之为"英格兰、苏格兰、爱尔兰及自治领的共和政府"(The Government of the Commonwealth of England, Scotland, and Ireland, and the dominions thereunto belonging)，习惯用语叫"政府的""文书"(Instrument)*［等同于"文件"(document)］。[10] 洛克在此期间却把他为北卡罗来纳起草的1669年宪法草案明确地称为"卡罗来纳根本法"(Fundamental Constitutions of Carolina)。当这份文件称120条"根本宪法"应该是"卡罗来纳政府永远神圣和不可更改的形式和规则"时，"宪法"的两种渊源都汇聚到这份文件中了。[11] 在1688年詹姆斯二世逊位的语境下，"宪法"(constitution)概念才出现在官方文本中。国王被指控"颠覆王国的宪法"。[12] 光荣革命以后，单数形式的"不列颠宪法"(British constitution)属于固定的习惯用语。这一表达便始终关涉国家组织的基本原则。违反这些基本原则会有后果。按照布莱克斯通(Blackstone)的表述，在"平常公共压迫"的地方，当"宪

---

* 有的译文把该词翻译为"约法"。由于强调其书面性，本中译本在此译为"文书"。——译者

[10] "1653年12月16日的政府文书"(Instrument of Government, 16.12.1653)，载《清教徒革命的宪法文件［1628—1770年(1889年)］》[The Constitutional Documents of the Puritan Revolution 1628-1770 (1889), Oxford 1906; Ndr. 1968]，塞缪尔·罗森·加德尔(Samuel Rawson Gardiner)主编，第3版，第405页。

[11] 约翰·洛克(John Locke)，"1669年3月1日卡罗来纳根本宪法"(The Fundamental Constitutions of Carolina, 1.3.1669)，载《文集》(Works, 1823; Ndr. 1963)，第10卷，第198页。

[12] 威廉·布莱克斯通(William Blackstone)，《英国法释义》(Commentaries on the Laws of England, London 1787)，第10版，第1卷，第1篇，第3章，第211页。

法的要害没有受到攻击"时,存在着正常的法律手段。但当镇压的目的是"取消宪法,颠覆政府之根本"时,这也被称为"无宪压迫",那么人民就有反抗权。[13] 美洲殖民者稍后就以此为证。

三 现代宪治在北美的实施

效仿英国在光荣革命之后所形成的习惯用语,北美"殖民地政体"或"殖民地宪章"(Colonial Charters)在 18 世纪中期左右就鲜有不被称为"宪法"(constitution)的了。与英国不同的是,这一表达在此当然与成文的、被整合在一个文件中的法律规范有关,而这些法律规范约束性地确定当地国家权力的权限和边界。在和宗主国的冲突爆发后,殖民者们在 1764 年把这种观念也传播至英国宪法,他们为了捍卫其权利起初还把英国宪法作为论据。

> 在所有自由国家,宪法都是固定的,因为最高立法权的权力和权威都来自于宪法,所以不能逾越它的约束,不能破坏它自己的根基。[14]

宗主国拒绝接受这种宪法理解,这才迫使殖民者们与英国国王决

---

13 威廉·布莱克斯通(William Blackstone),《英国法释义》(Commentaries on the Laws of England, London 1787),第 10 版,第 1 卷,第 1 篇,第 1 章、第 7 章(第 237 页、第 244 页及下页)。

14 "1768 年 2 月 11 日马萨诸塞给殖民立法会的信函"(Massachusetts Circular Letter to the Colonial Legislatures, 11.2.1768),重印本载 M. 杰森(Merill Jensen)主编,《直至 1776 年的美洲殖民文件》(American Colonial Documents to 1776, London 1955),第 715 页。

第二章 宪治的开端

裂,并创建自己的国家权力。当时与殖民传统保持着联系,殖民者们要以"宪法"形式去实现这一目标,这本身不是问题。但这种宪法与英国宪法有三个方面的不同。首先,宪法必须要书面地写下来,因为

> 宪法……不是一种理想,而是一种现实存在;在不能以看得见的形式产生它的地方,就没有宪法。

其次,宪法必须以人民为出发点,不能被国家权力所支配。

> 宪法是先于政府之物,政府只是宪法的产物。一个国家的宪法不是其政府的法案,而是人民构建政府的法案。[15]

这两个条件在当时变成了"宪法"的概念特征,以至于鉴于英国缺乏宪法文件,和鉴于英国议会没有征求人民本身的意见就延长其立法期限的 1716 年"七年议会法案"(Septennial Act),潘恩(Paine)完全可以否认英国有"宪法"。[16] 第三,根据革命经验,宪法在内容上被扩展了,它从一个单纯的"政体"延展至以人权形式对国家权力进行实质性约束。恰恰出于对人权的保护,宪法现在关系到其真正意义。"康科德镇会议"(Concord Town Meeting)(马萨诸塞)在 1776 年这样宣称道,

---

[15] 托马斯·潘恩(Thomas Paine),"人权"(The Rights of Man, 1791),载蒙丘尔·丹尼尔·康威(Moncure Daniel Conway)主编,《文集》(Writings, New York 1902; Ndr. 1969),第 2 卷,第 309 页及下页。

[16] 同上书,第 311 页。

宪法以其名副其实的理念倾向于建立一套原则体系，保护国民的财产，保护他们享受其权利和特权，反对政府部门的任何侵害。[17]

第一部人权宣言即《弗吉利亚人权宣言》，尽管不在被分别颁布并且叫作"宪法或政体"的宪法里面，但是上面的权利宣言却成为了宪法的组成部分。例如，宾夕法尼亚这样表述道：

> 我们……规定、宣布和创建以下权利宣言和政府框架，使之成为本国（commonwealth）的宪法。[18]

四　法国对美国宪法概念的继受

尔后，当法国与沿袭下来的国家权力决裂时，被法律化的、形式化的和被承载了内容的宪法概念在那里的国家重构过程中得到普遍接受。这在法国理论中未被事先擘画。孟德斯鸠和德·洛尔

---

[17] "1776年10月21日康科德镇会议要求一部宪法协议"（Concord Town Meeting Demands a Constitutional Convention, 21.10.1776），重印本载塞缪尔·埃利奥特·莫里森（Samuel Eliot Morison）主编，《解释说明美国革命（1764—1788年）的资料来源和文件以及联邦宪法的形成》（Sources and Documents Illustrating the American Revolution 1764-1788 and the Formation of the Federal Constitution, 1923, Oxford 1929; Ndr. 1953），第2版，第177页。

[18] "1776年6月29日弗吉利亚宪法"（The Constitution of Virginia, 29.6.1776），同上书，第151页；"1776年9月28日宾西法尼亚宪法"（The Constitution of Pennsylvania, 28.9.1776），同上书，第162页及下页。

姆(de Lolme)尽管传播英国自由宪法的声誉,但他们在当时关注到的完全是传统的宪法概念。[19] 卢梭(Rousseau)在涉及宪法时还是完全在传统轨道上活动。他把法律分为"民法,……刑法"和"政治法"或"根本法",然后说道,最后一种是"构成政体"(qui constituent la forme du Gouvernement)的法律。但"真正的国家宪法"(véritable constitution de l'Etat)建立在第四类法律之上:"我谈的是道德,是风俗,尤其是意见"(Je parle des mœurs, des coutumes, et surtout de l'opinion)。[20] 宪法和法律规范首次在瓦特尔(Vattel)那里取得了一致,他把"宪法"定义为"根本规则"(règlement fondamental),"它决定当局的执政方式"(qui détermine la manière dont l'autorité publique doit être exercée)。[21] 在瓦特尔看来,这样的"规则"只能以民族为出发点,但它仍未被确定为某种内容或某种形式。宪法概念的这一特征在大革命时才在增长。西耶斯(Sieyès)在当中扮演了关键角色。对他来说,统治仅仅作为人民委托的职位才是正当的。这种委托关系决定着宪法。

由于为某种目的创建一个团体后,人们不可能不给予它

---

19 查理·德·孟德斯鸠(Charles de Montesquieu),《论法的精神》[De l'esprit des lois,1748,(1951,1976)],第 11 章,第 6 节;《全集》,下册,第 405 页;让·路易斯·德·洛尔姆(Jean Louis de Lolme),《英国宪法;或英国政体与共和制政体及欧洲其他君主制政体的比较》(Constitution de l'Ang1eterre; ou,État du gouvernement anglais comparé avec la forme républicaine et avec les autres monarchies de l'Europe,Amsterdam 1771)。

20 让·雅克·卢梭(Jean Jacques Rousseau),《社会契约论》(Du contrat social,1762,1964),第 2 章,第 12 节;《全集》,第 3 部分,第 393 页及下页。

21 爱默·德·瓦特尔(Emer de Vattel),《国际法》[Le droit des gens,1758(Paris 1863)],第 1 篇,第 3 章,第 27 节,M. P. 普拉迪埃—弗德雷(M. P. Pradier-Fodéré)主编,第 1 部分,第 153 页。

与之相适应的组织形式和法律,使它完成赋予给它的使命。我们便把它称作这个共同体的宪法。共同体的存在离不开它的宪法。因此任何政府都应该有自己的宪法。[22]

与之相反,人民没有宪法也会因自然法而存在,并作为"制宪权"(pouvoir constituant)一直处于宪法之上。[23] 人民凭借宪法去分配和界定受委托的统治,并保护其自然权利。穆尼埃(Mounier)遵循这种观点向国民议会的宪法委员会报告说,当人们想让"各种势力对权利和义务进行表达"(l'expression des droits et des obligations des différents pouvoirs)时,人们把"宪法"无异理解为"以统治手段确定并建立起来的秩序"(qu'un ordre fixe et établi dans la manière de gouverner)。[24] 这当中接纳了宪法作为政体的古老观念,但这种观念和规定宪法的法律规范一致,并受制于一种文件形式。而秩序另外还要以人民为出发点,这也当属宪法。

当统治的方式不是从人民的意愿出发,那就没有宪法;只

---

[22] 伊曼纽尔·西耶斯(Emanuel Sieyès),《何为第三等级?》(Qu'est-ce que le tiers état?,1789,Genf 1970),罗伯托·扎佩里(Roberto Zapperi)编,第 179 页(此段文字的原文为:"Il est impossible de créer un corps pour une fin sans lui donner une organisation, des formes et des lois propres à lui faire remplir les fonctions auxquelles on a voulu le destiner. C'est ce qu'on appelle la constitution de ce corps. Il est évident qu'il ne peut pas exister sans elle. Il l'est donc aussi que tout gouvernement commis doit avoir sa constitution."——译者)。

[23] 同上书,第 181 页。

[24] 让-约瑟夫·穆尼埃(Jean-Joseph Mounier),"1789 年 7 月 9 日谈话"(Rede v. 9.7.1789),载热罗姆·马维达尔(Jérôme Mavidal)和埃米尔·洛朗(Émile Laurent)主编,《1787 年至 1860 年议会档案》(Archives parlementaires de 1787 à 1860, Paris 1875),第 8 部分,第 214 页。

有一个事实上的政府。

此外,还必须对国家权力秩序划清边界。

　　如果政府权力没有边界,那么它必然是专制独裁的,而没有什么比专制政权更与宪法相敌对的了。[25]

最后,人权必须是这种秩序的基础。[26] 在《人权宣言》第 16 条中,这种在讨论中不再被根本否认的宪法概念获得了它的规范约束性表达。该条款这样写道:

　　凡权利无保障和分权未确立的社会,就没有宪法。[27]

五 "宪法"在德国的含义变化

　　随着西方国外现代宪法的颁布,"Konstitution"(宪法)概念在德

25　Jean-Joseph Mounier, Rede v. 9. 7. 1789, Archives parlementaires de 1787 à 1860, éd. Jérôme Madival et Émile Laurent, le sér., t. 8, Paris 1875, S. 214. (此段文字的原文为:"Quand la manière de gouverner ne dérive pas de la volonté du peuple clairement exprimée, il n'a point de constitution; il n'a qu'un gouvernement de fait.""si cette autorité n'a point de bornes, elle est néssairement arbitraire, et rien n'est plus directement opposé à une constitution que le pouvoir despotique."——译者)

26　同上书,第 216 页。

27　"1791 年 9 月 3 日法国宪法"(Constitution Française, 3. 9. 1791),重印本载京特·弗朗茨(Günther Franz)主编,《国家宪法——过去与当代重要宪法汇编》(Staatsverfassungen. Eine Sammlung wichtiger Verfassungen der Vergangenheit und Gegenwart, 1949, München 1964),第 2 版,第 306 页,第 16 条(此段文字的原文为:"Toute société, dans laquelle la garantie des droits n'est pas assurée, ni la séparation des pouvoirs déterminée, n'a point de constitution."——译者)。

国失去了它作为皇帝法律的旧含义,被作为"宪法"(Verfassung)或"宪法契约""政体"或"基本法"的同义词使用,但也没有完全替代这些表达。这一变化发生得迅速而强劲。罗特(Roth)的《公用辞典》(Gemeinnütziges Lexikon)在1788年把"Constitution"仍解释为"事物的属性,如身体属性、性情属性等。法律和邦国法令亦然"。[28] 翌年出现了"宪法"(Konstitution)新意义的首份证据。[29]这一概念在1798年被引入,以至于《会话辞典——尤其顾及当今时代》(Conversationslexikon mit vorzüglicher Rücksicht auf die gegenwärtigen Zeiten)在"Constitution"词条这个地方限于转述为"国家基本法的化身"。[30] 当谈到新的即法国的宪法文件时,首先就涉及这一现代表达。洪堡(Humboldt)在1792年给《柏林月刊》的一篇文章,标题是"触发法国新宪法的国家宪制理念"。[31] 但这种概念

　　28　约翰·费迪南德·罗特(Johann Ferdinand Roth),《所有阶层读者的公用辞典》(Gemeinnütziges Lexikon für Leser aller Klassen, Nürnberg 1788),第1卷,第93页,"Constitution"(宪法)词条。

　　29　维古勒乌斯·科维乌斯·阿罗斯修斯·Frh. v. 克赖特迈尔(Wiguläus Xaverius Aloysius Frh. v. Kreitmayr),《德意志和巴伐利亚一般国家法纲要》(Grundriß des Allgemeinen, Deutschund Bayerischen Staatsrechts, 1770, München 1789),第2版,第1部分,第14页;J. G. Joh. 格奥尔格·施洛瑟(J. G. Joh. Georg Schlosser),《有关整个立法尤其是普鲁士法典草案的信函》(Briefe über die Gesetzgebung überhaupt, und den Entwurf des preußischen Gesetzbuchs insbesondere, Frankfurt 1789),第119页。

　　30　雷纳图斯·戈特赫尔胡·勒贝尔(Renatus Gotthelf Loebel),《会话辞典——尤其顾及当今时代》(Conversations-Lexikon mit vorzüglicher Rücksicht auf die gegenwärtigen Zeiten, Bd. 1, Leipzig 1796),第1卷,第288页,"Constitution"(宪法)词条。

　　31　[威廉·冯·洪堡(Wilhelm v. Humboldt)]"触发法国新宪法的国家宪制理念——摘自1791年8月给一位友人的信函"(Ideen über Staatsverfassung, durch die neue Französische Konstitution veranlaßt. Aus einem Briefe an einen Freund, August 1791),载《柏林月刊》(Berlinische Monatsschr., 1792),第84页及以下诸页。

第二章 宪治的开端

还是被毫不迟疑地扣在旧内容的头上。许多作者此时把"国家法"划分为"宪法"(Constitutionsrecht)和"行政法"(Regierungsrecht),其中第一种研究"国家权力"的主体[32]或"政体"[33],而后一种关系到国家权力的行使。众多论者把宪法归入到熟悉的契约模式。接着它就代表缔结契约本身,像在康德那里一样,他把"宪法"(Constitution)定义为"普遍意志的文件","一群人通过它成为一个民族"。[34] 同样对贝尔(Behr)来说,"一群人生活在自然状态中已久,直至他们通过一部宪法而再结合成一种公民状态为止"。[35] 但公民状态更经常地关系到通过契约所创设的政体。因此,埃伯哈德(Eberhard)遵从对社会中的统治关系进行法律规定的必要性。这种法律必须"确定主权如何行使的类型与方式,这种类型与方式就是它的宪法"。[36] 与美国和法国典范不同,"Konstitution"在此与它的法

---

[32] 尼古劳斯·塔德乌斯·根纳(Nicolaus Thaddäus Gönner),《德意志国家法》(Deutsches Staatsrecht, Augsburg 1805),第 4 页及下页;尤斯图斯·克里斯托夫·莱斯特(Justus Christoph Leist),《德意志国家法教科书》(Lehrbuch des Teutschen Staatsrechts, 1803, Göttingen 1805),第 2 版,第 1 页及下页。

[33] 奥古斯特·路德维希·施勒策(August Ludwig Schlözer),《一般国家法和国家宪制学说》(Allgemeines StatsRecht und StatsVerfassungsLere, Göttingen 1793),第 14 页及下页。

[34] 伊曼纽尔·康德(Immanuel Kant),《论永久和平》(Zum Ewigen Frieden, 1795, 1912, Ndr. 1968),第 2 节,学术版,第 8 卷,第 352 页。

[35] 威廉·约瑟夫·贝尔(Wilh. Joseph Behr),《论尤其在学院学习国家学说的必要性——包括先前分发的国家学说的体系纲要》(Über die Notwendigkeit des Studiums der Staatslehre besonders auf Akademien nebst einem vorausgeschickten Grundrisse eines Systems derselben, Würzburg 1800),第 81 页。

[36] 约翰·奥古斯特·埃伯哈德(Joh. August Eberhard),《论国家宪制及其完善》(Ueber Staatsverfassungen und ihre Verbesserung, Berlin 1793, Ndr. Kronberg/Ts. 1977),第 1 册,第 35 页。

律表达仍保持着不同。这个概念和之前的"Verfassung"概念一样涉及国家的政治状态。"Konstitution"在大多数论者那里最终表现为

> 所有重要规定的化身……,这些规定关系到通过必要的主体和类型及方式对主权的组织化,像它应该具有这些的那样。[37]

因此,不同于埃伯哈德的理解,宪法(Konstitution)虽然与规范层面有关,但同样不等同于其制定法形式,而仍是通过共同对象而联系在一起的各种不同规范的集合概念,因而与基本法相同。这在费尔巴哈(Feuerbach)那里最为清楚:

> 规定宪制(Verfassung)的法律叫作(实证的)基本法(根本法):这些法律的化身叫作宪法(Constitution)。[38]

六 "宪法"的防御性使用

一批作者在1789年后也习惯于把帝国宪制称为"Konstitution"。

---

[37] 约翰·克里斯蒂安·马耶尔(Joh. Christian Majer),《国家宪法的一般理论》(Allgemeine Theorie der Staatskonstitution, Hamburg/Kiel 1799),第19页。

[38] 保罗·约翰·安塞尔姆·费尔巴哈(Paul Joh. Anselm Feuerbach),《反霍布斯或论最高权力的边界和公民对最高统治者的强制权》(Anti-Hobbes, oder über die Grenzen der Höchsten Gewalt und das Zwangsrecht der Bürger gegen den Oberherrn, Bd. 1, Erfurt 1798, Ndr. Darmstadt 1967),第1卷,第34页。

第二章　宪治的开端

黑伯林(Häberlin)在其作品《论德意志国家宪制的优点》(Über die Güte der deutschen Staatsverfassung)中把"迄今为止的宪制"变化说成是当代最重要的事变。他重点提到了法国、瑞典和波兰。[39] 在谈到帝国时,他强调,本帝国"已经拥有了宪法",接着还胸有成竹地说道:

> 对,我们的宪法可以被算作是最好的,这确凿无疑。[40]

在这些言论背后往往显露出预防革命的意图。然后论述证明德国长久以来就有福气,这是法国必须用革命才可争取得到的。所以赖因霍尔德(Reinhold)详细地阐述道,"国家宪法"一旦变得"破旧不堪",颠覆的意外就不足为奇了。但德国不在这种处境中。

> 因有幸运的宪法,我们比其他任何伟大民族都被更多地确保能够抵御国家身体中所有最凶险的疾病。[41]

威兰德(Wieland)也提供了一个这种立场的例子,他在1790年还在捍卫法国大革命而反对其批评者。革命者们本应该正确地以此

39　卡尔·弗里德里希·黑伯林(Carl Friedrich Häberlin),《论德意志国家宪制的优点》(Über die Güte der deutschen Staatsverfassung, Dt. Monatsschr., 1793),第1卷,第3页。

40　同上书,第4页。

41　卡尔·莱昂哈德·赖因霍尔德(Carl Leonhard Reinhold),《有关康德哲学的信函》(Briefe über die Kantische Philosophie, Leipzig 1790, Ndr. 1923),第1卷,第15页及下页。

为出发点,即"不用付出太昂贵的代价就可以获得一部自由宪法无法估量的恩惠"。[42] 两年半后,他用德意志宪制的优点来解释德国没有出现革命的原因。如果"德意志民族"不拥有法国必须通过暴力才可获得的大部分成就,那么它"早就从纯粹的围观群众变成革命行动者了"。

> 我们迄今为止……在整个德意志祖国享受着内部安宁,这已经证明了我们的宪制有很多好的方面。[43]

法国宪法和德意志帝国宪制的根本区别因此被否认了。二者只是宪法统一概念的变种而已。彰显法国宪法的特征看上去不是概念必然。所以,当达尔贝格(Dahlberg)把帝国宪制描述为"坚固的哥特式建筑"时,帝国宪制的缺陷在一些人看来甚至还体现出优越性,"它根本就不是按照建筑技艺的所有规则建造起来的,但人们在里面住着却是安全的"。[44] 在这种情形下仍然是,国家不能根据有宪法或没有宪法而会有所不同。埃伯哈德明确转而反对法国,他说,不是只有那些"把他们的基本法写在有文字的纪念碑上"的

---

[42] 克里斯托夫·马丁·威兰德(Christoph Martin Wieland),《对法国国家革命的中立思考》(Unparteiische Betrachtungen über die Staatsrevolution in Frankreich,1790,1857),《全集》,第31卷,第86页。

[43] 同上作者,《对祖国当今时局的思考》(Betrachtungen über die gegenwärtige Lage des Vaterlandes,1793),同上书,第222页及下页。

[44] 卡尔·冯·达尔贝格(Carl v. Dahlberg),《论国家宪制的维护》(Von Erhaltung der Staatsverfassungen,Erfurt 1795),第14页。

"民族"才有一部"具有法律效力的国家宪法……"⁴⁵ 他引证约翰·亚当斯（John Adams）补充道，宪法"不是一张纸或羊皮，把达成的一致意见写在上面"，而是"基本法的化身，依照这些基本法来统治……人民"。⁴⁶ 当然，他避而不谈的是，这在亚当斯看来关键恰恰就在于文件形式。

七 作为自由条件的正规宪法

然而，人们发现只有效仿法国典范的正规宪法才会实现契约理念，这种声音日益高涨。在韦德金德（Wedekind）看来，宪法的条件是，它要建立在人民决定的基础上。他这样说道：

> 一个国家因此能够拥有政府组织法，唯有当统治国家所依照的规则能够被当成是公民自愿接受的契约时，而这个契约又是人民在他们最初的大会上签订的，这个国家才获得这样的一部宪法。⁴⁷

45　Eberhard, Staatsverfassungen, H. 2, 1794（见本书下篇注释 36），S. 15。

46　约翰·亚当斯（John Adams），《对潘恩作品〈论人的权利〉的回应》（Beantwortung der Paynischen Schrift von den Rechten der Menschheit, Kopenhagen 1793），维尔纳·汉斯·弗雷德里克·亚伯拉罕森（Werner Hans Frederik Abrahamson）译，引自上书，第 16 页。

47　格奥尔格·韦德金德（Georg Wedekind），《如法国 1791 年制宪国民议会所宣布的人权与公民权》（Die Rechte des Menschen und Bürgers, wie sie die französische konstituierende Nationalversammlung von 1791 proklamierte, Mainz 1793），重印本载海因里希·舍尔（Heinrich Schell）主编，《迈因茨共和国雅各宾派俱乐部会议文件》（Die Mainzer Republik I. Protokolle des Jakobinerklubs, Berlin 1975），第 766 页。

可见,规范在这里不再是建立在契约的基础上,而是契约本身。契约只是规范形成的必要方式。韦德金德因此反对在自然法中传播的这种设想,即宪法契约也可以被默示达成。这种设想此时更经常遭受批判。珀尔施克(Pörschke)认为这种自然法建构是在"蛊惑肆意觊觎别人的财富"。[48]"民众默示契约的传说……"已经"给当权者们一个大好机会"。[49] 贝克(Bergk)把默示契约称为"邪恶的编造,因为这些契约不把人看成自由和独立的生物"。[50] 海登赖希(Heydenreich)言简意赅地表述道:"所有契约都是明示的。"[51] 在这种情况下,契约必须走向书面写下的规范。这些形式要求在规定促进宪法的内容中找到其根据。这意指个人自由。贝克恰恰看到"古代""国家"的缺陷在于,它们不是通过"宪法"保护自由。[52] 与之相对照,他把"法律性宪法……称作对公民自由的捍卫……没有法律性宪法,一个国家就没有公民是自由的"。[53] 对魏斯(Weiss)来说,如果国家权力集中在领袖那里,那么权利在一个法律创立的国家中也不安全。接下来对权利的维护就只有靠领

---

[48] 卡尔·路德维希·珀尔施克(Karl Ludwig Pörschke),《大众自然权利之准备》(Vorbereitungen zu einem populären Naturrechte, Königsberg 1795),第 26 页。

[49] 同上书,第 169 页。

[50] 约翰·亚当·贝克(Johann Adam Bergk),《自然法、国家法和国际法研究——对法兰西共和国最新宪法的评判》(Untersuchungen aus dem Natur-, Staats- und Völkerrechte mit einer Kritik der neuesten Konstitution der französischen Republik, o. O. 1796, Ndr. Kronberg/Ts. 1975),第 81 页。

[51] 卡尔·海因里希·海登赖希(Karl Heinrich Heydenreich),《根据批判原则的自然法体系》(System des Naturrechts nach kritischen Prinzipien, Leipzig 1795, Ndr. Brüssel 1969),第 2 部分,第 105 页。

[52] Bergt, Untersuchungen(见本书下篇注释 50), S. 239.

[53] 同上书,第 45 页。

袖的善良意志了。但作为手段,他建议"国家必须……也要外在地设立起宪法"。[54] 宪法与其法律形式从而一致了。贝克因此乐意谈论"法律性宪法",他在一个地方甚至还谈及包含具有强制性质的法律和政治规范的"宪法律"(Konstitutionsgesetze)。[55] 察哈里埃(Zachariä)因而想把更狭义的宪法概念与更古老意义上作为以法律确定政体的国家宪制区分开来,更狭义的宪法概念意指,作为道德人格的国家其"存在和行动所依照的制定法"[56]。为了清楚阐释这种差异,马耶尔(Majer)在1799年甚至转而不再把"每种本身现实的"(也就是国家)"显著状况的化身",即更古老理解的宪制,称为"宪法"(Verfassung),而是称之为"现状"(Status quo),[57] 而他为有关国家权力的法律规范保留了"宪法"(Konstitution)这一表达。

八 宪法概念的实质性浓缩

形式要求现在开始和宪法联系在一起,在这种形式要求背后的内容主张已经变得明显。总而言之,在"自由宪法"名称之下,这些内容主张已经显得习以为常。[58] 与法国《人权宣言》第16条一

---

54 克里斯蒂安·魏斯(Christian Weiss),《法哲学教科书》(Lehrbuch der Philosophie des Rechtes, Leipzig 1804),第252页,第428节。
55 Bergk, Untersuchungen(见本书下篇注释50), S. 45, 290.
56 卡尔·扎洛莫·察哈里埃(Karl Salomo Zachariä),《论最完美的国家宪制》(Über die vollkommenste Staats-Verfassung, Leipzig 1800),第11页。
57 Majer, Staatskonstitution(见本书下篇注释37), S. 21.
58 Wieland, Unparteiische Betrachtungen(见本书下篇注释42), S. 81.

样,人权和分权在德国也是自由的标准,为此要有人民代表会议。只要宪法的优点或合乎理性被弄得要依赖于这些制度的存在,那么内容上的要求就处于追问最好国家宪制的传统学说中,因此对宪法概念增添不了什么东西。但在与"宪制"(Verfassung)这个名称传统的决裂中,不以这种方式保护自由的政体在有些情况下会被拒绝。所以韦德金德恰恰从人权中获取"宪法"概念。他把"宪法"(Konstitution)理解为"公民们一致同意根据某种制定法或规定保护他们的人权与公民权"。因此,人权的制定法保障属于"宪法"(Konstitution)概念。

> 人权保障得不到保证,权力得不到准确划分,没有国家可以吹嘘它拥有宪法(Konstitution)。[59]

韦德金德当然不是18世纪末左右唯一倡导人权的论者,但他是第一位以这种方式把人权和宪法联系在一起的人。对贝克来说,"只有公正的法律和好的君主"是保护不了人民权利的。而"公民的自由"只有在分权的宪法中才会有安全。

> 在封建法有效的国家,在没有一部平等适用于所有人的民法典的国家,在政府不是通过强制履行职责的国家,因而在没有引入宪法、并通过它进行权力划分而使法律成为可能和

---

[59] Wedekind, Rechte des Menschen und Bürgers(见本书下篇注释47),S. 766.

现实并约束私利的国家，人们就享受不了公民自由。[60]

与分权一起考虑的是要求有人民代表会议。尤其在19世纪初，特别是在普鲁士的宪法讨论中，宪法经常被等同于人民代表会议。施泰因（Stein）在1806年有关内阁组织的呈文中写道：

> 普鲁士邦国没有国家宪法，最高权力不是在首脑与国家代表之间进行划分。[61]

若没有人民代表会议，达尔曼（Dahlmann）把"所有符合宪法的东西……"都称作"只是空洞的骗局而已"。这种类型的宪法在他眼里仅仅是"一半甚至是四分之一的宪法"。[62]

九　修宪权

在宪法被等同于某种形式和某种内容，以至于缺少这些特征就等于没有宪法的地方，人们普遍不怀疑应该甚至必须制定一部

60　Bergk, Untersuchungen（见本书下篇注释50）, S. 38, S. 41.

61　卡尔·冯·施泰因男爵（Karl Frh. vom und zum Stein），《呈文："论内阁机构组织的弊端和建立部长会议的必要性"》（Denkschrift „Darstellung der fehlerhaften Organisation des Kabinetts und der Notwendigkeit der Bildung einer Ministerialkonferenz", 26./27. 4. 1806），载《书信文集》（Br. u. Schr., 1959），第2卷，第1部分，第208页。

62　弗里德里希·克里斯托夫·达尔曼（Friedr. Christoph Dahlmann），"宪法一言"（Ein Wort über Verfassung, 1815），重印本载黑特维希·勃兰特（Hartwig Brandt）主编，《复辟与早期自由主义（1814—1840年）》（Restauration und Frühliberalismus 1814-1840, Darmstadt 1979），第105页。

宪法。与之相比较，倘若像大多数人还一直想象的那样，宪法和国家一道产生，那么引入宪法似乎只是宪法修改而已，人们就会提出这样的问题，即在何种前提下以及在何种界限内允许宪法修改。这个话题在1789年异常强烈地活跃在德国文献中，因为修宪遭遇的风险并不小于革命正当性的遭遇。"人民完全有随意修改国家宪法的权利吗？"[63]费希特（Fichte）在捍卫法国大革命的文章中这样问道，后来他又总是回到这个问题上。他的回答是：一部违反理性原则的宪法必须修改；一部符合理性的宪法不允许修改。[64] 但他在其中区别了不能变动的核心和可以变动的修改。对修改要求要有"绝对的一致同意"，因为每个人只有在他对某种宪法深思熟虑后才决定进入到国家联合体，所以不能违背他的意志而强迫他接受修改。[65] 与之相对照，康德允许只有经过主权者的同意，也就是"通过改良"，而不是"通过革命"对"（有缺陷的）国家宪法进行修改"。[66] 其原因在于，康德把"宪法"等同于"国家"了。对主权者的反抗因而将会完全消除公民状态或国家。相较于一部恶劣宪法，

---

　　[63] 约翰·戈特利布·费希特（Johann Gottlieb Fichte），《法国大革命公众评判报告研究》（Beitrag zur Berichtigung der Urtheile des Publikums über die französische Revolution, 1793, 1964），学术版，第1卷，第1节，第210页。

　　[64] 同上作者，《根据科学学说原则的道德学说体系》（Das System der Sittenlehre nach den Principien der Wissenschaftslehre, 1798, 1977），学术版，第5卷，第1节，第216页及下页。

　　[65] 同上作者，《根据科学学说原则的自然法基础》（Grundlage des Naturrechts nach Principien der Wissenschaftslehre, 1796, 1966），学术版，第3卷，第1节，第458页。

　　[66] 伊曼纽尔·康德（Immanuel Kant），《道德形而上学》（Metaphysik der Sitten），载《法权学说》（Rechtslehre, 1797, 1907, Ndr. 1968），第2部分，第1节："一般评注"；学术版，第6卷，第321页及下页。

这似乎是更大的邪恶。因此,完善宪法唯一合乎理性的道路便是宪法改良。[67] 但这始终要指向现行宪法的规定性。当然,对人民基本权力的坚定支持者对此不会满意。贝克因此对"反抗"和"革命"进行了区分。"反抗"是反对违法行为的政府,因而不会触及"基本宪制"。与之相反,革命是从宪法来定义的,并被理解为"对宪法基本原则的完全变动"。作为人民基本权力的结果,这也是被允许的,但要对颁布一部"新宪法"的"义务"说明理由。[68] 当然,随着法国大革命的推进,对这条道路的警告也在上升。施勒策(Schlözer)对其思想态度转变进行了详细辩护,他说:

> 把陈旧的难以忍受的宪法连根拔起,这根本就不叫创立一部新的幸福的宪法。[69]

十　溯及契约理论

然而,像在更新的自然法学说中所观察到的那样,宪法概念的实质性浓缩把自然法学说卷入到已经宣称被克服了的矛盾中。先前宪法内容被自然法决定得越多,它可以坚守契约的理由根据就

---

[67] Eberhard, Staatsverfassungen(见本书下篇注释36), H. 1, S. 63 ff.;同上书,第2册,第2页及下页。

[68] Bergk, Untersuchungen(见本书下篇注释50), S. 119 f.

[69] 奥古斯特·路德维希·施勒策(August Ludwig Schlözer),"法国大革命"(Französische Revolution),载《国家广告》(Stats-Anzeigen, 1790),第14卷,第498页。

114 越少。它的最初意义是把各种宪法内容看成是可能的和可以选择的。对选择自由正当性的兴趣一旦消失，而实施某种规范的宪法模式才是关键，契约理论这时就会失去可用性。契约必须要引向某种结果，当这种结果达到了，它就不允许再变动了，这种契约使真正的契约缔结变得多余。宪法在最终效果上不再是同意的结果，而是必然性的结果。谢林（Schelling）首次明确地表达了这种思想。他把法律性宪法叫作必然的"自由前提"，并从中得出结论认为，不许让一般帝国宪法的形成受偶然支配。[70] 稍后，弗里斯（Fries）还表达得更清楚：通过联合契约和臣服契约

> 使法律关系在每个社会得以确定，鉴于此，法律关系有赖于每个人是否愿意成为社会一成员的意志。只要社会的目的是任意的，那么在社会的基本契约获得了所有人的同意时就会形成社会。但这种关系不会在国家中发生。国家的目的是构建公法，对法与不法进行决定性判决，并配以充分的权力，强迫每一个人遵从。这种目的必然适用于社会中的每一个人，所以每个人应该参与国家联系。可见，只要想让国家的目的与国家成员共存，那么它就不是通过社会成员的自由选择来决定，而必然通过法律来决定。所以在这里不是联合契约，而是法律的诫命在决定社会的目的，并且迫使人们

---

[70] 弗里德里希·威廉·谢林（Friedrich Wilhelm Schelling），《超验唯心主义体系》（System des transcendentalen Idealismus, 1800），载《文集》（Werke, 1927, Ndr. 1965），第2卷，第582页。

加入该社会。[71]

由此触碰到一个未来话题,并且这个问题只能是,如何确定"必然通过法律"这一公式。魏斯在他刚刚还学究地复述完契约理论之后,就在他的《法哲学》(Rechtsphilosophie)中对此更多的是附带地进行了评论:

> 按照真正存在的国家的宪法,不能老是假定在起初签订了宪法契约。在这种情况下,宪法的编排依靠首领一个人的独断。[72]

---

[71] 雅各布·弗里斯(Jakob Fries),《哲学的法权学说与所有实证立法批判》(Philosophische Rechtslehre und Kritik aller positiven Gesetzgebung, Jena 1803),第77页及下页。

[72] Weiss, Philosophie des Rechts(见本书下篇注释54), S. 216, §367, Anm(注释)。

第三章 宪法抗争时代

一 基本立场

19世纪上半叶,宪法问题上升为德国占支配地位的内部政治话题。"如今完全是独一无二的宪法时代",罗特克(Rotteck)可以这样说。[73] 帮助人民获得其意义意识的解放战争*,使人们的期待暴涨。"几乎所有居民阶层都相信",像哈茨费尔德(Hatzfeld)在1815年写到的那样,"通过他们的自我牺牲能争取到一部宪法"。[74] 就连宪治(Konstitutionalismus)的对手们大多也以宪法之名来捍卫他们的立场。可见,"Verfassung"和"Konstitution"这些表达不是立场的可靠信号。这两个术语出现在正规宪法文件的拥护者那

---

[73] 卡尔·冯·罗特克(Carl v. Rotteck),《理性法和国家学教科书》(Lehrbuch des Vernunftrechts und der Staatswissenschaften, Stuttgart 1830),第2卷,第172页。

* 指德意志民族反抗拿破仑侵略的民族解放战争。——译者

[74] 弗朗茨·路德维希·冯·哈茨费尔德侯爵(Franz Ludwig Fürst v. Hatzfeld),《1815年3月20日宪法草案》(Verfassungsentwurf, 20.3.1815),引自R.科泽勒克(R. Koselleck),《在改良与革命之间的普鲁士——1791年至1848年的一般邦国法、行政与社会运动》(Preußen zwischen Reform und Revolution. Allgemeines Landrecht, Verwaltung und soziale Bewegung von 1791 bis 1848, 1967, Stuttgart 1975),第2版,第212页及下页。

里,这种宪法文件具有自由内容。另一方面,现状的捍卫者常常利用"Konstitution"(宪法)这一表达,以对手的武器来打击对手。为了引入宪法,就需要有宪治道路,而在颁布现代宪法之前只能是旧等级道路,以致由这条道路借助现代宪法概念所输送的内容受到了阻碍。对此,1830年的《布罗克豪斯词典》(Brockhaus)在"宪法"(Constitutionen)词条下注解道:

> I. 作为时代趋势,不存在像这个词一样的词汇,在近代所有运动中被如此密集地使用,几乎也没有像宪法(Constitution)这个词那样如此完美地包括了它的特征。也不存在像该词那样,人们对其意义如此不一致,因为其中一部分人把它理解为无异于现存的东西,而另一部分人把它描述为被创造的东西;一部分人只能在由一系列条款建立起对公权力的各种部门、其产生及其界限的专断规定的地方,并在以传统的人民代表制形式限定这些规定的地方才发现有宪法;而另一部分人则声称,真正的宪法是超越所有人的肆意专断,这种宪法本身到处都存在着,即人民事实上受统治,因为这是民族的历史和发展的结果,对此不能有所改变,不能毁掉所有公共秩序。在这种概念差别中体现出了冲突,这种冲突尽管一直充斥于国家之间,但现在越来越清晰地显露出来,这两种对立观点的拥护者无论是按数量,还是尤其按思想力量,都变得更为相同,同时在最近30年以来,人民的状况事实上一方面变得更压抑,而另一方面他们对所有压力又变得更为敏感。因此,他们感受到了不确定的冲动,要从当前状态中逃

出来；他们感觉到了一种思想，期待这种思想可以帮助他们控诉。现在对他们来说，这些都以宪法之名体现出来了。[75]

二　作为进步原则的宪法

鉴于革命潜能在德国微乎其微，宪治理念之实现在德国当然有赖于来自上面的主动发起。在普鲁士，对此最早的同时也是最严肃的意愿形成于1806年的崩溃*之后。在里加尔呈文中，阿尔腾施泰因（Altenstein）在"内部基本宪制或内部国家法关系"[76]一节把军事失败主要追溯于有缺陷的普鲁士宪法。

> 国家缺乏把个人的所有力量有力地结合成一个共同目标……宪法没有能够促使人民普遍参与促进此目标的东西，而对他们也未曾清楚描述过这一目标。[77]

这些情况

---

[75]《布罗克豪斯词典》(Brockhaus，1830年)，第7版，第2卷，"宪法"(Constitutionen)词条。

* 指1806年普鲁士在对法战争中的军事大溃败。——译者

[76] 卡尔·冯·施泰因·阿尔腾施泰因男爵（Karl Frh. vom Stein zum Altenstein），"里加尔呈文：'论对普鲁士邦国的领导'"（Rigaer Denkschrift „Über die Leitung des Preußischen Staats"，11. 9. 1807），重印本载格奥尔格·温特（Georg Winter）主编，《在施泰因和哈登贝格领导下重组普鲁士》（Die Reorganisation des Preußischen Staates unter Stein und Hardenberg，Leipzig 1931），第1部分，第1卷，第389页及以下诸页。

[77] 同上书，第393页。

必定会导致国家战败的后果,一旦国家和另一个通过其宪法恰恰产生了相反结果即展示出最大力量的国家陷入斗争,如果宪法不改……,将一直是这种情况。[78]

每种宪法修改虽然是"人的行为结果",[79]但是在行为背后是"世界计划"在发挥作用,这种"世界计划"决定人类不断走向进步。在这种计划中,每一种宪法都是

> 人类必须经历的阶段,只是宪法不久之后应该跨越的一个阶段,宪法不应该永远停留在这个阶段上。

倘若这种必然性出现了,

> 如果宪法被不可能改变的枷锁束缚的话,那么它自身要改变。[80]

这样一来,阿尔腾施泰因把围绕宪法可行性的争论放在后面。宪法需要操控干预,但这种干预必须与时代精神和塑造宪法的目的一致,而不能造成宪法被颠覆的后果。如果违背"时代精神"地把

---

[78] Karl Frh. vom Stein zum Altenstein, Rigaer Denkschrift „Über die Leitung des Preußischen Staats", 11. 9. 1807, abgedr. Die Reorganisation des Preußischen Staates unter Stein und Hardenberg. hrsg. v. Georg Winter, Tl, 1, Bd. 1, Leipzig 1931, S. 395.

[79] 同上书,第389页。

[80] 同上。

宪法维持在一个落后的阶段上,那么这种颠覆就在所难免了。

> 宪法的最高理想是,在宪法的每一项规定中不仅存在着进步的可能,而且甚至还存在有进步的诱因。[81]

宪法在此不再是古老宪制概念意义上的国家的事实整体状态,也不是法学上宪法学说的国家法的规范综合。阿尔腾施泰因更多地是在明确警告不要把宪法托付给"法学家",因为法学家会把

> 存在的东西看成是不可动摇的规范,或者,如果他胆敢立法,又不改变他的整个本性,那么他就会肆意妄为。[82]

阿尔腾施泰因最可能靠近作为法律塑造状态的"宪法"概念,但同时又在两个主要方面超越了这个概念。一方面,宪法不确定某种状态,而是敞向未来。另一方面,宪法不限于政体,而是把国家和社会聚集在赋予个人和共同体完满意义的原则之下。

三 行政组织法

然而,在改革进程中,上述理解似乎又疏离了"宪

---

[81] Karl Frh. vom Stein zum Altenstein, Rigaer Denkschrift „Über die Leitung des Preußischen Staats", 11. 9. 1807, abgedr. Die Reorganisation des Preußischen Staates unter Stein und Hardenberg. hrsg. v. Georg Winter, Tl. 1, Bd. 1, Leipzig 1931, S. 389 f.

[82] 同上书,第390页。

法"(Verfassung)这一表达。在所谓宪法备忘录和宪法草案中,取名"宪法"(Verfassung)概念的几乎没有出现。取而代之的是谈论国民代表会议、按目的建立的等级会议等。国王在1810年的宪法承诺也少有明确地预示着要制定一部宪法。而宪法表达更多地出现在另一种完全不同的语境中。1808年12月16日颁布了《关于最高国家机构组织法修改通告》(Publikandum, betreffend die veränderte Verfassung der obersten Staatsbehörden)。其中在谈到其他东西时讲道,

> 新组织法(Verfassung)的目的是,给行政事务管理最大可能的统一、力量与活力。

还承诺有"国家议事会"的"组织和组织法"(Verfassung)更详细的规定,以及重新组织省级机构、财政机构和警察机构。通过这些以及通过"最高行政机构组织法修改",使实施"最完善的国家行政"和为"国家幸福"奠定新的稳固基础成为可能。[83] 这从中也体现了施泰因(Stein)在1806年所表达的笃信:

---

[83] "1810年10月27日普鲁士君主制下所有最高国家机构组织法修改法令"(Verordnung über die veränderte Verfassung aller obersten Staatsbehörden in der Preußischen Monarchie, 27. 10. 1810),载《普鲁士王国法律汇编》(GSlg. f. d. König.-Preuß. Staaten, 1810),第3页;"关于涉及内部邦国行政和财政管理的普鲁士君主制最高国家机构组织法修改通告"(Publikandum, betreffend die veränderte Verfassung der obersten Staatsbehörden der preußischen Monarchie, in Beziehung auf die innere Landes- und Finanzverwaltung, 16. 12. 1808),重印本载施泰因(Stein),《书信文集》(Br. u. Schr., 1960),第2卷(下卷),第1001页、第1007页。

因为普鲁士邦国没有国家宪法(Staatsverfassung),所以它的政府组织法(Regierungsverfassung)*要按照正确的基本原则来塑造,这越来越重要。[84]

这些涉及改革时代的典型参考文献揭示了,1806年之后普鲁士首要的宪法问题是行政问题。[85] 不像在法国,旨在全面革新的改革在普鲁士不是市民社会的工作,市民社会是为国家的这一目的而建。而这些改革更多地是作为国家行政的工作而取得了成功,国家行政必须首先培育市民社会,为此需要一套合适的组织。政府组织法(Regierungsverfassung)是国家宪法的前提,行政组织是宪法政治的基本准则问题。[86] "宪治性宪法"(constitutionelle Verfassung),像芬克(Vincke)在这一典型的同义反复中所表达的那样,被推延了,它在改革结束时应该作为圆满完成的收官之作,有朝一日可以确保这种令人满意的行政。[87] 直到解放战争和行政改革结束之后,整体上涉及国家的"宪法"表达才强势回归。科佩(Koppe)直截了当地把这称作

---

* "Regierungsverfassung"直译为"政府宪法",在该语境译为"政府组织法"更为妥帖,其含义等同于"行政组织法"(Verfassung der Verwaltung)。——译者

84　Stein, Kabinettsorganisation(见本书下篇注释61), S. 208.
85　Koselleck, Preußen, 2. Aufl. (见本书下篇注释74), S. 217 ff.
86　同上书,第215页及下页。
87　路德维希·冯·芬克男爵(Ludwig Frh. v. Vincke),《普鲁士国家行政的目的与手段》(Zwecke und Mittel der preußischen Staats-Verwaltung, welche dieselbe verfolgen, deren dieselbe sich bedienen dürfte, 1808),重印本载恩斯特·冯·博德尔施文格(Ernst v. Bodelschwingh),《芬克男爵首相生平》(Leben des Ober-Präsidenten Freiherrn von Vincke, Berlin 1853),第1部分,第379页。

普鲁士的天职,它作为典范为德意志祖国的所有族群阐明,将在宪法中如何规定,并将以什么方式进行规定和如何对规定进行论证。[88]

在提出政治要求的这个时代,"Verfassung"(宪法)、"Verfassungsurkund"(宪法文件)和"Konstitution"(宪法)意味着特定法律地位的书面化,意味着制定法,它能确保人民相对于国家权力的法律地位。洪堡在他1819年的宪法备忘录中这样写道:

> 人民通过宪法所获得的是一种双重保障,一种是间接从邦国等级会议的存在和影响中产生出来的,另一种是作为宪法的一部分直接和它一起(被)表达出来的。[89]

他的意思是基本权利。

四　作为自由保障手段的宪法

三月革命前*,宪法在保障自由方面取得了对参与自由方面

---

[88] 约翰·戈特利布·科佩(Johann Gottlieb Koppe),《普鲁士国家公民对该时期最重要事务的投票》(Die Stimme eines Preußischen Staatsbürgers in den wichtigsten Angelegenheiten dieser Zeit, Köln 1815),第67页。

[89] 威廉·冯·洪堡(Wilhelm v. Humboldt),"1819年2月4日普鲁士等级宪法札记"(Denkschrift über Preußens ständische Verfassung, 4.2.1819, 1904, Ndr. 1968),学术版,第12卷,第7节,第228页。

* 指德国1848年"三月革命"之前的时期,一般指1815年到1848年这一时期。——译者

的优势,并且只是极左地宣布宪法等同于人民统治。相较于解放战争之前的时期,三月革命前的人们更加热情地谈论宪法。在当时并非偶然地出现了宗教概念的使用。1819年,《巴伐利亚宪法之友》(Baierischer Verfassungs-Freund)向读者呈现了一种"信仰告白",[90]认为"人类向完美典范永不停息的进步"在"代表制宪法"中达到顶峰。《宪法杂志》(Konstitutionelle Zeitschrift)在1823年印制了一本德国的《宪法教义问答》(Verfassungs-Katechismus),其中宪治的基本原则被反复问及并作回答。[91] 费尔巴哈认为只在"受到宪法保障"的地方,自由才有机会。[92] 对韦尔克(Welcker)来说,宪法"不是一件什么副产品,而是政治自由或实现它的主要东西,对,就是这些主要东西本身"。[93] 但更冷静的达尔曼也对宪法准备好了溢美之词。他说,他对宪法说过的一切溢美之词都不可理解为,

> 现在一部优良的宪法必然会使国家幸福,或者它肯定会

---

[90] 《巴伐利亚宪法之友》(Der baierische Verfassungs-Freund, München 1819),第1卷,第3页及以下诸页。

[91] "为德意志宪治邦国中民众和青年人的宪法教义问答提要"(Entwurf eines Verfassungs-Katechismus für Volk und Jugend in den deutschen konstitutionellen Staaten),载《宪治期刊》(Konstitutionelle Zs.),约翰·克里斯托夫·冯·阿雷廷男爵(Johann Christoph Frh. v. Aretin)主编,第2册(1823年),第321页及下页。

[92] 安塞尔姆·冯·费尔巴哈(Anselm v. Feuerbach),"论德意志自由与通过邦国等级会议代表德意志人民"(Über teutsche Freiheit und Vertretung teutscher Völker durch Landstände, 1814),载《杂文集》(Kl. Schr. vermischten Inhalts, Nürnberg 1833, Ndr. Osnabrück 1966),第79页。

[93] 卡尔·特奥多尔·韦尔克(Carl Theodor Welcker),"基本法、基本契约词条"(Art. Grundgesetz, Grundvertrag),载罗特克(Rotteck)、韦尔克(Welcker),《国家辞典》(Staats-Lexikon, Altona 1847),第2版,第6卷,第166页。

预防巨大的政治犯罪和错误;但是它给予人民幸福的可能性,并把这种幸福在每种关系中提升到价值阶段,比没有宪法的人民所能达到的阶段更高。宪法就像那一支神话般的标枪,它会击中伤口,也能重新愈合伤口。[94]

这个比喻涉及君主们。对他们的权力进行宪法限制能越来越明确地巩固其王位,这让君主们感兴趣。[95]《农夫交谈字典》(Bauern-Conversationslexikon),这是一本宣传小册子,里面并非不带有某种农民式的精明狡黠,但它却引导它的读者超越了这种见识。"宪法",这本字典开始和善地评论道,人们把它叫作确定"该如何办理公共事务",接着说俄罗斯并不比美国少有一部宪法。可见,这种定义显然不够充分。

当近代欧洲各民族要求有一部宪法时,他们的意思是指限制君主的权力。

这种宪法被反复认为是最好的。

但理性和经验表明,现在的宪法是很糟糕的。欧洲的各

94　Dahlmann, Ein Wort über Verfassung(见本书下篇注释62), S. 107.
95　约翰·克里斯托夫·冯·阿雷廷男爵(Johann Christoph Frh. v. Aretin),《君主立宪制的国家法》(Staatsrecht der konstitutionellen Monarchie, Altenburg 1824),第1卷,第6页及以下诸页。

国宪法,像人们所说的,是在旧裙子上缝补的一块新抹布。[96]

民主的宪法在此成为真正的宪法。西本普法伊费尔(Siebenpfeiffer)支持共和宪法,

> 因为它实现了所有时代最高贵者最大胆的梦想,因为它是由理性提供的,是最纯粹的爱国人士所盼望的,是所有开明市民们所期待的,因为它是孕育现代的开端。[97]

五 宪法文件的必要性

在宪法政治要求的进展中,宪法的形式品质也明显具有重要性。把书面性提升为宪法的概念特征,这仍不普遍。但到处还是在强调"宪法文件"的优越性。"所以,纯粹建立在传统习惯上的宪法在其存在形式上没有稳固性。"与之相比,文件"通过永久清晰的文字拼写能预防各种可能的遗忘、各种分歧和违法行为"。[98] 而书

---

[96] 《农夫交谈字典》(Bauern-Conversationslexikon),"Constitution"(宪法)词条,载《法兰克福"联盟"(男子联盟)宣传小册子》[Flugschrift der Frankfurter „Union" (Männerbund), Feb./März 1834],重印本载:Brandt, Restauration(见本书下篇注释62), S. 436 f.

[97] 菲利普·雅各布·西本普法伊费尔(Philipp Jacob Siebenpfeiffer),《两份法院判决书》(Zwei gerichtliche Vertheidigungsreden, 1834),同上书,第 426 页。

[98] 卡尔·阿道夫·巴赫(Karl Adolph zum Bach),《法、国家、国家权力、国家宪法和人民代表会议之思想……》(Ideen über Recht, Staat, Staatsgewalt, Staatsverfassung und Volksvertretung..., Köln 1817),第 1 部分,第 60 页及下页。

面确认对君主也有好处,因为"存在于宪法中稳固而安全的东西"可以"激活……对君主的忠诚和公共精神"。[99] 但一些论者也提到出现君主不合适时的情况。"倘若出生的偶然性把一位软弱无能的君主引到王位上,那国家也不会毁灭……国泰民安不取决于一位宠臣,而是依靠一个宫廷团队。宪法本身稳固,给……国家和君主提供了安全保障。"[100]但仍未见到"成文宪法和不成文宪法之间"的原则性区别。[101] 克鲁格(Krug)是一位"成文宪法"的拥护者,甚至连类似于成文法的东西,他都明确反对。他问道:"究竟是什么东西使你们有理由确立宪法的'种'(Art)而如此干脆地不确立它的'属'(Gattung)呢?"[102]与之相比,对施密特黑纳(Schmitthenner)来说,宪法的更高发展阶段体现在文件中,它起初只是一套"惯例体系,人民的国家观与固定的外在法律规范在其中紧密相连","宪法……逐渐从法律习俗形式转变成正规的契约和成文法形式"。[103]更多论者以书面形式在广义和狭义的"宪法"之间,或者在"Verfassung"和"Konstitution"之间划出界线。按照策普夫

99　Karl Adolph zum Bach, Ideen über Recht, Staat, Staatsgewalt, Staatsverfassung und Volksvertretung…, Tl. 1, Köln 1817, S. 63.

100　约翰·弗里德里希·本岑贝格(Johann Friedrich Benzenberg),《论宪法》(Ueber Verfassung, Dortmund 1816),第 211 页。

101　非常明确地参见威廉·特劳戈特·克鲁格(Wilhelm Traugott Krug),《国家法律知识或国家律学的新复兴》(Dikäopolitik oder neue Restauration der Staatswissenschaft mittels des Rechtsgesetzes, Leipzig 1824),第 255 页。

102　同上书,第 252 页。

103　弗里德里希·施密特黑纳(Friedrich Schmitthenner),《一般的或理想的国家法原理》(Grundlinien des allgemeinen oder idealen Staatsrechtes, Gießen 1845, Ndr. Hamburg 1966),第 415 页及以下诸页。

尔(Zoepfl)的观点,宪法可以建立在传统习惯或实证和文件确定的基础上。"宪法(Konstitution)或宪章(Charte)这一表达"代表文件确定。[104] 珀利茨(Pölitz)选择文件形式作为他对宪法法(Verfassungsrecht)进行比较描述的原则,他写道:

> 在"宪法"这个词更新的意义上,我们把它理解为书面文件,它包含法律条款的总和,依照现存……国家的内部生活的各个部分之间的内在必然关系,这种内部生活建立在这些法律条款基础上。[105]

在一些论者那里,书面性已经浓缩成为宪法的本质特征。埃肯达尔(Ekendahl)在其《国家学说》(Staatslehre)中明确论及"书面的宪法文件对达到法定年龄的自由人民的必要性";[106]布尔(Buhl)反驳对形式的轻蔑,他争辩道,在宪法问题中,"形式就是实质"。[107]

---

104 海因里希·策普夫尔(Heinrich Zoepfl),《一般国家法和君主立宪制国家法的基本原则》(Grundsätze des allgemeinen und des constitutionell-monarchischen Staatsrechts, Heidelberg 1841),第 123 页。

105 卡尔·海因里希·路德维希·珀利茨(Karl Heinr. Ludwig Pölitz),《按其形式和条件的宪治生活》(Das constitutionelle Leben, nach seinen Formen und Bedingungen, Leipzig 1831),第 1 页。

106 丹尼尔·格奥尔格·埃肯达尔(Daniel Georg Ekendahl),《一般国家学说》(Allgemeine Staatslehre, Neustadt a. d. Orla 1833),第 1 部分,第 100 页及下页。

107 路德维希·布尔(Ludwig Buhl),"按其历史发展的普鲁士宪法问题"(Die Verfassungsfrage in Preußen nach ihrem geschichtlichen Verlaufe),载约翰·卡尔·伊曼纽尔·布多伊斯(Joh. Carl Immanuel Buddeus)主编,《德意志邦国档案》(Dt. Staatsarch., Jena 1842),第 3 卷,第 222 页。

六　作为历史发展产物的宪法

然而,此时形成了一股强烈的反向运动,恰恰就反对被制作的和被书写成文件的宪法,像在谢林和弗里斯那里已经预示的那样。进入到国家而拥不拥有宪法不可能是随心所欲的,倘若这个问题在他们那里还处于显著位置的话,那么现在周密计划的规定也就被抽掉了宪法的具体内容。黑格尔尤其如此,他为这种宪法理解铺平了道路。这和他的国家观念紧密相关。谁把国家看成是个人的集合,其目的是为了保护自由和财产,谁就只是获取了"外在国家,——紧急国家和理智国家",[108]黑格尔把这种国家称为"市民社会"。与之相反,真正的国家是伦理共同体,没有这种共同体,不仅是个体,而且还有团体都不可能找到他们更高的规定性。这种国家是"自在自为的理性之物"[109],它的宪法

> 不是纯粹的被制作出来的东西:它是数百年的劳作,是理念和理性之物的意识,就此而言它是在一个民族中被发展出来的。因此,宪法不是单纯由主体创造出来的……民族对它的宪法必须要有其法权感和状态感,不然,它的宪法虽然能外

---

[108] 格奥尔格·威廉·弗里德里希·黑格尔(Georg Wilhelm Friedrich Hegel),《法哲学原理或自然法与国家学纲要》(Grundlinien der Philosophie des Rechts oder Naturrecht und Staatswissenschaft im Grundrisse, 1821, 1928),学术版,第7卷,第183页,第263页。

[109] 同上书,第329页,第258节;参照上书,第265页,第344页。

在地存在着,但没有意义和价值。[110]

与之相反,如果宪法建立在尽管被普遍化了的个人意志形式的基础上,那么它就取决于偶然性,"接着便是进一步的纯粹理智后果,破坏自在自为地存在着的神圣之物及其绝对的权威性和至尊性"。[111] 在理性法学者那里,肆意和偶然与生成的宪法相联系,而在这里却相反,它们变成了被制定宪法的特征。"给老百姓泄露新宪法的喧哗者们……想要什么呢?所有国家都该被解散,然后又该被重新构建,这些可都只是小事儿。"[112]宪法成为对具体-历史存在的表达,从而它当然就损失掉了规范功能,并无意间突变为现存秩序的正当性基础。因此,根茨(Gentz)毫无意外地以其富有启发性的宪法概念追随表达历史-状态性的宪制概念,并把"邦国等级宪法"描绘成形成于"自身存在的,而不是由人手创造的国家基本元素"的秩序,这种秩序"不暴力破坏现存权利,在自己已被塑造的道路上日臻完美",而"代表制宪法"看上去是"外部暴力或肆意的果实",而这种暴力和肆意只因内战和权力篡夺才变得必然。[113]

---

110 格奥尔格·威廉·弗里德里希·黑格尔(Georg Wilhelm Friedrich Hegel),《法哲学原理或自然法与国家学纲要》(Grundlinien der Philosophie des Rechts oder Naturrecht und Staatswissenschaft im Grundrisse, 1821, 1928),学术版,第 7 卷,第 274 页、第 376 页及下页,附录。

111 同上书,第 258 页,第 330 页及下页。

112 约翰·克里斯托夫·阿雷廷男爵(Johann Christoph Frh. v. Aretin),《国家宪法和国家行政的主要对象文集——尤其考虑巴伐利亚》(Abhandlungen über wichtige Gegenstände der Staatsverfassung und Staatsverwaltung mit besonderer Rücksicht auf Bayern, München 1816),第 54 页。

113 弗里德里希·冯·根茨(Friedrich v. Gentz),"论等级制宪法与代表制宪法之间的区别"(Über den Unterschied zwischen den landständischen und Repräsentativ-Verfassungen, 1819),重印本载:Brandt, Restauration(见本书下篇注释 62),第 219 页。

"宪法"因而简直可以被定义为"国家政治组成部分按照肆意原则"的拼凑。[114]

七 钦定宪法与协定宪法

显而易见,历史-演进的宪法概念和宪法契约理论相互不兼容。因此,针对于宪法,契约理论的理性建构观在19世纪上半叶不可阻挡地成为众矢之的。宪法契约的拥护者们现在还陷入论证困境,因为宪法理论和政治现实疏离了。1818年3月颁布的《巴伐利亚宪法》是第一部重要的德意志邦国现代宪法。它不是协定的,而是钦定的,这是被阿雷廷(Aretin)、贝尔(Behr)和施梅尔岑(Schmelzing)记载为耻辱的东西。[115] 但贝尔很快转向务实态度,他问道:

谁想因事物在其兴起形式中的瑕疵就牺牲它的本质呢?……哪个巴伐利亚人在眼下还想和普鲁士人或巴登人互换,他们

---

[114] 弗里德里希·冯·根茨(Friedrich v. Gentz),"论等级制宪法与代表制宪法之间的区别"(Über den Unterschied zwischen den landständischen und Repräsentativ-Verfassungen, 1819),重印本载:Brandt, Restauration(见本书下篇注释62),第221页。

[115] 约翰·克里斯托夫·阿雷廷男爵(Johann Christoph Frh. v. Aretin),《谈论巴伐利亚王国宪法文件》(Gespräche über die Verfassungs-Urkunde des Königreichs Baiern, München 1818),第1册,第9页及以下诸页;威廉·约瑟夫·贝尔(Wilhelm Joseph Behr),《巴伐利亚邦国新宪法形成与主要因素的国家学思考》(Staatswissenschaftliche Betrachtungen über Entstehung und Hauptmomente der neuen Verfassung des baierischen Staats, Würzburg 1818),第10页;J. 施梅尔岑(Julius Schmelzing),《按一般的和自然的国家法原则对邦国等级会议概念和作用的几点思考》(Einige Betrachtungen über den Begriff und die Wirksamkeit der Landstände, nach den Prinzipien des allgemeinen und natürlichen Staatsrechts, Rudolfstadt 1818),第11页及以下诸页。

还在以胆怯和不确定的目光期盼他们国家承诺已久的宪法化……或者难道我们有嫉妒符腾堡人的理由吗?他们已经尝试过按照契约规定国家基本宪法的道路了。[116]

阿雷廷接着在1824年成功地协调好了理论与实践:"钦定宪法"在根本上也是协定宪法,因为只有经过人民接受,它才是真正的宪法。[117] 作为晚期契约理论的坚定代表,韦尔克后来接受这种建构理论。作为自由人的"社会","国家"形成于"契约法。它的法律,像所有社会法律一样,是契约",也就是说,要么是直接的、后面叫作"基本契约"的契约,要么是间接的、由"机构"通过的契约,他把这种契约叫作"狭义的法律"。[118] 韦尔克在这种情况下得出结论:"一部纯粹钦定的宪法根本就不是宪法。"[119]鉴于德国现实,他当然必须面对的问题是,在一部宪法不是契约地达成一致而是单方面颁布的时候,是否根本就不存在一种"合乎宪法的法律状态,或者根本就不可能"?[120] 然而,他赶紧保证,这样的宪法其实并不比协定宪法的有效性和神圣性少,而之所以如此,是因为它在事实上同

116　Behr, Staatswissenschaftliche Betrachtungen(见本书下篇注释115), S. 10.

117　Aretin, Staatsrecht(见本书下篇注释95), S. 11.

118　卡尔·特奥多尔·韦尔克(Carl Theodor Welcker),《基本法与基本契约——评判普鲁士宪法问题的基础》(Grundgesetz und Grundvertrag, Grundlagen zur Beurtheilung der Preußischen Verfassungsfrage, Altona 1847),第6页。

119　同上作者,"词条:钦定宪法与人民代表会议单方面起草并按契约商谈的宪法"(Art. Octroyirte und einseitig von der Volksrepräsentation entworfene und vertragsmäßig unterhandelte Verfassungen),载:Rotteck/Welcker, Staats-Lexikon, Bd. 11, 1841(见本书下篇注释93), S. 751.

120　同上书,第752页。

样是被达成协议的。"只有宪法文件才可被钦定,谜团从而迎刃而解了。"因此,这些宪法文件对韦尔克来说首先只不过是"一种宪法建议,双方的、依照契约的、自由的和诚实的接受与保证才使它们成为宪法"。对此,当然使他满意的是,像他那个时代的巴登一样,人民要"怀着愉悦和感激之情"欢迎"被献上的宪法文件……"。[121] 协定宪法和钦定宪法之间的矛盾由此被消除,契约理论得到了拯救,尽管付出的代价是,宪法契约又可以被默示地订立。

八 从契约宪法论证向制定法宪法论证的自由主义转变

如果只是宪法内容显得可以接受的话,那么自由主义的作者们愿意忽略新宪法形成的瑕疵,这种容易宣称但需苦心孤诣论证的意愿再次影响宪法契约的作用。显然,这种意愿在对特定宪法形成的要求中没有被消磨殆尽。而契约建构更多地在专制主义国家下提供了这样的可能性,即赋予臣民利益在宪法法上的重要性,以及在此基础上对旧制度的宪制状态进行批判。事实上,契约建构的目的是在内容上,而不是在形成上。但在这种情况下,像康德所清楚认识到的那样,实际的契约结论不是必要的。契约理念更多地只是发挥"每种公法合法性试金石"的作用。[122] 所以它对首先

---

[121] Carl Theodor Welcker, Art. Octroyirte und einseitig von der Volksrepräsentation entworfene und vertragsmäßig unterhandelte Verfassungen, Rotteck/Welcker, Staats-Lexikon(s. Fn. 93), Bd. 11, S. 752 f.

[122] 伊曼纽尔·康德(Immanuel Kant),"论谚语:理论正确,但实践无方"(Über den Gemeinspruch: Das mag in der Theorie richtig sein, taugt aber nicht für die Praxis, 1793),学术版,第 8 卷,"结论",第 297 页。

争取到的宪法具有法政意义,而鉴于已经获得了宪法,其他问题即宪法实施和保护问题就摆在了前台位置。与韦尔克相反,罗特克关注这个问题。对他来说,这尤其是关于保护宪法一旦被授予就不被君主单方面修改或收回的问题。哈勒尔(Haller)的"宪法"概念正好容许这样做,对他来说,宪法形成于"制定法"(Gesetz),这些制定法是君主"为自己颁布的,他宣布自己按照这些准则活动,他自己遵守这些准则,这些准则在根本上完全不涉及臣民什么"。[123] 罗特克以区分"制宪权"(pouvoir constituant)和"宪定权"(pouvoir constitué)来反对这种宪法概念。这两种权力只在绝对君主制和简单的民主制中重叠。但是,一旦"独裁者"颁布了一部宪法律(Verfassungsgesetz),那么他就不是独裁者了。宪法律应该约束宪定的权力(konstituierte Gewalt),它们也恰恰由此得以彰显。

> 这些宪法律在理念上是从一种意志中流溢出来的,这种意志按其概念性质要高于这种权力,并被认为先于它的建立,也就是先于立宪权威的建立,而这种权威无异于社会权威本身。

但是,如果专制君主颁布一部基本法,

> 那么他此时是作为立宪权力也就是作为代表他自己的职位在行动,他现在作为宪定的首脑就不能再收回他作为立宪

---

[123] 卡尔·路德维希·冯·哈勒尔(Carl Ludwig v. Haller),《国家学复兴》(Restauration der Staats-Wissenschaft, Winterthur 1817),第 2 卷,第 182 页及下页。

机构所支配的东西了。[124]

罗特克从这种观念中获得了到那时为止只能代表相反方的结论，即契约范畴只被准确拿来适合于处理私法，而不被用于宪法。[125]对莫尔(Mohl)来说，宪法形式本身就是"制定法"(Gesetz)，而"契约"只是它的历史形成原因。[126]他毕竟评论过一部协定宪法，即《符腾堡宪法》。

九　保守地走向宪法国家

施塔尔(Stahl)准备靠近保守方的立场。他像黑格尔一样拒绝了只在自由保护和财产保护上定义国家的自由主义。国家对他来说是伦理机构，它把上帝秩序传递到这个世界，当然它并非拥有不受限制的权力，而是完全要和同样是上帝所意欲的个人自由保持协调一致。"宪法"因此"不是人们（统治者和被统治者）之间纯粹双方的关系，而是在他们之上的一种机构关系，是这种机构本身自有的内在联系"。[127]宪法像约束臣民一样约束统治者。为了使

---

[124] 卡尔·冯·罗特克(Carl v. Rotteck)，"词条：宪章、宪法文件、特许状"(Art. Charte, Verfassungs-Urkunde, Freiheits-Brief)，载：Rotteck/WeJcker, Staats-Lexikon, Bd. 3, 1836(见本书下篇注释93)，S. 405。

[125] 同上书，第407页。

[126] 罗伯特·冯·莫尔(Robert v. Mohl)，《符腾堡王国国家法》(Das Staatsrecht des Königreiches Württemberg, Tübingen 1840)，第2版，第1卷，第71页。

[127] 弗里德里希·尤利乌斯·施塔尔(Friedrich Julius Stahl)，《历史观点之下的法哲学》(Die Philosophie des Rechts nach geschichtlicher Ansicht, Heidelberg 1837)，第2卷，第2部分，第35页。

这种约束达到效果,施塔尔认为以"制定法"形式来表述宪法是有意义的。它"按其本性要和其他法律区别开来,它包含着整个国家的根基、所有政府的前提条件和人民最神圣的权利"。因此对它要适用特别保护。"人们把这些法律的化身……叫作国家的基本法。按其内容,现在习惯于叫作'Constitution'(宪法)、'Verfassungsgesetz'(宪法律)、'Verfassung'(宪法)。"[128]这种类型的基本法刚开始时没什么新颖之处,它们数量少,并且没有得到额外保障。他认为,宪法法(Verfassungsrecht)的完善因此达不到像"私法"那样的程度。为了补救这种程度的不足,施塔尔支持宪法的书面性和制度保障。他在人民代表会议制度中看到了这种保障。在人民代表会议存在的地方,他谈到"宪法(Constitution)这一词语在今天更加确定意义上的概念"。[129] 这肯定不与这种观念联系在一起,即宪法是可以随意制造的。

> 像宪法一开始就是随国家本身而存在,而不是随意图和想法被制造出来的一样,因此符合自然的是,以后也不是一下子就可制定出一部完全崭新的宪法,宪法是因公共关系和国家对这些关系的尊重,部分通过对传统习惯的逐渐改变,部分通过各项而得以进一步发展法律,像生活进程引发推动它那样。这就是历史的宪法。[130]

---

[128] Friedrich Julius Stahl, Die Philosophie des Rechts nach geschichtlicher Ansicht, Bd. 212, Heidelberg 1837, S. 101.
[129] 同上书,第102页。
[130] 同上书,第105页。

但施塔尔看到，会发生使一部新宪法成为必要的情况，比如传统被打破了。这种类型的宪法（Konstitutionen）不只是包含宪法（Verfassung），而且还在部分地创立宪法（Verfassung）。* 在施塔尔那里，它们叫作"被反射的宪法或最真正意义上的宪法"。[131] 当然，与自由主义之间的根本分歧不会因此被抹平。对施塔尔来说，作为伦理机构的国家一直都是首要的，而宪法是次要的。所以国家不是通过宪法建立起来的，而宪法始终只有稳固和发展现存国家秩序的作用。

十　实质意义上的与形式意义上的宪法

在上述这些基本原则的分歧下面，确切地说在技术层面上存在着广泛的一致意见，尤其是在国家法学者之间更是如此。所以仍被大家承认的是，宪法在对象上通过它与国体（Staatsform）的关系而被刻画出来。所有论者都把"国体"理解为对掌握最高权力（"统治形式"）者的规定，大多数还把它理解为最高权力的行使样式["政体"（Regierungsform）]。** 尤其是，基本法属于后者。比如，在策普夫尔那里出现一种标准定义：

---

* 在该语境下，"Konstitution"更多指的是现代意义上的"宪法"，是被制定出来的，而"Verfassung"更多包含传统意义上的"宪制"含义，是历史形成的。鉴于此时这两个概念基本上可以互换使用，因此为了避免概念混乱，把二者都译为"宪法"。——译者

[131] Friedrich Julius Stahl, Die Philosophie des Rechts nach geschichtlicher Ansicht, Bd. 212, Heidelberg 1837, S. 106.

** 有关"国体"与"政体"的概念关系见上篇中的相关译者注。在一般情况下，对两者的对译不做明显区分，但在此处为了避免同词反复，对两者进行了不同译法。——译者

> 宪法是，在一个国家中基于统治形式和政体，也就是基于国家权力的组织和人民权利以及它们之间的相互关系而有效的法律基本原则的化身。[132]

至于统治形式，亚里士多德的政体三分法还被保留着。政体习惯于按照国家权力受限制或不受限制来进行划分。人们观察到这种归类在普鲁士遇到的某些尴尬。为了把普鲁士宪法刻画为"代表制，而不是宪治……体制"，奥斯特曼（Ostermann）断言，"在我们这里……不存在着真正的基本法"。与"专制君主制"相反，在这里虽然存在有人民代表会议，但它不同于"君主立宪制"中的人民代表会议，在这里只有"建议的声音"。[133] 像最高权力在给它划定的界限内发挥作用一样，这涉及的不是宪法，而是行政（Verwaltung）。因此，"行政"要比今天的含义更广泛，它意味着国家为追求自己的目的而所做的全部工作。从中产生了宪法（Verfassungsrecht）* 和行政法（Verwaltungsrecht）之间的差异化。

> "宪法"是"属于主权者（政府）对人民（被统治者）的那些权利和义务的化身。行政法是那些法律规范的化身，即政府

---

[132] Zoepfl, Staatsrecht（见本书下篇注释104），S.123.
[133] 威廉·奥斯特曼（Wilhelm Ostermann），《普鲁士国家法的基本原则》（Grundsätze des preußischen Staatsrechts, Dortmund 1841），第31页。
* 按例应翻译为"宪法法"，但在此处由于对应着"行政法"，所以按习惯译为"宪法"。——译者

应该根据它们来行使它对被统治者的权利和义务"。[134]

当然,肯定引人注目的是,这种"宪法"概念不总是和宪法文件的内容相重叠。一方面,行政法出现在宪法律(Verfassungsgesetz)中;另一方面,在宪法律之外还存在着宪法法(Verfassungsrecht)。出于这个原因,罗特克对从对象上所获取的宪法概念——"对人或组织的规定,应该如何通过这种规定、形式或方式行使最高国家权力"——添加了第二个概念,它包括"所有基本法规定"。"这最后一种概念也是更常见的、与实际需要相符合的概念;而另一种概念则排除所有实质性规定",也就是不涉及政体的"规定,它在科学上显得更为纯粹"。[135] 在"宪法"这种实质意义和形式意义的区别中,一些旧有的对立争议因而被化解掉了。

134　Wilhelm Ostermann, Grundsätze des preußischen Staatsrechts, Dortmund 1841, S. 55.
135　Rotteck, Vernunftrecht, Bd. 2(见本书下篇注释73), S. 172 f., mit Anm(注释).

第四章　法律性宪法的巩固与危机

一　告别自然法

黑尔德（Held）在1868年区分了"宪法"（Verfassung）一词的四种常用含义：

①被组织起来的国家统一体的整个状态，包括属于它的非法律因素；②牵涉宪法的法律原则和制度的总和；③包含宪法制度的那部分宪法法；④成文的宪治基本法，连同所有增加的带有同样特征的补充部分。

他接着补充道：

至少在欧洲大陆流行使用该词的最后一种含义。[136]

---

[136] 约瑟夫·冯·黑尔德（Joseph v. Held），《一般国家法或一般公法制度的基本特征》（Grundzüge des Allgemeinen Staatsrechts oder Institutionen des öffentlichen Rechts, Leipzig 1868），第315页。宪法（Verfassung）的正式名称摇摆不定。1848年前后的一系列邦国宪法明确叫作"宪法"（Verfassung）。这期间更流行的是"宪法文件"（Verfassungs-

在这种习惯用法之下存在的事实是,宪法国家随着1848年革命而最终大行其道。对宪法理解的一些旧有对立争议因此也结束了。最引人注目的是,自然法论证已销声匿迹。在保罗教堂国民会议中进行自然法论辩的议员已经处于少数派。现实主义舆情在下半世纪方兴未艾。像特韦斯腾(Twesten)那样的自由主义者在1859年评论道,到处都激发了对历史的全新理解和对现实的丰富兴趣。与之伴随的是,"内容空洞的夸夸其谈静下来了,从抽象概念中进行任意建构也不出声了,这些抽象概念一直使这种国家学说招惹新国家学说的非议,它们在理论上看上去挺好,但在实践中却不中用"。它们在消除旧社会时发挥过良好作用。"自它基本上实现了其目的以来,这些概念就逐渐失去了信用。"[137] 契约学说悄然无声地从下半世纪大多数著作中消失了。契约绝不再是宪法唯一正当性论证的形成形式。阿伦斯(Ahrens)在1848年后把翔实的"宪法

Urkunde)这一表达,有时还出现为"宪法律"(Verfassungsgesetz)。尤其在1848年之后,颁布的大量宪法带有"基本法"(Grundgesetz)、"国家基本法"(Staatsgrundgesetz)或"邦国基本法"(Landesgrundgesetz)这样的名称。偶尔还存在着"关于宪法的基本法"(Grundgesetz über Verfassung)这样的双重名称。"Konstitution"(宪法)作为正式名称只出现过一次,即在拿破仑时代的魏玛。不伦瑞克把自己1832年10月12日的现代宪法仍老式地称为"新邦国法令"(Die neue Landschaftsordnung),重印本载恩斯特·鲁道夫·胡贝尔(Ernst Rudolf Huber),《德国宪法史》(Deutsche Verfassungsgeschichte, Stuttgart 1960),第2卷,第60页。在1871年4月16日"涉及德意志帝国宪法的法律"(Gesetz betreffend die Verfassung des Deutschen Reiches)中谈及"德意志帝国宪法文件"(Verfassungs-Urkunde für das Deutsche Reich),重印本载同上作者,《德国宪法史资料》(Dokumente zur deutschen Verfassungsgeschichte, Stuttgart 1964),第2卷,第289页。这部法律本身署的标题是"德意志帝国宪法"(Verfassung des Deutschen Reichs),同上书,第290页。1849年3月28日保罗大教堂国民议会也这样称呼它的法律文件,同上书,1961年,第1卷,第304页。

137 卡尔·特韦斯腾(Carl Twesten),《与吾辈何关——直言不讳》(Woran uns gelegen ist. Ein Wort ohne Umschweife, Kiel 1859),第21页及下页。

学说"收纳进他的《自然法》(Naturrecht),[138]他评论道,契约形式最符合"国家权力"和"人民代表会议"都"同样有资格的和有尊严的地位",但他马上又继续说道:

> 然而,契约只表明宪法的形成形式和存在,这种宪法依照其规定具有普遍约束性和法律特征。[139]

与之相反,黑尔德把契约范畴指责为完全不适合于宪法。他说,在人们对宪法实施列出各项规定之前,国家和国家权力就已经一直在那里了。[140] 在这种基础上,措恩(Zorn)后来声称,"从国家法上"看,"所有宪法……都是钦定的……协定的……宪法概念在国家法上是不能建构的"。[141] 如果说在1848年之前是关于把钦定宪法重新解释为协定宪法,从而满足理性法要求的话,那么现在人们则努力朝着把协定宪法弄成钦定宪法,国家权力的优先性因此得到保障。

---

[138] 海因里希・阿伦斯(Heinrich Ahrens),《自然法或法与国家哲学》(Naturrecht oder Philosophie des Rechts und des Staates, 1839/46, Wien 1871),第6版,第2版,第355页及以下诸页。

[139] 同上书,第358页。

[140] 约瑟夫・冯・黑尔德(Joseph v. Held),《德意志君主制邦国的宪法法体系——宪治的特别考虑》(System des Verfassungsrechts der monarchischen Staaten Deutschlands mit besonderer Rücksicht auf den Constitutionalismus, Würzburg 1856),第1卷,第304页。黑尔德因此反对不要自然法基础地维护契约理论的尝试;参照约瑟夫・恩特弗斯(Joseph Eötvös),《19世纪主流思想对国家的影响》(Der Einfluß der herrschenden Ideen des 19. Jahrhunderts auf den Staat, Leipzig 1854);罗伯特・冯・莫尔(Robert v. Mohl),《国家学的历史与文献》(Geschichte und Literatur der Staatswissenschaften, Erlangen 1855),第1部分,第109页。

[141] 菲利普・措恩(Philipp Zorn),《德意志帝国的国家法》(Das Staatsrecht des Deutschen Reiches, Berlin 1895),第2版,第1卷,第35页。

第四章　法律性宪法的巩固与危机

二　宪法的实证化

另一方面,宪法的可造性不再被根本否认。对保罗教堂国民会议来说,这完全是不言自明的。"最后,我特别重视的是",作为记者的贝泽勒(Beseler)说,"我们的任务是立宪"。[142] 似乎不再必须说明应该立什么宪。宪法表达获得了独立含义,而不仅仅是特征含义。预备议会在下定决心要形成一个"立宪的国民会议"之后,便在1848年4月3日决定,"关于未来德国宪法的决议只唯一交给这个由人民选举的立宪国民会议"。[143] 加格恩(Gagern)在被选为国民会议主席后宣布:"我们要实现这个最伟大的任务。我们应该为德国、为整个帝国创制一部宪法。这种创制使命和代表权存于人民主权中。"[144] 对这项任务和目标最频繁使用的比喻是"建造""建筑"和"建筑物"。虽然建筑不是无条件地开始的,因为"只有当新宪法形成于确定的民族最内部的关系时,当在民族观念和需求中有其根源,并试图实现既存关系下可能的东西和可以获得的东西时,这些新宪法对现存秩序才有保证"。但是,在其中

---

[142] 卡尔·格奥尔格·贝泽勒(Carl Georg Beseler),"1848年7月4日演讲"(Rede v. 4.7.1848,),载《法兰克福德意志立宪国民会议谈判快讯》(Sten. Ber. Dt. Nationalvers. ,1848),第1卷,第701页。

[143] "关于谈判设立德意志议会的官方报告——1848年4月3日决议"(Officieller Bericht über die Verhandlungen zur Gründung eines deutschen Parlaments. Beschluß v. 3.4.1848),载《德意志议会谈判》(Verh. d. dt. Parlaments,Frankfurt 1848),第1册,第172页。

[144] 海因里希·冯·加格恩(Heinrich v. Gagern),"1848年5月19日演讲"(Rede v. 19.5.1848),载:Sten. Ber. Dt. Nationalvers. ,Bd. 1,S. 17。

存在着不放弃对现存秩序的塑造主张,像宪法草案很快清楚表明的那样:

> 问题的关键不会是去重新粉饰建筑,或插入一根新的木料;这需要用新元素、新的基本形式重塑我们迄今为止的宪法。[145]

1848年之后,保守派也开始日益满意于"被造的"宪法。利奥波德·冯·格拉赫(Leopold von Gerlach)对普鲁士钦定宪法记录道:

> 感谢上帝,我们因这些宪法文件走上了正确道路,对此我完全清楚明白。[146]

反动时期的内政部长威斯特法伦(Westphalen)伯爵虽然先是把"诞生于革命的宪法文件"称作普鲁士的损失和危险,但是他不掺和国王想用国王"特许状"代替这张"废纸"的愿望,而是像国王的亲信拉多维茨(Radowitz)那样,建议通过宪法修改和宪法解释来

---

[145] "1848年10月20日关于德意志帝国宪法的委员会报告"(Ausschuß-Bericht über die deutsche Reichsverfassung, 20.10.1848),同上书,第4卷,第2722页。

[146] 利奥波德·冯·格拉赫(Leopold v. Gerlach),"48年12月14日的日记"(Notiz v. 14.12.48),引自恩斯特·路德维希·冯·格拉赫(Ernst Ludwig v. Gerlach),《生平及影响记录(1795—1877年)》(Aufzeichnungen aus seinem Leben und Wirken 1795-1877, Schwerin 1903),雅各布·冯·格拉赫(Jakob v. Gerlach)编,第2卷,第34页;亦参照同注,第31页。

进行匡正。[147] 首相曼陀菲尔(Manteuffel)向弗里德里希·威廉四世报告说,虽然宪法会使君主制遭受一定的削弱,但单方面收回它则意味着更大的削弱。[148] 保守标语因此不再叫抗争,而叫"完善宪法"。[149]

三 作为权力关系表达的宪法

拉斯克(Lasker)在1861年的回顾中把普鲁士宪法政治的结果只看成是

> 阻碍和破坏。被播撒在宪法中的每一处矛盾都得到小心

---

[147] 费迪南德·冯·威斯特法伦伯爵(Ferdinand Graf v. Westphalen),"1852年10月24日呈文"(Denkschrift v. 24. 10. 1852),部分重印本载海因里希·波申格尔(Heinrich Poschinger)主编,《首相奥托·冯·曼陀菲尔男爵在弗里德里希·威廉四世下的回忆录》(Unter Friedrich Wilhelm Ⅳ. Denkwürdigkeiten des Ministerpräsidenten Otto Frh. v. Manteuffel, Berlin 1901),第2卷,第262页及下页。有关利奥波德·冯·格拉赫给国王利奥波德的计划,参照"1852年5月27日的日记"(Tagebuchnotiz v. 27. 5. 1852),载其女儿编,《回忆录》(Denkwürdigkeiten, Berlin 1891),第1卷,第880页;另外还可参照瓦尔特·默林(Walter Möring)编,《约瑟夫·马丽亚·冯·拉多维茨在1853年3月5日写给弗里德里希·威廉四世的信函——遗留下来的书信及记录(1848—1853年)》(Joseph Maria v. Radowitz an Friedrich Wilhelm Ⅳ, 5. 3. 1853, Nachgelassene Briefe und Aufzeichnungen zur Geschichte der Jahre 1848-1853, Berlin 1922, Ndr. Osnabruck 1967),第415页及以下诸页。

[148] 奥托冯·冯·曼陀菲尔男爵(Otto Frh. v. Manteuffel),"1855年致弗里德里希·威廉四世的呈文"(Denkschrift für Friedrich Wilhelm Ⅳ. v. 1855),重印本载:Poschinger (Hrsg.), Unter Friedrich Wilhelm Ⅳ., Bd. 3, 1901(见本注释147),S. 98 ff.

[149] 同上书,第100页。

谨慎的发展,并被扩大为原则性对立;引入新的矛盾;以一种糟糕的、模棱两可的精神起草或者完全忽视被保留的法律;挑剔明确的宪法规定,并对此讨价还价;把旧的国家法引入到对新国家法的冲突中,而胜利总在自己一方。[150]

自由主义从而认识到,宪法并未随其法律生效而就容易产生效果。为了解释这一矛盾,洛伦茨·冯·施泰因(Lorenz von Stein)早在1852年就注意到：

> 宪法法(Verfassungsrecht)不是形成于制定法的法,而是形成于关系的法。[151]

但这些关系在普鲁士只容许"虚假宪治"(Scheinkonstitutionalismus)。在施泰因之前,圣西门(Saint-Simon)从法国宪法急剧变化中得以坚信,政体没有财产重要,而财产"宪法"(constitution)是"社会结构"(édifice social)的真正基础。[152] 拉萨尔(Lassalle)接着采纳并推

---

[150] 爱德华·拉斯克(Eduard Lasker),"普鲁士宪法如何实施?"(Wie ist die Verfassung in Preußen gehandhabt worden?,1861),载同上作者,《普鲁士的宪法史》(Zur Verfassungsgeschichte Preußens,Leipzig 1874),第8页。

[151] 洛伦茨·冯·施泰因(Lorenz v. Stein),"论普鲁士宪法问题"(Zur preußischen Verfassungsfrage),载《德意志季刊》(Dt. Vjschr.),第1册(1852年,1961年重印),第36页。

[152] 克洛德·亨利·德·圣西门(Claude Henri de Saint-Simon),《论实业或政治、道德、哲学讨论》(L'industrie ou discussions politiques,morales et philosophiques,1817,1869,Ndr. 1966),新版,第2部分,第82页及下页。

第四章 法律性宪法的巩固与危机

广这种想法。[153] 拉萨尔对主张和现实进行了比较。他从宪法是"一个国家的基本法"这一观念出发,把它理解为"一种行动力量,这种力量使所有在这个国家中颁行的法律和法律制度必然地会成为它们刚好就是那样的一种东西"。[154] 但他不是在宪法律中,而是在政治和社会力量中发现这种"行动力量"。"军队所服从的国王和大炮,——这是宪法的一部分。"[155]"博尔西希(Borsig)和埃格尔斯(Egels)先生,整个伟大的工业界——这是宪法的一部分",[156] 他就如此继续类推而总结道:"我们现在因此看到,……,一个国家的宪法是什么,即在一个国家中存在的事实上的权力关系。"[157] 因此,在法律概念下面又浮现出旧的状态性"宪法"概念,这种概念之前已经被宪法文件的胜利推进逐渐排解掉了,从现在起被准确表达为建立在社会-经济之上的权力局势。当然,拉萨尔认为法律性宪法的胜利推进是权力关系改变的结果。但法律性宪法仍然有赖于事实性宪法。它只能在它与权力关系一致的程度上才会获得效力。"如果违背事物的真实情况,违背实际的权力关系,那么在一

---

[153] 费迪南德·拉萨尔(Ferdinand Lassalle),"论宪法"(Über Verfassungswesen, 1862),载《演讲及著作选集》(Ges. Red. u. Schr., 1919, Ndr. 1967),第 2 卷,第 25 页。恩格斯早在 1848 年在其英国现状的报告中完全同样阐述,他宣称,他对"英国宪法的态度是……纯粹经验的"。"因此,我对待英国宪法不是像它在布莱克斯通从'大宪章'到改革法案的制定法中的那样,而是像它实际存在的那样。"参照弗里德里希·恩格斯(Friedrich Engels),"英国状况"(Die Lage Englands, 1844),载《马克思-恩格斯文集》(MEW, 1956),第 1 卷,第 572 页。

[154] Ferdinand Lassalle, Verfassungswesen(见本书下篇注释 153), S. 31.

[155] 同上书,第 33 页。

[156] 同上书,第 36 页。

[157] 同上书,第 38 页。

张纸上写什么就完全无所谓了。"[158]拉萨尔的宪法理解被正在形成的社会学继受了。马克斯·韦伯(Max Weber)把"宪法"定义为"在一个共同体中实际的、可能通过法规对团体行为施加影响的、有决定性影响的权力分配的方式"。[159]

四 基本秩序或部分秩序

普鲁士的宪法冲突可以被视为拉萨尔权力理论的实验案例。当然,这在法律上只是涉及对各条宪法条款的正确解释。但在其背后显露出法律性宪法的两种不同概念。对自由主义者来说,宪法影响了与前宪治国家法之间的完全断裂。拉斯克更早地解释说,"国王的所有权限都是……其不受限制的权力完美性的流溢。一旦宪法消除了这种不受限制性,那么这些权限流出的源头就被堵塞了。宪法必须赋予国王新权限,这是国家利益的要求"。[160] 简而言之:"国王的权限是宪法的实证创设。"[161]宪法在此表现为国家

---

[158] Ferdinand Lassalle, Verfassungswesen(见本书下篇注释153), S. 57 f.

[159] 马克斯·韦伯(Max Weber),《经济与社会——所理解的社会学纲要》(Wirtschaft und Gesellschaft. Grundriß der verstehenden Soziologie, 1911/13, 1921, Tübingen 1976),约翰内斯·温克尔曼(Johannes Winckelmann)编,第5版,第194页。同注,第27页。他指出自己与拉萨尔的宪法概念相同,并警告不要把它和法律性宪法概念相混淆。

[160] 爱德华·拉斯克(Eduard Lasker),"国家法问题"(Fragen des Staatsrechts, 1862/63),载同上作者,Verfassungsgeschichte(见本书下篇注释150), S. 373;亦参照同上作者,"普鲁士宪法如何实施?"(Wie ist die Verfassung in Preußen gehandhabt worden?, 1861),载同上书,第9页及以下诸页。

[161] 同上作者,"宪法之王"(Der König der Verfassung, 1863),载同上书,第385页。

活动的合法性基础。它不给予宪法之外的权限空间。相反，保守的国家法学说恰恰力图拒绝这种断裂，并力图证明国家法的延续性。对卡尔腾博恩（Kaltenborn）来说，"一个德意志邦国的宪法"才不是开始于"宪法文件"，它只是进入到"一个新阶段……尤其是，德意志君主经由宪法文件成为国家权力的承担者，他的地位才不是在法律上创造的，而只不过是被详细……规定和限制的罢了"。[162] 宪法在此仅仅表现为可以修改的范围秩序。在宪法不明确限制君主的地方，君主继续拥有原初的国家权力。"宪法文件"在这种情况下"只在本身涉及臣民范围时才是法律，只要国王的关系在其中被规范化了，那么这种宪法文件就不能是法律了，也就是说之所以不能是，是因为法律在每个时候都以一个人或国家中的权力为前提条件，这个人或这种权力要处在为他颁布法律的那个人之上"。[163] 因此，赛德尔（Seydel）在他的《巴伐利亚国家法》（Bayerisches Staatsrecht）中以"统治者"为开篇，然后在他主要论述邦国等级会议和行政机关的地方才跟进"宪法法"。[164] 博恩哈克（Bornhak）把这种宪法观提升为概念。"国家只能通过宪法并随该宪法进入法权生活"，而君主制一直都是以国家人格（Staatsperson）的存在为前提条件。这种国家人格不受宪法引入的影响。所以，"国

---

[162] 卡尔·冯·卡尔腾博恩（Carl v. Kaltenbom），《宪治宪法法导论》（Einleitung in das constitutionelle Verfassungsrecht, Leipzig 1863），第 340 页及下页。

[163] 胡戈·戈特弗里德·奥皮茨（Hugo Gottfried Opitz），《萨克森王国国家法》（Das Staatsrecht des Königreichs Sachsen, Leipzig 1884），第 1 卷，第 38 页。

[164] 马克斯·冯·赛德尔（Max v. Seydel），《巴伐利亚国家法》（Bayerisches Staatsrecht, 1884, Freiburg/Leipzig 1896），第 2 版，第 1 卷，第 169 页及以下诸页、第 346 页及以下诸页。

家最初的宪法……是公法的唯一基础，……而君主立宪制的宪法"反而只是一部分秩序。人们把前一种称为"宪法"，而把后一种只叫作"宪法文件"。[165]

五　国家优先于宪法

国家优先于宪法在上述这种学术观点中表达出来了，在19世纪下半叶获得越来越多的影响，并在帝国建立之后完全占支配地位。革命年代所引发的视角变换因此而完成。市民阶层通过1848年事件受到的教训是，出于自己的力量产生不了民族统一。各政府要把民族国家当其任务来抓，民族国家才会诞生。把这桩伟业交给政府的意愿，因同样在1848年所产生的恐惧而与日俱增，没有君主制国家的庇护，人们就无法抵抗不断往前紧逼的无产阶级。这对宪法产生了不良影响。它现在只具有防御性功能。卡尔腾博恩直截了当地把这描述为，"在我们这个狂热的政治骚乱情绪和发展时代不可推卸地需要"拥有一份国家法的"文件表述"，"作为各种继续发展的稳固基础，和作为抵抗不安分的变革狂的一道安全墙"。[166] 这涉及的不再是从宪法来解释国家权力的问题，而是从国家权力来解释宪法的问题。宪法不是基础，而是补充。因此，除了少数例外可以忽略外，[167]法学习惯于坚定地把它的论述叫

165　康拉德·博恩哈克(Conrad Bornhak)，《一般国家学说》(Allgemeine Staatslehre, Berlin 1896)，第37页、第46页及下页。

166　Kaltenborn, Verfassungsrecht(见本书下篇注释162)，S. 342.

167　例如：Held, System des Verfassungsrechts, Bd. 2(见本书下篇注释140)，S. 50 f.。

作"国家法",宪法只表现为国家法的一部分,并且绝不是使人们孜孜以求的那一部分。在国家和宪法的位阶分配上,国家法学说和帝国的缔造者达成了一致。俾斯麦(Bismarck)在帝国议会前解释道:

> 对我而言,只有唯一的指南针、唯一的北极星始终存在,我靠它来掌舵:公共福祉!……排在首位的是国家,以我们作为伟大民族能够在世界上可以自由呼吸的方式决定它的对外地位、它的自主性、我们的组织。所有可以紧随其后的才是自由的宪法、反动的宪法或保守的宪法,——我的先生们,我完全坦率承认,这对我来说是第二位的,这是国家构建的奢侈品,在房屋被稳固地建立起并屹立在那里之后,这种奢侈品才是时候……当我们首先通过民族纽带建造起对外有保障、对内坚固地绑在一起的建筑物时,你们才可来问我的想法,通过什么方式用或多或少自由的宪法制度去装饰这座房屋。[168]

宪法等同于一般法律,这被传播开来,并成为上述立场的法律表达。像一般法律那样,宪法也是在它之前的国家权力的散发物,而不是这种国家权力的基础。二者之间的这种差别最终还只在于宪法改变艰难,或者像拉班德(Laband)所说的那样,在于强劲的"形

---

[168] 俾斯麦(Bismarck),"1881年2月24日的讲演"(Rede v. 24.2.1881,1929),腓特烈斯鲁厄版,第12卷,第194页。

式法律效力"。[169] 这种形式法律效力的根据在于内容的重要性,像格贝尔(Gerber)仍意识到的那样,[170]这可被人们忘记了。

六 宪法与宪法律同一

洛伦茨·冯·施泰因(Lorenz von Stein)在1887年写道,当时,

> 对宪法主要概念和法律原则的思考完全结束了……每种实证宪法大概都不是形成于法理念,而是它始终包含着变为国家法权的每种社会秩序,所以它起源于对占有的分配,它的历史是建立在占有秩序和劳动秩序基础上的人类秩序的历史,这些思想本身已经不再被否认了。我们时代本身拥有这样的宪法,人们知道要去完整表述它的原则和建立它的体系。在这里完全少有怀疑;对各个问题的决断,人们可以放心大胆地听凭力量和事实的自然发展。[171]

---

169 保罗·拉班德(Paul Laband),《德意志帝国国家法》(Das Staatsrecht des Deutschen Reiches, 1883, Tübingen 1911),第5版,第2卷,第72页。

170 卡尔·弗里德里希·冯·格贝尔(Carl Friedrich v. Gerber),《德意志国家法基本特征》(Grundzüge des deutschen Staatsrechts, 1865, Leipzig 1880),第3版,第7页及下页。

171 洛伦茨·冯·施泰因(Lorenz v. Stein),《行政学说》(Handbuch der Verwaltungslehre, 1870, Stuttgart 1887)第3版,第1部分:"行政概念与实证国家学体系"(Der Begriff der Verwaltung und das System der positiven Staatswissenschaften),第1页。

第四章 法律性宪法的巩固与危机

国家法学说以它的方式证实了这种印象。帝国建立之后,实证主义得到快速而持续的贯彻,由此表明,人们不再对宪法提政治问题,而只提法律问题。法律性宪法和事实性宪法的条件关系,只是在追问北德联邦宪法和帝国宪法的效力根据时,曾一度短暂地闪耀过光芒。这两种国家的建立确实把德国国家法学说置于不同寻常的情景面前,这不是一个既存的国家事后在法律性宪法上受到了限制,而是一个新生国家建立在一部宪法的基础上。为了解决这个问题,大批国家法学者追溯一部先于法律性宪法的事实性宪法。耶里内克(Jellinek)认为在法律上建构国家形成的努力是徒劳的。

"通过它……"来实现国家"创造的所有进程","都是在历史上而不是在法律表述上才能够理解的事实"。[172] 国家概念中的主要因素是,它是秩序,并且一种先于这种秩序的秩序本身就是一种矛盾。因此,最初秩序,一个国家的最初宪法在法律上是不能被继续推导的。[173]

在他的《国家学说》(Staatslehre)中,耶里内克进一步阐释道,

"每一个持续的联合体"需要"一种秩序,依照这种秩序形成和实施它的意志,来界定它的领域,调整其成员在其中的地

---

[172] 格奥尔格·耶里内克(Georg Jellinek),《国家联合学说》(Die Lehre von den Staatenverbindungen, Wien 1882),第264页。
[173] 同上书,第266页。

位以及和它之间的地位。这样一种秩序叫作宪法"。[174]

所以,国家和宪法必然相互联系在一起。但宪法不必然一定是一种法律秩序。

为了满足国家为其存在而需要的宪法最小值,一种事实的、获得国家统一体的权力就足够了。[175]

七　宪法律的程序消解

仿照后来卡尔·施密特(Carl Schmitt)的说法,实证主义的帝国国家法学说根本就没有造就宪法理论。施密特发现其最重要的原因在于"战前时代政治和社会的安全感"。[176] 如果这是正确的话,那么在魏玛共和国当然必须又要从根本上追问宪法,因为魏玛宪法被证实不是现存统一体的表达,并且在其存在期间还是争论的对象。事实上,在凯尔森(Kelsen)极度抬升法学的宪法概念之后的这个时期,尤其是斯门德(Smend)和施密特都注意到了这种宪法概念同样坚定的相对化。斯门德已经通过"宪法与宪法法"*

---

[174] 格奥尔格·耶里内克(Georg Jellinek),《一般国家学说》[Ders., Allgemeine Staatslehre (1900), Berlin 1914 (Neudr. Darmstadt 1960)],第3版,第505页。

[175] 同上。

[176] 卡尔·施密特(Carl Schmitt),《宪法学说》(Verfassungslehre, München/Leipzig 1928, Ndr. Berlin 1954),第4页。

* 国内学者把斯门德这本著名论著的书名翻译为"宪法与实在宪法",其含义大抵一致。对此详见〔德〕鲁道夫·斯门德,《宪法与实在宪法》,曾韬译,商务印书馆2020年版。——译者这个标题,与宪法概念的规范主义紧缩保持距离,他因此没有接受宪法在经验主义上等同于事实性的权力关系。"宪法"进入到"生活"服务中,"国家在这种生活中拥有其生活现实,即它的整合程序。这种程序的意义是一直产生新的国家整体生活,而宪法是这种程序各个方面的法律规范化"。[177] 在斯门德看来,从中形成的必然性是,"作为整合秩序的国家宪法指向整合价值"。[178] 这对宪法解释意味着,它与制定法解释不同,它广泛脱离规范文本的约束和法律方法,而与整合成果相关。

> 这种被安排好的成果常常不是政治生活洪流在准确遵循宪法的轨道中取得的:因此,像按照宪法条款那样,依照精神的价值规律性去完成所布置的整合任务,这尽管会有各种含义偏离,结果也会更缺乏宪法生活,但这将比忠于段落文本更符合宪法。[179]

所以,宪法规范也只能在例外情况下才会严格约束宪法生活。

> 被表述出来的宪法其内在的和不言而喻的意义就是,宪法具有弹性,一旦有必要,它的体系会自我补充和自我变化。[180]

---

[177] 鲁道夫·斯门德(Rudolf Smend),《宪法与宪法法》(Verfassung und Verfassungsrecht, München/Leipzig 1928),第78页。
[178] 同上书,第84页。
[179] 同上书,第78页。
[180] 同上书,第79页。

因此，在法与现实之间当然不会划定一条固定界线。在与实证主义国家法学说的极端对立下，这在斯门德那里意味着：

> 作为实证法，宪法不仅仅是规范，而且也是现实；作为宪法，它是进行整合的现实。[181]

八　宪法律的决断论消解

不同于斯门德，施密特不是在有利于永久程序上，而是在有利于一次性决断上消解了成文宪法。其《宪法学说》(Verfassungslehre)的对象是所谓的"实证宪法概念"，这种宪法概念被定义为"对政治统一体类型和形式的全部决断"。[182] 他在先前涉及的绝对意义和相对意义"宪法"的区分背景下表述这一概念。"绝对意义的宪法"说明"一个（现实的或想象的）整体"，也就是，要么是"政治统一体和秩序的全部状态"，要么是"一个最高及最后规范统一的封闭体系"。[183] 在第一种情况中它牵涉实然（Sein），在第二种情况里它涉及应然（Sollen）。但应然的根据在实然当中，因为它把意志假设为根源。与之相比，如果把"一系列被明确分类的法律"被称作"宪法"，那么呈现出的也仅仅是一种相对的宪法概念。这种宪法概念与一种统一"整体"无关，而是和内部未被联系在一起的各种各样

181　Rudolf Smend, Verfassung und Verfassungsrecht, München/Leipzig 1928, S. 80.
182　Schmitt, Verfassungslehre（见本书下篇注释176）, S. 80.
183　同上书，第3页及下页、第7页。

的规范有关。这些规范只根据诸如聚合在一部法律中或不易变动这样的形式标准而被确定为属于同一类别。"宪法（Verfassung）和宪法律（Verfasssungsgesetz）这时被作为同一个东西来对待。"[184] 施密特没有牵出这种联系本身，但人们必须把实证的宪法概念看成绝对宪法概念的子集，而宪法律要被归为相对宪法概念。可是，这二者也并非无关系地并存着。"宪法律"（Verfasssungsgesetze）* 有效，更多地是"要基于宪法，并要以一个宪法为前提条件"。[185] "宪法的本质"因此"不在于一部法律或一个规范"，而是在于对政治统一体类型和形式的全部决断。这种区分的目的是，要把法学家的注意力从"宪法律"引向处于其背后的"政治决断"。

> 正确观察到的是，那些根本的政治决断对实证法学也是起决定性的和真正实证的。进一步的规范化、对权限的一一列举和界分、出于任何理由为法律选择宪法律形式，这些对那些决断来说都是相对的、次要的。[186]

其结论是，在冲突个案中，非形式的政治基本决断战胜了其形式的法律表达。因此，施密特不是单单打开了处在所制定的宪法背后的结构视野，他还更多地是再次牺牲掉了法律对权力的控制优势。[138]

---

[184] Schmitt, Verfassungslehre（见本书下篇注释176）, S. 3.

* 需要指出的是，施密特在此处用的是"宪法律"（Verfassungsgesetz）的复数形式"Verfasssungsgesetze"，指宪法文本中具体的法律内容。——译者

[185] Schmitt, Verfassungslehre（见本书下篇注释176）, S. 22.

[186] 同上书，第23页、第25页。

宪法律只能以基本决断为圭臬去约束政治。

九　规范性的和符合实然的宪法

与施密特和斯门德一样，赫尔曼·黑勒（Hermann Heller）在"作为社会现实的宪法"和"独立的法律性宪法"（Rechtsverfassung）之间进行了区分，但和这两人相反，他力图避免在活力或决断中消解宪法。[187] 他在魏玛共和国消亡后才在国外出版了他的《国家学说》（Staatslehre）。魏玛共和国末期在宪法理论上完全被施密特掌控了，而施密特从这时起推行蕴涵在《宪法学说》中的宪法法（Verfassungsrecht）相对化理论，因此为魏玛宪法的对手们提供了这一关键词。在1931年的作品《宪法的护卫者》（Der Hüter der Verfassung）中，施密特分析了"当代具体的宪法局势"。[188] 这种"宪法局势"没被归入《宪法学说》的概念模式，显然也不适合归入，因为它既不和（绝对的）宪法等同，也不和（相对的）宪法法同一，而恰恰是因为它偏离这二者才被刻画出来。所以，他在《宪法学说》中消除了实证主义的形式宪法概念之后，胡贝尔（Huber）想在这部作品中看到施密特"宪法理论的主要两大块"。[189] "真正的宪法"据

---

[187] 赫尔曼·黑勒（Hermann Heller），《国家学说》（Staatslehre, Leiden 1934），第249页及以下诸页、第259页及以下诸页。

[188] 卡尔·施密特（Carl Schrnitt），《宪法护卫者》（Der Hüter der Verfassung, 1931, Berlin 1969），第2版，第71页。

[189] 弗里德里希·兰德克（即 E. R. 胡贝尔）[Friedrich Landeck（d. i. E. R. Huber）]，"宪法与合法性"（Verfassung und Legalität），载《德意志民族精神生活半月刊》（Dt. Volkstum. Halbmonatsschr. f. d. dt. Geistesleben 14, 1932），第734页。

第四章 法律性宪法的巩固与危机

此"不仅仅是规范性的,而且同时也是现实性的、符合实然的宪法"。[190] 除了那些不被看作是基本决断的组成部分外,从这种宪法概念中还脱离出那些不再具有现实性的基本决断。翌年,施密特在《合法性与正当性》(Legalität und Legitimität)中着手进行证明,在"重新塑造宪法"[191]的道路上不存在法律障碍。他说,合法性不是每一种法律秩序的普遍假设,而只是合乎法律的特殊形式,这种特殊形式是议会制立法国造就的。在议会制立法国失灵的地方,合法性就丧失了其根基。宪法形式因而约束不了那种不想捍卫宪法实质的人。胡贝尔(Huber)称赞这是"德国国家法学者具有政治责任的一种象征,施密特在这种危机局势中……揭穿了在宪法法无效时对合法性的要求"。[192] 但在1932年的局势下,在施密特来看来,不可能再挽救宪法的整个实质了。他此时在魏玛宪法中更多看到的是两种矛盾的基本决断的混合物,是建立在多数人决断基础上的、价值中立的国家组织部分和具有价值关涉的基本法部分的混合物。"如果人们现在认识到,魏玛宪法是两部宪法,

---

190　弗里德里希·兰德克(即 E. R. 胡贝尔)〔Friedrich Landeck (d. i. E. R. Huber)〕,"宪法与合法性"(Verfassung und Legalität),载《德意志民族精神生活半月刊》(Dt. Volkstum. Halbmonatsschr. f. d. dt. Geistesleben 14,1932),第734页。完全相同的,参照弗里德里希·格吕特(即恩斯特·福斯特霍夫)〔Friedrich Grüter (d. i. Ernst Forsthoff)〕,"国家思想之危机"(Krisis des Staatsdenkens),同上书,第13页,第173页。

191　卡尔·施密特(Carl Schrnitt),"合法性与正当性"(Legalität und Legitimität, 1932年),载《1924年至1954年的宪法文集——宪法学说资料》(Verfassungsrechtliche Aufsätze aus den Jahren 1924—1954. Materialien zu einer Verfassungslehre, Berlin 1958),第343页。

192　Landeck (d. i. Huber), Verfassung und Legalität(见本书下篇注释189), S. 734。

这两部宪法中的一部是为了选举",那么,为了有利于"实质性秩序",就必须牺牲掉议会制立法国。"如果这成功地做到了,那么一部德国宪法作品的思想就有救了。"[193]

十　规范性宪法的终结

不能强加于施密特的是,他在1932年就是用这部"德国宪法典"去意指纳粹体制。但在纳粹获取权力之后,他在"纳粹宪法国家的一年"这一标题下写道:

> 自由主义在庆祝它取得了最大胜利,它成功地贯彻了以下观点,即国家没有自由宪法就根本没有宪法……变得越来越必要的是,在观察当今宪法局势时向来都要坚定地强调,每种宪法都有它自己的宪法概念。[194]

纳粹国家也拥有一部宪法。然而,这部宪法不仅根据内容而且根据形式都不同于自由宪法。胡贝尔在他的宪法教科书中用以下一句话描述它:

---

[193] Schmitt, Legalität(见本书下篇注释191), S. 344 f.
[194] 同上作者,"纳粹宪法国一年"(Ein Jahr nationalsozialistischer Verfassungsstaat),载《德国法学家纳粹联盟德国法中央机关报》(Dt. Recht. Zentralorgan d. Bundes National-Sozialistischer Dt. Juristen),第4期(1934年),第27页。

德意志帝国的新宪法……不是形式意义上的宪法。[195]

施密特甚至明确警告不要给予民族内容以自由形式。

> 如果纳粹分子也只是瞬间犯糊涂了,认为必须至少要以概括的、写在文件上的规则形式,用带有纳粹内容的另一种文件去对抗魏玛宪法,那么这既不政治正确,也不符合纳粹精神。[196]

他说,重要的不是颁布像魏玛宪法那样的一部"假宪法",而是要"在政治上……对所有主要问题中的真正宪法关系进行决断"。[197] 希特勒自己当然在1933年3月23日的政府宣告中宣布建立一部宪法,"它把民众的意志和真正领导民众的权威结合在一起。民众本身可以使这种宪法变革在制定法上合法化"。[198] 但纳粹法学澄清道,宪法律或可能的宪法文件从来就不是"真正的宪法",而"只是未成文的宪法核心的散发物和文字体现"。真正的宪法甚至会阻止每种规范性固定,因为它不是应然秩序,而是本身承载其正当

---

[195] 恩斯特·鲁道夫·胡贝尔(Ernst Rudolf Huber),《大德意志帝国宪法》(Verfassungsrecht des Großdeutschen Reiches, 1937, Hamburg 1939),第2版,第54页。

[196] Schmitt, Verfassungsstaat(见本书下篇注释194),S. 27.

[197] 同上书,第28页。

[198] 阿道夫·希特勒(Adolf Hitler),"1933年3月23日政府宣言"(Regierungserklärung v. 23. 3. 1933),重印本载马克斯·多马鲁斯(Max Domarus),《希特勒——1932年至1945年演讲录》(Hitler. Reden 1932—1945, München 1965),第1卷,第1部分,第232页。

性的实然秩序。

它根本就不是明确的规定、成文的法律原则、固定的组织和制度的化身。宪法的内核是未成文的生机勃勃的秩序,德意志民族共同体在这种秩序中会发现其统一性和完整性。

因为这种宪法没有被赋予规范政治现实的功能,所以它也不依赖于法律性宪法的形式品质。对,非形式性恰恰表现为以下保证的前提,即保证,

基本秩序不会保持僵化不变,而是处于不断生机勃勃的运动中。不是僵死的制度,而是生机勃勃的基本形式才关乎新宪法秩序的本质。[199]

---

[199] Huber, Verfassungsrecht(见本书下篇注释195), S. 55.

第五章 展望

在历经失败的魏玛共和国和纳粹独裁之后,法律性宪法得以重构,并得到额外保护。尤其是,为法律性宪法建立富有权限的宪法司法审判,在政治程序中获得了迄今为止都意想不到的重要性。这样一来,宪法几乎仅仅作为规范进入公众意识。但与此同时,随着宪法的效力主张被拔高,人们敏锐注意到对法律应然状态的偏离,这种偏离通常在宪法现实的观察角度下才被注意到。在宪法现实中重现经验性的宪法概念因素。尽管法律性宪法的含义增加了,但不能忽视的是,在这期间的条件也发生了根本改变。作为推行和巩固公民社会模式的手段,法律性宪法才得以形成。公民社会模式以社会的自我控制能力为出发点,并要求国家只需作为个人自由和社会自治的担保者即可。国家囿于担保人作用,其行为受制于公民社会的利益,在此情形下存在着建构问题。这种国家任务具有消极性和机构组织性的性质,作为这样的性质,它在一种使国家权力本身负责的法律中找到了丰富的解决办法。在自我控制能力这一假设前提被证明不正确之后,人们又期盼国家积极建立公正的社会秩序。新的国家任务从而又重新被实质化。与此同时,国家在追求其目标时陷入对掌握重要资源的社会力量的依附。法律性宪法为这种变化付出丢失重要性的代价。一方面,现在出现的问题不具有消极性和机构组织性的性质,而是具有积极性和实质性的性质。这些问题的解决办法虽然在宪法法上得到指引,但已经解决不了问题。另一方面,宪法失去了全面调整政治统治运行的主张,降为部分秩序,其程度如同非国家力量参与政治决断的那样。根据本研究所传递的认识了解,为法律性宪法奠定基础的政治-社会性宪法,其重要性将会再次上升,其程度如同被意识到的那样。

参考文献

Adams, Willi Paul: Republikanische Verfassung und bürgerliche Freiheit. Die Verfassungen und politischen Ideen der amerikanischen Revolution, Darmstadt 1973.

Ball, Terence/*Pocock*, John G. A. (Hrsg.): Conceptual Change and the Constitution, Lawrence 1988.

Bastid, Paul: L'idée de constitution, Paris 1985.

Böckenförde, Ernst Wolfgang: Geschichtliche Entwicklung und Bedeutungswandel der Verfassung, in: FS Rudolf Gmür, hrsg. v. Arno Buschmann, Bielefeld 1983.

Boldt, Hans: Einführung in die Verfassungsgeschichte, Düsseldorf 1984.

Brunner, Otto: Moderner Verfassungsbegriff und mittelalterliche Verfassungsgeschichte, in: Herrschaft und Staat im Mittelalter, hrsg. v. Hellmut Kämpf, Darmstadt 1956.

Casper, Gerhard: Changing Concepts of Constitutionalism, The Supreme Court Review 10, 1989.

Denninger, Erhard: Vielfalt, Sicherheit und Solidarität: Ein neues Paradigma für Verfassungsgebung und Menschenrechtsentwicklung?, in: ders., Menschenrechte und Grundgesetz, Weinheim 1994.

Dilcher, Gerhard: Zum Verhältnis von Verfassung und Verfassungstheorie im frühen Konstitutionalismus, in: Beiträge zur Rechtsgeschichte, Gedächtnisschrift Hermann Conrad, hrsg. v. Gerd Kleinheyer/Paul Mikat, Paderborn 1979.

Dippel, Horst: Die Anfänge des Konstitutionalismus in Deutschland, Frankfurt 1991.

Duclos, Pierre: La notion de constitution dans l'oeuvre de l'assemblée constituante de 1789, Paris 1932.

Fioravanti, Maurizio: Stato e costituzione. Materiali per una storia delle dottrine constitutizionali, Torino 1993.

Gough, John Wiedhofft: Fundamental Law in English Constitutional History, Oxford 1961.

Grimm, Dieter: Entstehungs- und Wirkungsbedingungen des modernen Konsti-tutionalismus, in: Akten des 26. Dt. Rechtshistorikertages, hrsg. von Dieter Simon (Jus Commune, Sonderhefte 30), Frankfurt 1987.

-Die Zukunft der Verfassung, 1991, 2. Aufl., Frankfurt a. M. 1994.

-Braucht Europa eine Verfassung? München 1995.

Grziwotz, Herbert: Das Verfassungsverständnis der römischen Republik. Ein methodischer Versuch (Europäische Hochschulschriften, Reihe III: Bd. 264), Frankfurt a. M. /Bern/New York 1985.

-Der moderne Verfassungsbegriff und die „Römische Verfassung" in der deutschen Forschung des 19. und 20. Jahrhunderts (Rechtshistorische Reihe 51), Frankfurt a. M. /Bern/New York 1986.

Häberle, Peter: 1789 als Teil der Geschichte, Gegenwart und Zukunft des Verfassungsstaates, Jahrbuch des öffentlichen Rechts der Gegenwart, N. F. 37, 1988.

Hofmann, Hasso: Zur Idee des Staatsgrundgesetzes, in: ders., Recht-Politik-Verfassung. Studien zur Geschichte der politischen Philosophie, Frankfurt a. M. 1986.

Huber, Ernst Rudolf: Wesen und Inhalt der politischen Verfassung, Hamburg 1935-Vom Sinn verfassungsgeschichtlicher Forschung und Lehre, in: ders., Bewahrung und Wandlung. Studien zur deutschen Staatstheorie und Verfassungsgeschichte, Berlin 1975.

Kyriazis-Gouvelis, Demetrios L.: Der moderne Verfasssungsbegriff und seine historischen Wurzeln. Aristoteles-Montesquieu-Menschenrechte, in: Jahrbuch des öffentlichen Rechts der Gegenwart, Neue Folge, Bd. 39, Tübingen 1990.

Luhmann, Niklas: Verfassung als evolutionäre Errungenschaft, Rechtshistorisches Journal 9, 1990.

Lutz, Donald S: The Origins of American Constitutionalism, Baton Rouge 1988.

Maddox, Graham: Constitution, in: Terence Ball u. a. (Hrsg.), Political Innovation and Conceptual Change, Cambridge 1989.

McIlwain, Charles Howard: Some Illustrations of the Influence of Unchanged Names for Changing Institutions, in: Interpretations of Modern Legal Philosophy. Essays in Honor of Roscoe Pound, ed. Paul Lombard Sayre, New York 1947.

-Constitutionalism, Ancient and Modern, 1940, 3rd ed. , Ithaca 1966.

Näf, Werner: Der Durchbruch des Verfassungsgedankens im 18. Jahrhundert, in: ders. (Hrsg.), Schweizer Beiträge zur Allgemeinen Geschichte, Bd. 11, Bern 1953.

Preuß, Ulrich K. : Revolution, Fortschritt und Verfassung, Berlin 1990, erweiterte Neuausgabe Frankfurt a. M. 1994.

-(Hrsg.), Zum Begriff der Verfassung, Frankfurt a. M. 1994.

Redslob, Robert: Die Staatstheorien der französischen Nationalversammlung von 1789, ihre Grundlagen in der Staatslehre der Aufklärungszeit und in den englischen und amerikanischen Verfassungsgedanken, Leipzig 1912.

Renner, Felix: Der Verfassungsbegriff im staatsrechtlichen Denken der Schweiz, jur. Diss. Zürich 1968.

Roggentin, Mathias: Über den Begriff der Verfassung in Deutschland im 18. und 19. Jahrhundert, jur. Diss. Hamburg 1978.

Schambeck, Herbert: Der Verfassungsbegriff und seine Entwicklung, in: FS Hans Kelsen, hrsg. v. Adolf J. Merkl u. a. , Wien 1971.

Schmale, Wolfgang: Entchristianisierung, Revolution und Verfassung. Zur Mentalitätsgeschichte der Verfassung in Frankreich, 1715-1794, Berlin 1988.

-Constitution, constitutionnel, in: Handbuch politisch-sozialer Grundbegriffe in Frankreich 1680-1820, hrsg. v. Rolf Reichardt, München 1990.

Schmidt, Richard: Die Vorgeschichte der geschriebenen Verfassungen, in:

Zwei öffentlichrechtliche Abhandlungen als Festgabe für Otto Mayer, hrsg. von R. Schmidt und E. Jacobi,Leipzig 1916.

Schmidt-Aßmann, Eberhard: Der Verfassungsbegriff in der deutschen Staatslehre der Aufklärung und des Historismus,Berlin 1967.

Stolleis,Michael:Geschichte des öffentlichen Rechts in Deutschland,2 Bde., München 1988,1992.

Stourzh,Gerald:Wege zur Grundrechtsdemokratie. Studien zur Begriffs-und Institutionengeschichte des liberalen Verfassungsstaats,Wien 1989.

Würtenberger,Thomas: An der Schwelle zum Verfassungsstaat, Aufklärung 3/2,1988.

Zweig,Egon:Die Lehre vom Pouvoir Constituant,Tübingen 1909.

译 后 记

这本关于德文宪法概念的考据力作的翻译工作终于完成了。一晃眼,从去年初冬下笔到今年初夏定稿已经过去大半年时间,现在按惯例要写一篇"译后记"附后。有一些文本之外的问题,尤其是在翻译中遇到的许多困惑,需要进一步说明,所以这个看似画蛇添足的译后记其实还是很有必要。

一

本书是德国当今两位著名法学家在 20 世纪 90 年代中期合著的名作。该书首次出版于 1995 年,再版于 2002 年,迄今为止已被译为意大利语(2008 年)、葡萄牙语(2012 年)、英语(2016 年节译本)和韩语(2021 年)。本中译本翻译依据的底本是 2002 年新版。

本书上篇作者海因茨·默恩豪普特和已故公法史大师米歇尔·施托莱斯是挚友,他常年在法兰克福马普法律史和法律理论研究所从事宪法史研究,尤其擅长法史学考据和法律比较。译者有缘与和蔼可亲、学识渊博的默恩豪普特在马普所相处过四年(2005—2009 年)之久。记得有一次我捧书急问施托莱斯关于德国公法史上的一个概念问题,先生想了想就急忙打电话请教"亲爱的海因茨"。相比之下,中国的宪法学人更熟悉迪特·格林。格林是一位很有思想力的宪法理论家和实践者,他主要从事宪法学研究,担任过德国联邦宪法法院的法官,还是包括中国大学在内的多所世界名校的客座教授,其作品早有中文译本问世。这本宪法概念考据之作无疑见证了两位公法学者间的亲密学术关系。令人钦佩不已的是,这两位年近九旬的老一辈德意志学人仍笔耕不辍:默恩豪普特时不时给译者寄来一些很有启发性的宪法文章,还新近出版了专著《作为认识方法的法律比较》(2022年);而格林上周也来信说,他的新作《历史学家与宪法》近日已杀青,他正要马上飞往罗马讲学。真是老骥伏枥,壮志凌云!

翻译此书其实是译者多年前的想法。2009年深秋学毕返乡之前和默恩豪普特在马普所附近餐馆小酌告别。他在饭桌上埋头题记赠送这本著作时,我立即就有把它翻译为中文的想法。因为该书在学界的引用率非常高,我在写博士论文时也多处引用,所以值得译介。后来,中国政法大学的王人博老师也多次鼓励我尽快译出此书。当然,迟迟没有动笔的主要原因是译者生性疏懒。直到去年初春,施托莱斯先生突然病故,这才让我猛然意识到,余生再也见不到先生了,而当年每周三下午在法兰克福大学法学院给我们上研讨课的那些德国法史学家们大多已至耄耋之年。这促使我去年秋天刚译完《德国公法史》第一卷初稿后就赶紧着手翻译此书,完成心愿,否则又恐生"法兰克福悲伤"。原计划三个月完成这本不到150页的论著,但没有想到竟然用了大半年时间,还推延《德国公法史》第一卷的校稿工作。这大半年的时间里几乎天天都在琢磨一些概念如何转译为中文,真真切切地体验了严几道当年译书时"一名之立,旬月踟蹰"的彷徨感。尤其是默恩豪普特所著部分更是折磨人,因为"宪法"概念在西方中古时期的用法五花八门,不少用法难以找到一个恰当的中文对译语词。译书期间不断和默恩豪普特书信交流,向他请教诸多问题。他也直言,他在处理一些中古概念时也深感棘手。我不认为这是一位典型德意志学人的谦虚之辞。要不是老先生高效地处理文中大量拉丁文和古德语文献以及耐心解释相关疑难问题,这本译著至今仍无法完成,甚至可能永远无法完成。每每想到年近九旬的默恩豪普特仍如此皓首穷经,不放过任何细节问题,有问必答,译者也不好再马虎懈怠了。

二

本书的德文书名是"Verfassung. Zur Geschichte des Begriffs von der Antike bis zur Gegenwart",中文直译为"宪法——从古代到当代的概念史"。本中译本把它简译为"宪法古今概念史"。毋庸置疑,"宪法"是本书最核心的概念。两位作者苦心孤诣钩沉探寻西方宪法概念嬗变历程,训诂考据,毛举缕析于卷帙浩繁,揭橥西方宪法概念发展的内在线索,描绘了一幅五彩斑斓的国家和宪法词汇画卷,其学养之深厚可见一斑。默恩豪普特在最近的来信中再次总结道,他当年努力在欧洲"国家"史中澄清德国"宪法"(Verfassung)的传统含义变迁,厘清该词的三个历史发展概念:1.广泛意义上的"状态"概念;2.文本草拟或起草;3.国家或具有国家性质的共同体的法律秩序和非法律秩序。但问题是,宪法概念在德国和欧洲其他国家中并非直线平行发展,英、法、德在不同历史阶段各自的重点不同。由于国情殊异,德国的"宪法"概念其实比英国、法国和美国的更为复杂。

词源学或许能更直观地展现语词的基本含义。在德文中有两个词表达今天的"宪法"概念,即"Verfassung"和"Konstitution"。"Verfassung"(读音为"费厄法松")是德语自生词,它在历史上有不同拼写法,犹如中文中"法"字有不同写法一样。"Verfassung"的动词形式是"verfassen",其基本含义是"书写""撰写""编写""起草"等,它的同义词是"abfassen"。"书于竹帛,镂于金石。"这就是为什么德语表达宪法含义的"Verfassung"有"文本起草"含义的词源学原因。很好理解的是,用文字形式确立的法律或协议更具确定性、明确性和稳定性,才能更好地被人们理解和表达,从而才更具普遍权威性和适用性。在这一点上,德文表达"宪法"的"Verfassung"这个语词无意中暗合了古希腊强大的法律书写传统。事实上,在柏拉图的对话中,法律常被看成是"被记录下来的东西"。更为重要的是,古希腊的公共诉讼要求必须以书面形式提出指控,而表达这种公共诉讼的希腊语"graphē",其原初含义恰好也是"书写"。

很稀奇的是,深受希腊政治思想影响的古罗马,其书写传统却远逊于古希腊。罗马人在公元前453年前往希腊进行法制考察,其中一项任务便是学习希腊人的立法技艺,回家后就把祖上的习惯法刻于十二块铜板之上,这就是明证。幸运的是,罗马人工于城市和制度的构造与构建技艺。而拉丁文动词"constituere"就是"构造""构建"和"构成"之义。在如今西方语言中普遍表达"宪法"的词汇就来自这个拉丁文的名词形式"constitutio"。与英文和法文中的"constitution"一样,另一个表达"宪法"的德语词汇

译后记

"Konstitution"明显与之共享了拉丁文"constitutio"概念的构建含义传统。这个拉丁文词的语义发展过程中除了有"构成""构建"或"构造"的含义外,还延伸为"状态"和"体质"含义。因此,这样的含义被普遍用于医学上并不令人惊讶,尤其指人的身体构成和由此形成的体质状态。就像罗马著名希腊裔医师盖伦对该词的经典使用那样,良好的身体构成是体质健康强壮的条件,这也是一个人幸福生活的前提。

一个容易被理解的内在逻辑是,当人体或社会共同体的内部构成良好,它体现出来的状态就是健康的或井然有序的。所以,"constitutio"在迈向现代"宪法"概念的道路上,它除了延伸为广泛的"状态"含义外,另一个重要含义便是秩序。毫无疑问,事物内部良好的构成体现为外部的良好状态,而良好的状态就是优良的秩序。否则,事物就会陷入糟糕的混乱失序状态。如果人处于这种状态,必然会生病;如果是国家,必然会分崩离析。至于"constitutio"与国家秩序的关系,罗马人其实很早就开始在法律层面上使用"constitutio"去归类一种法律类型,尤其是把那些久远的先辈习俗或惯例归为"constitutio"。这些构成政治生活状态的祖制宪典因世世相传而具有权威性,它们是维系国家政治秩序的基轴。因为这些祖制宪典具有的权威性和根本性,因此罗马人后来用与"constitutio"相关的词汇"constitutiones"指代罗马皇帝颁布的具有法律性质的指示或诏令,以至于中世纪的教会也沿袭这个词汇来指称教会法上的所有教规。可见,罗马人对"constitutio"概念的运用早就预示了它的未来发展品质。事实上,西塞罗当时就在非常现代的宪法意义上使用过这个重要词汇。如果撇开现代契约因素,西方后世对这个词的用法在基本语义框架上其实并没有实质性突破,只是逐渐更加广泛地使用这个词汇,以至于还用它来描述天体构成和天体秩序。

作为中世纪西方的共同词汇,拉丁文"constitutio"在近代逐渐进入欧洲各个国家的民族语言系统中。随着近代国家的不断构建,这些在拼写形式被明显民族化的词汇因此成为现代国家概念的关键性语义表达,成为现代国家的密码符号。与英文或法文的"constitution"一样,德文的"Konstitution"也渐次融入自己的语言系统中。但与英语和法语不同的是,由于德语有自生词"Verfassung"这个传统概念,所以德国现代宪法概念的生成有两个传统含义。在这个精微的生成过程中,德意志人在18世纪上半叶开始普遍借用在英文和法文中使用的"constitution",不断用自己的传统语词"Verfassung"去理解、靠近、融通和对译"constitution"。当然,这种理解和对译并非偶然,因为原意为"书写""编写"或"文本起草"的"Verfassung",在德文文献中早被广泛用来描述事物的"状态"和"秩序"。实际上,正是在这两层相同含义上,来自罗马传统的英文或法文词"constitution"的语义与德文词"Verfassung"的语义也才真正交叠在一起。也正是有了这样的语言融通性,当英国、美国和法国在近代相继掀起的立宪浪潮中,德意志人在观念上几乎没有任何理解障碍地接受了现代国家的构建形式。

这样一来,德文中"Verfassung"和"Konstitution"这两个原本来自不同语系、本义也完全不同的词语概念开始平行发展,并被频繁地交替使用。由此,来自罗马"构造"传统中的"Konstitution"和来自"书写"传统的"Verfassung"共同塑造着德国的现代"宪法"概念。从某种程度上,经过不断的词义融通,作为表达国家宪法的德文概念"Verfassung"是不是更好地勾连起了罗马的构建传统和希腊的书写传统呢?

三

语言建构意义,概念支撑语言。"Verfassung"这个传统的德文概念在与罗马传统的"constitutio"概念进行融通和对接的过程中,尤其是近代以来在与法文和英文文献的交流中,"Verfassung"也开始被添加进更为丰富的含义内容,它所蕴涵的词义世界也随之变得五彩斑斓。德意志人通过它不断丰富对现代国家的理解和想象,并通过它来理解和勾连西方古代政治思想。这个在18世纪以前被用作"起草""协定""整合""家规""盟约""公约""章程""状态"和"秩序"等诸多词义的概念开始被更多地用来描述国家的性质、状态和秩序,一直到了19世纪初才被真正固定成为我们今天理解的"宪法"概念。

众所周知,西方现代宪法概念发轫于亚里士多德的"politeia"(πολιτεια)概念,这个描述古希腊城邦政制的古典元概念一直影响着近代德国人对宪法和国家的理解。首次对神圣罗马帝国进行"宪制"描述的普芬道夫也是沿用亚氏的政体学说去观察和理解帝国的国家形式即政体。毋庸置疑,这个在中文中一般被译为"政制"或"政体"的古希腊概念,其内涵和外延都明显大于现代的"宪法"概念。值得注意的是,柏拉图《理想国》的原书名就是"politeia",其中的对话要义明显指向"优良的或理想的公民政治生活",也就是我们通常理解为"良好政体"的东西。处于罗马共和末期的西塞罗对该词进行了两种经典的处理：一是把"politeia"直译为拉丁文"politia"，其中少了一个"e"字母；二是把它意译为纯粹的拉丁文"res publica"。这个表达"公共事务"的纯正拉丁文极好地诠释了"politeia"的实质蕴涵，即通过优良的城邦公共政治制度或最好的城邦秩序达至良好的公民生活。在西塞罗看来，这种优良的政治制度当然是混合政体。当德意志人从18世纪开始流行用"Verfassung"转译"politeia"时，"Verfassung"概念就被赋予了或早已被赋予了新的内容。当然，这种看似恰当的对译并非不容置喙，的确也有不少正经的德国公法学者对此曾提出尖锐批评。其原因在于，批评者把"Verfassung"仅仅理解为狭义的实证宪法或宪法律了。但无论如何，鉴于当时法文或英文文献也流行用"constitution"对译"politeia"，这无疑也表明"Verfassung"这个德国传统词汇实际上已经融入欧洲近代普遍理解的"宪法"概念中了，而这个概念最核心的问题仍然是宪制中的"政体"问题。

研究古希腊社会和政治概念变迁的德国专家克里斯蒂安·迈尔早就明确得出结论认为，"politeia"这个元概念包含着"全体公民"和"政体"这两重含义。很有意思的是，承续亚里士多德政治思想的托马斯·阿奎那（1225—1274年），在他对亚里士多德《政治学》的评注中用表达"状态"含义的拉丁文"status"指代"政体"，还明确把"政体"概念从"politeia"这个上位概念剥离出来，从而使这个本身与"constitutio"紧密联系的"状态"概念，在与"国家"和"宪法"概念的内在关系中更加凸显出来。把政体只归为"君主制"和"共和制"的马基雅维利（1469—1527年）传承阿奎那的这一用法，从而进一步紧密地把"状态""政体""宪制""统治""政府""国家"这几个关键性概念勾连在一起。正是这些概念编织了一幅近代欧洲构建国家的概念画卷，支配了近代欧洲各国的公法文献内容。因此，本书概念考据的清晰线索就是，厘清"Verfassung"如何从一个表达广泛状态含义的概念逐渐浓缩为一个表达国家构建含义的国家法概念，或"法律性宪法"概念，以及在20世纪20年代后反思实证宪法律的卡尔·施密特，又如何把一个实证主义的宪法概念消解成为一个对整个生活状态进行政治决断的事实性概念。施密特的政治决断论无不揭示出，早已习以为常的宪法成文具象化在西方世界也严重地遮蔽了这个传统概念本身具有的广泛含义。难怪作者格林也意味深长地总结道，"为法律性宪法奠定基础的政治-社会性宪法，其重要性将会再次上升，其程度如同被意识到的那样"。因此，作者把"宪法"类型化为"法学的宪法"和"非法学的宪法"，或"法律性宪法"和"事实性宪法"，这无疑具有十分重要的文本理解意义。

从表达广泛秩序状态含义的"Verfassung"在迈向现代"宪法"概念的漫长道路上在不断累积法律因素。在法国16世纪中后期出现的"根本法"概念，像博丹的"主权"概念那样，强烈地刺激和启发德意志人对现代国家问题的宪制思考。德意志人自然会启用"Verfassung"这个词去应对和理解法国人的"根本法"（lex fundamentalis）概念。在法国人看来，诸如国王必须是天主教徒、女子不得继承王位、公共领域不得转让、征税必须得到等级会议的允许等这些坚若磐石的法律原则，就是国王也不得改变，否则国家大厦将倾，国将不国。德意志人于是马上联想到了1356年的《黄金诏书》和历史上无数的《选帝协议》以及等级阶层世世代代享有的各种特权惯例。他们也把这些法律规范称为"基本法"(Grundgesetz),并且把它和"Verfassung"联系在一起,这无疑增强了这一概念的国家性和法律性。有意思的是,"根本法"或"基本法"与"Verfassung"的含义对接也让18世纪末的一些德意志人自诩,德国之所以没有发生像法国那样的大革命,其根源就在于神圣罗马帝国有优良的"Verfassung",尽管距当时100多年前的普芬道夫(1632—1694年)用传统政体理论把神圣罗马帝国状况诊断为"雌雄同体"的"变态怪物",甚至得出的结论认为亚里士多德的政体学说根本就不适合于这个帝国的状况。

随着近代自然法启蒙思想的强劲传播,欧洲专制君主制的日益稳固,近代国家形态的日益彰显,直接贯彻君王意志的立法逐渐取代传统司法,制定清晰明确的成文法成为行使统治权的强劲手段。英国君主立宪的确立、美国的成文宪法和法国宪法的诞生等现代宪治实践,这些都促使德国传统的"Verfassung"概念明显朝着现代成文宪法的目标迈进,并和它早已平行发展的"Konstitution"概念一道塑造着带有现代宪治思想的国家宪法概念。

四

上文之所以频繁使用"宪法"外文词汇的原因有二:一是在眼花缭乱的概念叙述中,大家能更直观清晰地对照这些概念的外文原文,从而能更好直观地想象这些概念之间的复杂纠缠和历史变迁;二是译者在翻译这些概念时遭遇困惑后的无奈之举,无疑是最

译后记

重要的也是最尴尬的原因。细心的读者或许已经发现在注释中有不少译者的解释性文字，甚至在文本阅读时已经明显察觉到译者的犹豫感和无确定感。诚然，翻译一部宪法概念考据论著本身就是不小的智力挑战。译者遇到的有些翻译问题实际上也是学界经常讨论的或感兴趣的老问题，再次提起这些问题或许有助于我们更好地理解和厘清公法上的一些基本概念。

1. "Verfassung"和"constitution/Konstitution"。这两个词早已被约定俗成地译为中文"宪法"二字。毫无疑问，如果处理一本论述现代宪法尤其是实定法的著作，把这两个词都翻译为"宪法"基本上没有太大问题。但是像本书这样论述概念史的论著，就万万不能把这两个同义词从头到尾都翻译为汉语"宪法"二字了。职是之故，本中译本把18世纪末以后的这两个概念才基本上固定为"宪法"对译，因为现代意义的正规宪法已成为现实。但在近代以前的不同语境下一般把"Verfassung"翻译为"宪制"（"政体"）"状态/状况""秩序""（文本）起草""约定""盟约""（王室）家规""（大区）公约""章程""组织法"或"宪法"等。相应地，把"constitutio"或"constitution/Konstitution"译为"宪典""宪令""宪制""构成""构建""状态/状况""体质"或"宪法"等。

还必须再次指出的是，中文的"宪法"二字，无论从其词源看，还是从其后来的概念史发展看，向来都是一个强烈实定的成文法概念。尽管它作为译词，其本身的含义也发生了很大变化，但是一般人甚至是在法学院比较厌烦宪法学的学生见到"宪法"二字，一般还是会自然地想到我们现行的宪法文本；稍有些见识的人兴许会想到1787年的美国宪法或1949年的德国基本法。此外，作为用德文书写的德国作者，他们自然是把德文自生词"Verfassung"用作解释其他概念的词汇，如果在中译本中把"Verfassung"和"constitution/Konstitution"都统统翻译为"宪法"，不仅不符合具体的历史语境含义，而且还会造成文中无数多的同词反复，以致无法阅读译本。一言以蔽之，中文译词"宪法"二字明显缩小、漏掉和遮蔽了"Verfassung"和"constitution"在西方法文化中蕴含的丰富含义。另外，由于中国宪法实践的特殊性，没有诸如"宪法判例""宪法惯例"或"宪德"等在西方属于重要宪法内容的概念。中西宪法文化之间的巨大差异使得不少与宪法相关的西方概念根本无法找到中文对应，这无疑给中文翻译工作带来了极大困扰甚至近乎绝望。譬如，"Verfassungsrecht"和"Verfassungsgesetz"这两个重要的组合词该如何译成才不会产生歧义或误解的中文呢？

2. "Verfassungsrecht"和"Verfassungsgesetz"。在德国宪法学中，"Verfassungsrecht"指与宪法相关的制定法、惯例、判例等宪法性规范总和，与"民法""刑法""行政法""经济法"等一样属于一般法学范畴，其实把它译为"宪法"才更为妥帖。而"Verfassungsgesetz"在德国宪法教义学上专指立法形式的宪法规范。但正如前文所述，因"Verfassung"先占了中文译词"宪法"二字，所以必须要另外寻找恰当的中文对应词来翻译"Verfassungsrecht"和"Verfassungsgesetz"。鉴于德文和中文在词语组合方式上有异曲同工之妙，所以本中译本把"Verfassungsrecht"直译为"宪法法"。但在极个别情况下，譬如在它对应"行政法"（Verwaltungsrecht）的地方，本中译本还是把它译为习惯用语"宪法"。另一方面，鉴于在中国宪法学和宪法实践语境中，"宪法法律"指"宪法和法律"，所以本中译本把

"Verfassungsgesetz"直译为"宪法律"以示区别之,以免混淆或误解。之所以要在对译上如此仔细区分,原因在于,正如上文已提及,德国的宪法概念史恰好就是从广泛状态意义上的"Verfassung"到法律性的"Verfassungsrecht"再到制定性的"Verfassungsgesetz"的发展史,即从"宪法"到"宪法法"再到"宪法律"的概念史。这一精微的概念区分相当清晰明确地勾勒了德国宪法概念的发展史,还恰当地体现了德国法观念中"法"(Recht)与"法律"(Gesetz)的二元区分。

3. "Staatsform"和"Regierungsform"。这两个概念严格地讲是从古希腊的元概念"政制"(politeia)中剥离出来的两个子概念,其核心是"谁在统治"和"如何统治"。在德文文本中用"Staatsform"来指代中文所理解的"政体"概念,这个德文组合词的字面意思是"国家形式"。与这个德文概念紧密相关的是"Regierungsform",其字面意思是"政府形式"。这两个概念流行于17世纪的德文文献。一般说来,表达国家形式概念的"Staatsform"实际上应该翻译为中文"国体",而表达政府形式的"Regierungsform"才应该翻译为中文"政体"。事实上,在德文中谈及亚里士多德的政体分类时,文本通常用的是"Staatsform",而不是"Regierungsform",因此从这个意义上讲,所谓亚里士多德经典的政体三分模式讲的是"国体"即"国家形式"问题,也就是三种理想国体模式。然而,严格地说,古代并没有这两种概念的区分意识或意识不明显。这个问题的出现主要是因为近代博丹主权概念的勃兴,主权归属问题旋即成为近现代国家概念的核心问题。德国文献区分"国家形式"与"政府形式",主要是用它们来理解和描述神圣罗马帝国的性质。

简而言之,"国家形式"或"国体"关乎主权归属问题,而"政府形式"或"政体"涉及统治运行的具体方式及类型,因此"政体"可以有很多混合形式,并且在不少西方经典作家那里,混合政体才是最好的形式。随着近代人民主权观念日益被接受和践行,"国家形式"或"国体"所蕴含的问题,即主权归属问题,似乎已经越来越不重要了。鉴于中国政治学和宪法学在谈及亚里士多德的相关问题时都习惯地用"政体"概念,而"国体"概念从德国国家学说经由日本近代加工处理再进入中国的跨语际实践已经变得非常复杂,又加上德文文本本身也通常用"国体或政体"这样的表述,所以为了避免混乱和误解,本中译本在一般情况下把"Staatsform"和"Regierungsform"都译为"政体",只有在极个别情况下为了避免同词反复,才区别性地译为"国体"和"政体"。

五

国家即宪法,宪法即国家。近代传播西方法政思想的"冰人"梁任公已经对西方的"宪法"概念理解得非常准确到位。他在1901年的《立宪法议》中精辟地总结道:"宪法者何物也?立万世不易之宪典,而一国之人,无论为君主、为官吏、为人民,皆共守之者也,为国家一切法度之根源。此后无论出何令,更何法,百变而不许离其宗者也。西语原字为 THE CONSTITUTION,译意犹言元气也。盖谓宪法者,一国之元气也。"在此,汉语中用来形容人或国家、组织生命力的"元气"概念非常神奇地传递了"宪法"概念中的"状态"信息。作为国家"元气"的宪法,其概念及含义随近世西学东渐之风强劲地进入到中国语境,立宪成为近世中国主要的宪制叙事,从而演绎了一部更为奇妙的中国宪法概念史。倘若这本译作对解读和领悟中国宪法概念史能有一些帮助或启发,译者就相当心满意足了。

当然,这份心满意足的收获绝不只属于译者本人。译者在翻译过程中所遇到的困难及困惑,倘若没有多位师友的友好襄助,是不可能解决的。为此要在这里特别感谢他们:感谢德国马普法律史和法律理论研究所海因茨·默恩豪普特先生、德国柏林高等研究院迪特·格林先生、中国政法大学法学院王人博先生的不倦教诲;十分感谢北京大学法学院张翔先生拨冗召集线上学术会议专门研讨翻译中遇到的基本概念问题,为此非常感谢中国人民大学法学院李忠夏先生、西南政法大学行政法学院何永红先生、中国政法大学法学院冯威先生、德国科隆大学法学院曾韬先生、德国慕尼黑大学法学院段沁先生在线上极富启发性的学术讨论。另外,还要感谢重庆大学人文社会科学高等研究院张文涛先生、西南政法大学行政法学院杨天江先生、西南大学法学院陈庆先生,以及四川外国语大学法语学院王宇娇女士在古典语文和法文方面的协助;感谢重庆大学法学院王本存先生和同事何永红先生的仔细校读;感谢德国柏林洪堡大学法学院王泽荣先生经常提供文献协助。最后,衷心感谢商务印书馆吴婧女士非常敬业和十分专业的校稿工作。

雷 勇

2022 年 6 月 12 日

西南政法大学敬业楼

图书在版编目(CIP)数据

宪法古今概念史/(德)海因茨·默恩豪普特,(德)迪特·格林著;雷勇译.—北京:商务印书馆,2023(2023.12重印)
(德国公法译丛)
ISBN 978-7-100-21960-0

Ⅰ.①宪… Ⅱ.①海…②迪…③雷… Ⅲ.①宪法-法制史-研究-德国 Ⅳ.①D951.61

中国国家版本馆 CIP 数据核字(2023)第 025867 号

权利保留,侵权必究。

德国公法译丛
宪法古今概念史
〔德〕海因茨·默恩豪普特 著
    迪特·格林
    雷勇 译

商 务 印 书 馆 出 版
(北京王府井大街36号 邮政编码100710)
商 务 印 书 馆 发 行
北京市十月印刷有限公司印刷
ISBN 978-7-100-21960-0

2023年4月第1版   开本 880×1230 1/32
2023年12月北京第2次印刷 印张 9⅜
定价:65.00元